# Retratos do Mal

Denis L. Rosenfield

# Retratos do Mal

Jorge Zahar Editor
Rio de Janeiro

**Para Balthazar**


Jorge Zahar Editor Ltda.
rua México 31 sobreloja
20031-144 Rio de Janeiro, RJ
tel.: (21) 2240-0226 / fax: (21) 2262-5123
e-mail: jze@zahar.com.br
site: www.zahar.com.br



Capa: Sérgio Campante

CIP-Brasil. Catalogação-na-fonte
Sindicato Nacional dos Editores de Livros, RJ.

R726r

Rosenfield, Denis L. (Denis Lerrer), 1950-
Retratos do Mal/Denis L. Rosenfield. – Rio de Janeiro: Jorge Zahar, 2003

ISBN 85-7110-734-3

1. Bem e mal. I. Título.

03-1437

CDD 111.84
CDU 111.84

# Sumário

*"Mas isto é metafísica, estou de acordo com isto: ora, o mal, sabemos, não é tanto de fazê-la como de fazê-la sem o sabermos.*

GABRIEL TARDE, *La philosophie pénale*

# INTRODUÇÃO[1]

A filosofia, antes de ser uma atividade universitária, é – e sempre foi – o pensamento de sua época. Hegel dizia que a tarefa da filosofia consiste em captar o seu tempo no pensamento.[2] Acostumamo-nos, por demasiado, com uma posição intramuros, como se a reclusão do pensamento fosse o traço determinante da filosofia. Há, evidentemente, períodos históricos que exigem essa salutar operação de conservação daquela que talvez seja a mais nobre das atividades do pensamento, como um bibliotecário guarda o tesouro dos seus livros. Trabalho paciente que procura transmitir às gerações futuras todo um legado que uma época, seja por sua barbárie, seja por suas preocupações eminentemente materiais, sabe pouco apreciar.

Contudo, esse legado forjou-se extramuros, no confronto com os problemas apresentados por diferentes épocas, sociedades e comunidades. A sua riqueza se produziu, precisamente, na tradução das questões colocadas pelos homens em suas ações numa linguagem mais depurada, voltada para a elaboração de conceitos, cuja validade não mais se restringia à particularidade de seu momento. Aquilo que se apresentava como o problema concreto de uma sociedade ou de uma época, via elaboração pelo pensamento, ganhava significação para além das fronteiras restritas de sua elaboração. A prosa de uma época veio a fazer parte da prosa do mundo, pois esta última se articulava pela formação de conceitos e princípios que deram lugar ao pensamento ocidental e ao que a humanidade veio a prezar como a maior de suas produções.

A filosofia sempre se preocupou em traduzir fatos em conceitos, em proposições que se incorporavam – e davam forma – a toda uma concepção de mundo. Dentre os fatos que ganhavam destaque pelo seu olhar, que se destacavam pela operação do pensamento, situavam-se aqueles cujo caráter inaudito, novo, se contrapunha à normalidade das coisas ou, simplesmente, rompia com uma certa naturalidade dos fatos. Fatos espetaculares, para o "bem" ou para o "mal", suscitam uma espécie de atordoamento das categorias pelas quais pensamos o mundo. Podemos, depois de um tal impacto, simplesmente voltar a reafirmar essas categorias, qualificando o ocorrido como um desvio de percurso, um "acidente", que fortalece nossas convicções. Podemos também – e aí começa a atividade própria do filosofar – tomar esse impacto como a ocasião de um questionamento de nosso pensamento do mundo, dos conceitos mediante os quais abordamos as coisas, dos juízos pelos quais dizemos que determinadas ações são boas ou más e do modo que dizemos as coisas existirem.

O fenômeno totalitário no século XX, em suas vertentes comunista e nazista, e o terror que comandou os atentados ao World Trade Center em 2001, estão dentre aqueles fatos que nos indagam no que somos e, sobretudo, no que é o homem, se se trata de um ser que, sob determinadas condições, se lança, decididamente, em tais ações. Cabe, portanto, que pensemos a ação humana em sua (des)estruturação, perguntando-nos sobre os diferentes tipos de linguagem que ela veicula e forma, assim como sobre as formas de não-linguagem que ela pode ser ou provocar.

Este livro, seguindo tal proposta, começa com uma reflexão sobre os atentados terroristas que inauguram o século XXI, procurando diagnosticar alguns dos problemas aqui presentes para, num segundo momento, explicitar os conceitos de ação humana, mal e existência. Partiremos, na introdução, de um debate sobre algumas dessas questões fundamentais, seguindo uma leitura "cotidiana" do ocorrido, porém já a deslocando para uma ótica filosófica. Nos capítulos seguintes, procuraremos seguir a fundo esse deslocamento, analisando a ação humana à luz de uma reelaboração do conceito de mal. Trata-se de um conceito freqüentemente mal compreendido na tradição do pensamento ocidental, seja por sua conotação religiosa, seja por sua conotação essencialmente moral. Como veremos no transcorrer do livro, tentaremos uma via distinta, suspendendo as suas significações correntes, e o abordando por intermédio de uma recolocação do problema da existência.

Nesse sentido, a leitura dos ataques suicidas que redundaram na destruição das torres gêmeas do World Trade Center, reduzindo a pó dois imensos edifícios e as pessoas que ali se encontravam, além de passageiros e tripulações, tornados mísseis, será, para nós, a ocasião de um questionamento de nossa maneira de pensar. Com efeito, como pensar algo que se volta tão explicitamente contra o próprio pensamento, algo que, em sua violência, tem como alvo destruir precisamente aquilo que a civilização ocidental denomina de razão?

De certa maneira, estamos diante de um problema já enfrentado pela razão em seu longo percurso histórico de constituição. Refiro-me às relações entre a razão e o que não é racional. Daí não se segue, porém, que a relação da razão com algo estranho a si seja da ordem de uma contraposição entre essa razão e um fenômeno que visa explicitamente à sua destruição. Muitas vezes, a relação da razão com algo estranho a si pode significar, segundo as acepções, a relação com algo não-racional, a-racional ou algo que se posicione como explicitamente irracional.

Como exemplo da primeira alternativa, poderíamos colocar a relação, em vários momentos tumultuosa, porém, em outros, harmoniosa, entre a razão e a fé. Tomemos o caso da fé cristã. A razão, durante os séculos de predomínio da fé, colocava-se como serva desta, pois se inclinava diante do que reconhecia como incognoscível, a saber, Deus ou o Absoluto. Destaquemos, para os efeitos de nossa análise, os seguintes pontos:

1) a relação entre razão e fé, para a grande maioria dos filósofos cristãos, era considerada como harmoniosa, uma reconhecendo a esfera de atuação da outra, embora com clara primazia da segunda;[3]

2) dada essa primazia, a posição da razão era subordinada, sua tarefa consistindo em ser o instrumento de esclarecimento das verdades teológicas segundo os limites postos por elas;

3) introduz-se aqui gradativamente a idéia de que essa submissão seria voluntária, implicando o reconhecimento de que há limites para o uso da razão, e que esses limites são dados pela natureza do absoluto enquanto incognoscível e incompreensível, segundo uma posição que encontramos em autores como Antoine Arnauld;[4]

4) à medida que se desenvolve essa relação, a razão começa a apoderar-se gradativamente de terrenos que, até então, eram os da Teologia, fazendo periclitar os limites impostos e partindo para a exploração de novas fronteiras. Assim, por exemplo, em Descartes, a imortalidade da alma e a existência de Deus tornam-se objeto de prova, sendo submetidos ao crivo de uma razão que atua autonomamente, tendo a si mesma como critério, independentemente de que seus resultados se adeqüem, posteriormente, às verdades teológicas;

5) a exploração tem como desfecho a primazia conquistada pela razão, fazendo, por sua vez, com que a fé retrocedesse ao nível do sentimento e da crença, não podendo mais ter a pretensão de impor-se por si mesma, o que inaugura o processo de laicização do mundo ocidental a partir do século XVII;

6) observe-se ainda que a convivência harmoniosa entre a razão e a fé se estende, no final do século XVII e início do XVIII, com Leibniz,[5] sob a égide de um diálogo entre o que poderíamos denominar de dois tipos de linguagem. Collingwood sublinha que a religião é um assunto do intelecto, uma atividade filosófica.[6] Com efeito, tanto a fé como a razão, enquanto linguagens, recorrem a sentenças e palavras, perscrutando o significado dessas, e fazendo com que a

luta por proposições, sentenças e palavras inscreva-se em um terreno comum, o do homem enquanto ser dotado de linguagem,[7] seria tentado a dizer racional, se esse termo também não denotasse um uso específico. Em todo caso, cabe ressaltar que razão e fé evoluem sobre um terreno comum que, assim, se delineia, se esboça e se afirma como sendo o da racionalidade no sentido amplo do termo.

Como exemplo da segunda alternativa, podemos considerar a relação entre a razão e o inconsciente segundo a teoria de Freud. Tampouco se pode falar aqui de uma oposição entre a razão e o inconsciente de uma maneira em que este visaria dominar aquela. A relação assim estabelecida dá-se entre a razão e o que é não-racional, de onde não se segue que o racional seja o alvo visado por uma "ação" do inconsciente que procuraria, salvo em casos patológicos, a sua destruição. Destaquem-se, então, os seguintes pontos:

1) segundo uma determinada vertente da teoria freudiana, a razão estaria a serviço do inconsciente à maneira de uma subordinação que poderíamos considerar análoga a da razão pela fé. A razão seria, nessa perspectiva, um instrumento de realização/retenção e repressão/velamento do inconsciente, sendo este a verdadeira força que estaria na base das formulações "racionais", as que se fazem pelo discurso, pelas proposições, sentenças e palavras;[8]

2) conforme essa posição, não haveria uma oposição irredutível entre ambas, mas tão-só relações conflitivas de um ser, o homem, que é movido por móbiles que se opõem e unificam dessa maneira, seja segundo os princípios do prazer e da realidade, seja segundo eros e thánatos, a razão comparecendo como uma espécie de árbitro dessa oposição;

3) ora, a teoria freudiana visa a uma prática clínica e resulta no que é, talvez, o maior elogio que se possa fazer ao trabalho da razão. A análise freudiana está precisamente baseada no manejo da palavra, do discurso, através de rememorações, transferências e interpretações, que se encaixam perfeitamente com o que toda a tradição ocidental considerou e considera como razão. O trabalho analítico, embora centrado no inconsciente e nos seus modos de funcionamento pelo sonho, por atos falhos e pelo chiste, se caracteriza por uma aposta na razão como meio encontrado pelo paciente para sair de uma situação de dor e angústia;

4) quando se utiliza a expressão "linguagem do inconsciente", frisa-se que o inconsciente é considerado sob a forma de uma linguagem, algo dotado de uma "lógica", que se torna objeto de um deciframento "racional". Ou seja, a linguagem do inconsciente é trabalhada por uma linguagem discursiva, estabelecendo um terreno comum entre elas, a partir do qual se desenvolve o trabalho psicanalítico segundo as regras do contrato que regem a relação analista/analisando;

5) a noção mesma de contrato mostra os limites e condições em que essa prática opera. Essa noção é, também, algo eminentemente racional, que caracteriza boa parte da filosofia política moderna,[9] a que é denominada precisamente de contratualista. O contratualismo postula que há um conjunto de regras, escolhido, conforme as diferentes posições filosóficas, pelos indivíduos, a partir do qual se estabelecem as condições da sociabilidade humana e de funcionamento do Estado. Esse conjunto de regras é, portanto, autodado, sendo produto da ação humana que institui, a partir de si mesma, segundo suas condições de sobrevivência ou suas noções admitidas de justiça ou de injustiça, as modalidades, tidas por livres, das relações sociais e/ou políticas.

A terceira alternativa é a que podemos situar na relação da razão com o que se opõe deliberada, intencional e planejadamente a ela, como é o caso de um tipo de ação cujo cerne é a violência. Penso aqui no caso da violência totalitária. Destaquemos algumas de suas características:

1) a razão se relaciona com um tipo de ação que a tem como alvo que deve, neste sentido, ser destruído. Não se trata de algo ocasional ou acidental a este tipo de ação, mas algo que a "estrutura" enquanto tal, que a determina negativamente. Ou seja, esse tipo de ação se caracteriza precisamente pelo que nega, a saber, as formas de vida baseadas no uso de proposições, de discussões e, politicamente, na cena pública ou na estruturação estatal;

2) o alvo político de tal ação é o que denominamos de cena pública democrática, estruturada no uso de discursos, em determinadas concepções do homem de cunho ou validade universal. A democracia é um regime político que se caracteriza pela adesão aos discursos, às palavras, às formas de sua verificação, validação e decisão, que se traduzem numa imprensa livre, na tolerância religiosa, no confronto partidário da luta pelo poder, de tal modo que as diferenças e querelas se resolvam pelo voto e não pela luta armada;

3) não há então confronto entre diferentes formas de discurso ou de proposições que tenham um lugar comum segundo o qual conflitos poderiam ser resolvidos e/ou equacionados. Não há luta entre diferentes jogos de linguagem, como se pudéssemos optar por um jogo ou outro, o da razão ou o da fé, por exemplo, mas o que está em questão é um jogo sui generis, o da morte. Trata-se de uma oposição excludente entre uma forma de vida e uma forma organizada de não-vida, a que visa explicitamente à morte violenta como forma mesma de sua ação. A razão enfrenta-se, assim, com algo radicalmente outro, contra o qual o uso da palavra ou da negociação, para utilizar um termo político ou democrático, não tem nenhuma utilidade, pois é inadequado a seu próprio propósito. Numa luta pela vida e pela morte, se luta e não se dialoga;

4) ocorre, portanto, um processo que poderíamos denominar reconhecimento pela razão de seus próprios limites, sabendo a que tipo de vida ela se aplica e, mesmo, caracteriza essencialmente, e sabendo igualmente de sua inadequação para lidar com a violência pura, que exige armas específicas, ou seja, a violência orientada pela razão. Há uma espécie de reconhecimento pela razão de seus próprios limites, tanto mais argumentado que parte do pensamento da violência pura. Nesse seu confronto com esse algo tão radicalmente outro em relação às formas do discurso, da palavra e da argumentação, a razão se defronta com o problema de pensar algo que lhe é tão estranho e, no entanto, próximo. O pensamento da irrazão torna-se ainda mais necessário por remeter ao próprio juízo, o que pressupõe que a razão esclareça os critérios do juízo moral e suas relações com o juízo político. Qualquer recusa da razão em julgar essa forma de ação violenta – ação "ilógica" que se volta contra toda "lógica", toda "linguagem" – implica dar livre curso a essa ação "ilógica", que se apoderaria progressivamente da "lógica". Ou seja, cabe à razão julgar e condenar esse tipo de ação, recuperando as formas do juízo moral e assumindo as suas implicações políticas.

## O PROBLEMA POLÍTICO

Analisemos, então, o atentado ao World Trade Center,[10] ressaltando algumas determinações que venham a corroborar essa nossa relação proposta entre a razão e algo que se opõe deliberadamente a ela, exibindo o confronto entre uma linguagem, concretizada em instituições, ações e discursos e um tipo de ação que se coloca como a-linguagem.

Comecemos com a forma utilizada por certos meios intelectuais e midiáticos em lidar com o problema ao destacarem uma pretensa mensagem dos terroristas, a mensagem antiamericana ou antiimperialista segundo o vocabulário utilizado. Neste sentido, não deixa de surpreender os comentários políticos que persistiram – e persistem – numa crítica obstinada dos Estados Unidos, como se esse país viesse a encarnar um "Grande Satã", como foi propagandeado por Bin Laden e pelos Talibãs. Que estes o façam – movidos que são pelo fanatismo religioso, em um mundo separado entre fiéis de seu culto e todos os outros cultos – não causa espanto, considerando os atos de que são capazes. O que surpreende, no entanto, é o eco encontrado na inteligentsia ocidental.

O fator ideológico está claramente presente nas posições antiamericanas de respaldo ou de regozijo aos ataques ao World Trade Center ou nas críticas indiscriminadas às ações de guerra americanas no Afeganistão. Primeiro, os ataques mortíferos ao World Trade Center, com mais de 3.000 pessoas inocentes mortas, com um saldo de 1.500 crianças órfãs, foram, logo, relegados a um segundo plano, em nome de uma pretensa luta contra os símbolos do "neoliberalismo" e da dominação americana. Litros de tinta foram inclusive gastos, no início, comentando um fato inexistente: o bombardeio americano indiscriminado de populações civis. A versão, sem nenhum respaldo real, valia, pois era ideologicamente adequada. Pior para os fatos se esses não correspondiam à ideologia. Segundo, quando começaram os bombardeios americanos, dirigidos a alvos militares, dentro da lógica de destruição dos centros de sustentação e comando do terrorismo, surgiu uma outra versão da mesma posição ideológica antiamericana, a de que os EUA estariam suprimindo as liberdades civis. Ora, um Estado em alerta máximo, numa situação de guerra não clássica, deve tomar medidas excepcionais de defesa de seus cidadãos contra um inimigo esquivo, que não mostra sua face.

A lógica do velamento está precisamente inscrita na orfandade em que ficou a esquerda depois da queda do muro de Berlim, o antiamericanismo, então, substituindo as posições, consideradas "exemplares", da União Soviética, da China, da Albânia e de Cuba. Durante décadas, a esquerda ocidental teve nesses países "ícones", modelos da "boa" sociedade. Quando esta representação se esfacelou em termos mundiais, houve uma desorientação em termos ideológicos, que procura, agora, reorientar-se, retomando a bandeira da luta antiimperialista. Face ao estiolamento ideológico, surge um modelo negativo, unindo setores da esquerda à representação fanática do "Grande Satã".

O antiamericanismo é uma espécie de porto seguro do ponto de vista ideológico, pois corresponde a posições conhecidas, aquelas que se ancoram numa ideologia de esquerda, antiimperialista. Nesse caso, uma tal postura permite um duplo movimento de reconhecimento e de velamento. Reconhecimento, pois os ataques terroristas tornam-se, assim, localizáveis, caindo dentro de um determinado parâmetro de leitura, como se tudo fosse compreensível e sabido de antemão. Velamento, pois, a partir desta compreensibilidade admitida *a priori*, não há nada novo para ser pensado, tudo, de certa maneira, inscrevendo-se na ótica do "neoliberalismo" e de seus efeitos. Esse duplo jogo do reconhecimento/velamento faz com que uma ação violenta, dirigida precisamente contra tudo o que a civilização mais prezou e preza do ponto de vista de sua humanidade, apareça como se fosse um fenômeno de linguagem. Ou seja, uma ação "ilógica" aparece como se fosse portadora de uma logicidade, a que lhe seria conferida por determinados tipos de discurso, no caso, de cunho antiamericano. A irrazão ganharia a forma da razão.

Políticos coniventes com Cuba, com as execuções na China, com a situação das mulheres nos países muçulmanos, com o que se poderia talvez chamar de fascismo talibã, exigem dos EUA, na situação de um novo tipo de guerra, a guerra contra o terrorismo, o comportamento de donzelas do século XIX. Não há o que negociar com a lógica irracional do terrorismo, pois esse prescinde precisamente do uso da razão, ou melhor, o desprezam. A argumentação só pode funcionar entre pessoas e Estados dispostos verdadeiramente ao diálogo. Dar ao terrorismo a outra face significa incentivá-lo.

Assumir uma posição de condenação irrestrita deste tipo de terrorismo pressupõe o pensamento de que há ações que se baseiam na irrazão, na ilogicidade. O mesmo movimento que permite ao pensamento reconhecer algo que se lhe opõe tão frontalmente é aquele que torna possível o juízo moral. Há atos injustificáveis, para os quais nenhuma explicação é convincente, nem mesmo plausível. As "explicações" que têm sido fornecidas, como as de que esses atos voltaram-se contra o "neoliberalismo" ou a "hegemonia americana", nada mais são do que pretensos argumentos que procuram abrir espaço para justificar o injustificável. Quando, por exemplo, o Presidente Bush defendeu uma "cruzada do bem contra o mal", os intelectuais e militantes de plantão logo afirmaram, escandalizados, que um tal maniqueísmo não era verdadeiro. O curioso é que, imediatamente após, utilizaram o mesmo argumento com signo contrário: todo o mal do mundo é de responsabilidade dos americanos, do imperialismo e dos neoliberais. Na verdade, tal posição visou a relativizar o mal perpetuado, que atenta contra a democracia e seus valores, banalizando a morte violenta de milhares de inocentes que viajavam de avião, comiam uma pizza no World Trade Center, desciam numa estação de trens ou, simplesmente, iam para o seu trabalho.

Parece não ser uma mera coincidência o fato do centro nevrálgico do terrorismo ter se situado no Afeganistão. Esse país, sob o opressivo jugo talibã, vinha se caracterizando pela destruição dos valores do que é tido por civilização. E aqui não me refiro apenas à civilização ocidental. O seu ódio esteve voltado para a diferença enquanto tal, para o que consideramos genericamente como o outro. Lembremo-nos da destruição das grandes estátuas de Buda. A sua fúria voltou-se contra o budismo, uma religião que, aliás, prega a renúncia do eu e do egoísmo, inclusive daquele que acredita que uma outra vida será a recompensa de atos bárbaros. Trata-se aqui de uma outra forma de egoísmo: a religiosa, a dos mártires.

O regime talibã obrigou às pessoas de outras religiões (budistas, hindus, cristãos) a portarem um signo distintivo em suas roupas, para as diferenciarem dos muçulmanos, ou melhor, dos que este regime, despoticamente, considerava como muçulmano. Isso faz lembrar a estrela-de-davi que os judeus eram obrigados a costurar em suas roupas durante o regime nazista. A discriminação contra as mulheres, tratadas como seres de segunda e terceira categorias, obrigadas à reclusão e a uma sociabilidade fechada, sem direito algum sobre seus próprios corpos, não podendo freqüentar escolas nem escolher uma vida profissional, mostra bem a barbárie instalada.

Quando os aviões foram arremessados contra as torres gêmeas, a realidade superou a ficção. A impressão, num certo sentido, "surrealista", "sobre-real", é significativa deste algo novo que se oferece ao pensar. É como se pensássemos a ficção e tivéssemos dificuldades de situar a realidade. O fanatismo, na verdade, não precisa de nomes. Basta a sua causa, de tipo religioso, e qualquer motivo ocasional, como o conflito do Oriente Médio. Apresentar a disputa palestino-israelense como razão de tal ação é nada mais do que um subterfúgio para justificar o injustificável: a eliminação de milhares de civis, de pessoas comuns em seus lugares de trabalho, a exterminação pura e simples de inocentes. Não há causas que justifiquem tais atos. Trata-se da barbárie que irrompe sob as formas do fundamentalismo religioso.

De um ponto de vista moral, e mesmo jurídico, a ação terrorista, em sua "ilogicidade", enquadra-se naqueles atos cuja punição deve ser exemplar. Ou ainda, esses atos situam-se numa posição que exige, por assim dizer, a sua própria justiça. Kant dizia[11] que ações exigem, retributivamente, a sua própria recompensa, no caso, a punição que permite restabelecer o balanço da justiça. Parafraseando Kant, ao matar, os terroristas escolheram a sua própria morte, aplicada por um Estado que tem, na proteção da vida dos seus cidadãos, uma de suas funções essenciais.

Numa vertente político-estatal, cuja melhor expressão seja, talvez, a filosofia de Hobbes, podemos mostrar de que maneira os atos terroristas fogem da lógica estatal. Com efeito, a razão de união dos homens em Estados reside no medo que possuem da morte violenta, o que os impele a um acordo que desemboca num pacto político, que se põe, assim, como a razão de conservação da vida dos cidadãos. Desse modo, podem os homens usufruir dos prazeres do corpo, dos seus bens, do amor aos seus e da sociabilidade pacífica. A lógica estatal reside, propriamente, em que a morte violenta é evitada, estabelecendo as condições da paz pública. Ora, o caráter inaudito da ação terrorista e, inclusive, a dificuldade militar e policial de enfrentá-la reside em que aparece como ilógica, pois foge dos parâmetros do que consideramos como racionalidade e, mesmo, como realidade.

Há, no entanto, em tal situação, algo que é da ordem do inusitado, para não dizer contraditório em relação ao princípio hobbesiano de constituição do Estado. As ações terroristas mostraram algo diante do que os EUA – e diria o Estado – estariam desarmados, ou seja, ações suicidas que têm, para os próprios atores, como conseqüência, a morte violenta. O Estado pode encontrar-se desarmado diante de tais ações, pois elas contraditam a razão mesma que faz com que os homens entrem numa relação estatal. Atos terroristas caem fora do senso comum de sociedades estatais, o que acentua o seu caráter de atos aparentemente incompreensíveis, inexplicáveis. Cabe, portanto, ao Estado exercer sua autoridade com o uso da força, única forma de assegurar sua função e de restabelecer o princípio da ordem pública, preservando os cidadãos ao abrigo da morte violenta.

Não se pode, senão tecnicamente, falar de despreparo da defesa americana. Esse assunto continuará sendo avaliado nos próximos meses e anos, dando certamente lugar a uma extensa bibliografia. O que nos importa, porém, é ressaltar que tais atos tornam-se imprevisíveis por se situarem numa outra ordem, a que procura a morte violenta, a que não tem nenhuma preocupação com a paz pública dos seus e dos outros, a que abandona a vida em proveito de uma crença religiosa que tudo justifica. Uma preparação defensiva contra atos terroristas exige algo mais do que uma melhor preparação técnica: exige colocar-se na posição de uma outra lógica, a de uma lógica do extermínio. E pensar segundo uma tal posição pressupõe ver a natureza humana numa outra ótica, a que torna os homens propensos à maldade gratuita.

A doutrina dos direitos humanos, de um lado, e o viver pacificamente sob a proteção estatal, de outro, são conquistas legadas pela civilização ocidental. Certamente, isto não significa que essa civilização se destaque somente por esse legado. Sabemos que ela se caracterizou também pelo genocídio, pelo colonialismo, pela intransigência religiosa e pelo racismo, para listar algumas de suas ações. Mas é também ela que soube elaborá-las criticamente, reinventando a democracia, os direitos civis, a igualdade dos sexos, das religiões e das raças. O mundo não é róseo em vários lugares do planeta, as idéias encontram dificuldades de realização, porém essas idéias são colocadas como ideais, como princípios a serem alcançados, e, sobretudo, preservados a qualquer custo, sob pena de recairmos no reino da violência pura.

O ataque terrorista perpetuado contra os centros financeiro e militar dos Estados Unidos mostra o surgimento de uma nova cena fanático-militar, que recoloca a relação entre a política, o direito e a humanidade. Uma ação deste tipo não é, nem pode ser, uma ação propriamente política, pois esse termo, que remonta à polis grega, significa o diálogo, a persuasão, a negociação, em suma, a razão. O qualificativo de *política* não pode, portanto, servir para qualificar uma tal ação, que se volta contra a própria racionalidade, logo, contra a política. O fanatismo, por sua vez, nada quer saber do diálogo, da argumentação, o seu único alvo sendo a imposição, pela violência, de suas próprias convicções. Ceder ao terrorismo significa comprometer a humanidade.

Uma das lições a ser extraída desses eventos é o limite da negociação. Por exemplo, as políticas exteriores da França ou da Alemanha, distintas da americana, têm se caracterizado por uma maior tolerância no tratamento das organizações terroristas, como se essas, de uma ou outra maneira, lutassem por reivindicações justas. Ora, quando a política anti-Israel torna-se francamente anti-semita, quando o antiamericanismo torna-se uma crítica violenta da democracia, os termos da questão são outros: a humanidade não pode ser objeto de negociação.

Estilisticamente, um número considerável de artigos pelo mundo afora velava o terrorismo mediante o uso de adversativas. Assim, os atentados ao World Trade Center, depois de uma breve condenação, vinham acompanhados de um "mas", de um "porém", de um "entretanto", plenos de significado: "entretanto, os Estados Unidos fazem a mesma coisa"; "tudo é, porém, culpa do neoliberalismo"; "mas a globalização é a verdadeira responsável". Ao banalizar-se o conhecimento, na verdade banaliza-se o mal. O que preocupa em uma tal postura é, na verdade, a renúncia de julgar os autores do atentado e o que eles representam. O fanatismo religioso, nessa sua forma mais violenta, necessita ser condenado sem nenhuma ambigüidade, sem nenhuma relativização, pois ele põe em questão princípios básicos da convivência humana, como os direitos humanos, o cosmopolitismo e a tolerância religiosa, simbolizados naquelas pessoas que foram dizimadas como poeira, naquelas torres que desabavam e desapareciam no ar. Não deixa de causar indignação moral observar intelectuais e políticos se regozijarem ou explicarem tais fatos à luz da pretensa destruição de um símbolo do "capitalismo".

Questões de princípio não podem ser negociadas, não podem ser relativizadas, por serem precisamente o que são: critérios, parâmetros de nossos juízos. Se, hoje, as relativizarmos, amanhã, estaremos aleijados de nossa capacidade de julgar. Sem critérios, ficaremos igualando todos os fatos, errando pelo mundo, escancarando as portas para embates partidários, cujo desfecho pode ser o uso da violência "política" em suas formas mais aterradoras. Ou seja, se parte da intelectualidade resignar-se diante de tais fatos, condenando o atentado em uma linha e dedicando, quarenta outras, a uma crítica aos Estados Unidos, o futuro se verá atrelado partidariamente. De posse de tais princípios, porém, estaremos em condições de julgar qualquer ação americana que venha a atentar contra esses mesmos princípios. Isto não implica um apoio antecipado e irrestrito à política externa americana, mas num posicionamento que nos permita, então, julgá-la em ações de justa eliminação dos focos terroristas, procurando preservar as populações civis e não punindo os inocentes.

O terror não tem causas por romper precisamente com toda explicação racional. Não faltarão intelectuais partidariamente engajados que, sob o manto da apresentação de causas, tentarão passar o injustificável como justificável, isto é, como compreensível. A gratuidade do terror significa, precisamente, que ele nasce de atos da vontade que somente se aproveitam de problemas existentes para imporem suas próprias condições. Líderes terroristas utilizam massas sofridas e despreparadas em proveito próprio, relegando-as à posição de fantoches. A pretensa apresentação política desses atos terroristas como sendo justificáveis, como uma reação normal à "globalização" ou ao "americanismo", é uma partidarização da questão que procura mascarar o fundamental, a saber, a defesa ou não da humanidade. Irrompeu em nós o sentimento de insegurança de uma humanidade suspensa. O que lá aconteceu pode ressurgir em qualquer parte do mundo. A banalização do conhecimento, ao procurar fornecer uma causa para torres que desmoronam e indivíduos que subitamente desaparecem, é nada mais do que uma outra faceta do que Hannah Arendt[12] chamava de banalidade do mal. Civilização ou barbárie, eis os termos da questão.

## Razão e irrazão

Há atos que se caracterizam por uma completa ausência de racionalidade, em que pese a pretensas alegações discursivas. Podemos dizer que os atos humanos são constituídos de tal maneira que a parte que se expressa em discursos, sentenças e palavras é tão-só um segmento da ação. Esta "fala" por aquilo que faz, ela "diz", em sua prática, aquilo que é precisamente visado. E a violência pode comparecer como uma forma de sua "fala", de sua "dicção". Se atentarmos, portanto, para a violência terrorista, que se caracteriza por uma forma determinada de conquista do poder, observaremos que sua parte "locucional" procura precisamente velar o que é feito. Assim, os que "escutam" apenas os "discursos", as "sentenças" e as "expressões" utilizados são capturados – se é que não procuram intencionalmente ser capturados – por esse processo de velamento. E devemos dizer intencionalmente capturados, pois temos observado intelectuais e políticos que não querem ver a "ilogicidade", a "irrazão", do que está em questão. O seu objetivo consiste em fortalecer o processo de velamento em proveito de suas próprias posições de poder, apresentando o "irracional" como se fosse "racional", "justificável" ou "compreensível".

O fundamentalismo religioso talibã e da Al Qaeda exibe-se, nessa perspectiva, como uma maneira de apresentar como "sensata" a insensatez da violência pura. Muitos caíram na armadilha da diferença cultural para justificar o injustificável, como se "razões" pudessem ser apresentadas. Há uma espécie de armadilha na dita diferença cultural, como se ela fosse de natureza a amortecer, senão a anular nossos juízos moral e político. As invocações religiosas comparecem no que chamei de parte locucional da ação, como se essa forma de religiosidade muçulmana fosse dotada de sentido, tornando compreensível o que foi feito. Na verdade, o que é velado é o alvo perseguido, a saber, a dominação pura dos que não compartilham esse credo religioso.

O grande problema enfrentado pelo pensamento quando se debruça sobre atos humanos de matriz totalitária, dentre os quais podemos incluir os atentados terroristas do World Trade Center, reside em que ele faz face a algo que foge de qualquer linguagem por ser uma forma da irrazão, que não se deixa perpassar, atravessar, pela razão. Há algo, então, que resiste a todo trabalho prático de elaboração, o que não significa que não possa ser objeto de um trabalho teórico. Há formas históricas da violência política cuja elaboração prática e cujo trabalho de mediação real conduziram a novas formas de sociabilidade humana na perspectiva de uma ampliação dos direitos ou do que poderíamos também chamar de uma universalização da idéia de homem, progressivamente aplicável na constituição de novas relações políticas. Assim, a Revolução Francesa se constituiu como um fato em que a violência utilizada era de cunho eminentemente político, resultando na constituição do Estado moderno sob a égide de direitos tidos por humanos, a partir de uma idéia universal de homem, independentemente de credo, sexo ou raça. Há nela todo um trabalho prático e teórico de elaboração do que se esboça no nível mesmo da realidade, de tal maneira que se pode dizer que a razão trabalha de braços dados com a realidade, ou ainda, que o pensamento perpassa os fatos ocorridos, porque neles se reconhece.

A situação é, no entanto, de outro tipo quando o pensamento se debruça sobre algo em que não se reconhece, onde se estabelece o divórcio entre a razão e a realidade, onde a razão pensa a irrazão, o que é desprovido de linguagem. Não há uma mediação real que torne possível o trabalho racional do reconhecimento. Isso nos permite destacar que o trabalho do pensamento é de outro tipo quando defrontado com a irrazão, pois está baseado no "irreconhecimento" entre a razão e a realidade. Admitindo a impossibilidade do reconhecimento, o significado de tais atos é diferente. Recebemos esses atos diferentemente quando sobre eles refletimos, pois não pode haver aí nenhum acolhimento do acontecido no sentido da familiaridade ou do perdão na acepção religiosa do termo.

Psicologicamente, esses fatos se manifestam sob a forma do medo, da angústia e da ansiedade. Tais sentimentos são reveladores da instabilidade produzida, em que o senso comum sofre um tal abalo que as pessoas se sentem perplexas diante do acontecido. Basta lembrar as reações psicológicas subseqüentes aos atentados às torres gêmeas do World Trade Center, quando esse fato tornou-se um assunto cotidiano, todas as pessoas sentindo medo como se o que lá aconteceu dissesse respeito a cada um de nós. As imagens de aviões entrando dentro das torres repercutiram no cancelamento de viagens e no temor de tomar aviões. O curioso neste tipo de situação é que as pessoas sentiam a necessidade de falar do ocorrido como se ele lhes concernisse diretamente, independentemente de sua nacionalidade e religião e dos seus lugares de residência. Havia uma espécie de angústia que só podia ser canalizada num falar que era mais um jorrar de palavras e frases e não a expressão de um entender, de um compreender, de uma inteligibilidade dos fatos.

Politicamente, os atos terroristas se manifestam sob a forma de um outro "para nós". A violência terrorista, ao se apresentar como uma forma de não-linguagem, atenta diretamente contra toda forma de sociabilidade fundada na linguagem, no sentido do uso da palavra e de discursos, submetidos às formas da confrontação, da verificação e da validade. Embora haja diferentes formas de sociabilidade política, baseadas em concepções de mundo, somente a democracia é uma forma de organização política assentada no discurso e na adesão que este suscita em torno de determinados princípios ou regras básicas. Queremos dizer com isto que não há costumes ou tradições religiosas ou imemoriais que validem o discurso livre na medida em que a democracia nasceu de uma ruptura com toda forma de organização política que não aceitasse a sua idéia de homem.

Digamos de outra maneira: a partir de sua idéia de homem, a democracia contemporânea terminou por criar determinados hábitos e costumes que correspondem à sua concepção de como devem ser regidas as relações humanas. Eis por que a educação e, particularmente, a educação pública tiveram um papel tão proeminente na formação da sociedade contemporânea, pois elas permitiram que a idéia de determinados direitos de cunho universal fosse progressivamente fazendo parte do modo como as pessoas vivem, sentem e lutam por aquilo que passa a ser os "seus" direitos. A formação dos cidadãos é um pilar das sociedades democráticas, o que lhes permite não apenas viver e transmitir concepções e idéias de homem, da sociedade e do Estado, como também o manuseio da linguagem, o seu uso nas relações políticas e a sua importância no debate político. Dessa maneira, a imprensa e a mídia em geral se constituem numa espécie de quarto poder dessa forma de sociedade. A luta por idéias torna-se central no embate político, que passa, então, por todo um trabalho de formação e/ou de conquista da opinião pública.

Baseada na adesão ao discurso, à linguagem, a democracia vive da pluralidade de opiniões, do seu confronto, de sua verificação e dos diferentes tipos de teste a que essas opiniões são submetidas quando dos embates que se travam a propósito da noção de bem público e coletivo. Não há sociedade democrática que não esteja assentada na valorização da liberdade, pois somente esta é de natureza a propiciar uma luta pelo poder ao mesmo tempo regrada e fundamentada numa noção universal de homem ou dos direitos humanos. Poderíamos perfeitamente ter uma vida política regrada que não possibilitasse uma universalização dos direitos, na medida em que determinadas ações seriam permitidas e outras proibidas, sem que pudesse haver uma disputa teórica sobre a validade dessas proibições e interdições, o que se traduz praticamente pela impossibilidade de criação de novos direitos. Ora, a sociedade democrática vive precisamente de discussões, pois os seus princípios, por serem abstratos e universais, dão lugar a diferentes interpretações que, por sua vez, são a ocasião de novas regras e novos direitos, derivados e subordinados a princípios de validade universal.

No entanto, daí não se segue que a democracia esteja baseada numa tolerância irrestrita, como se, nela, tudo fosse permitido. Nenhuma sociedade democrática pode estar fundamentada na renúncia à autoridade. A tolerância democrática tem seu limite no que diz respeito àquelas formas de ação que se assentam na destruição de seus próprios princípios. Ou seja, em relação a formas de ação baseadas na violência pura, não lhe cabe outro recurso senão o uso da força, pois se não o fizer é sua própria existência que estará em questão. Nossas sociedades democráticas têm desenvolvido uma espécie de permissividade, onde tudo torna-se objeto de negociação, inclusive os seus próprios princípios. Uma forma de sua manifestação é o enfraquecimento do poder do Estado, como se tudo pudesse ser objeto de compreensão ou de explicação, como se tudo fosse objeto da boa vontade de pessoas que, só por equívocos ou incompreensão, não dialogam. É, porém, necessário reconhecer que há situações ou formas de ação que não se prestam ao diálogo, à discursividade, formas de ação cujo móbil consiste na destruição da razão, da linguagem, ou ainda, daquilo que consideramos sensatamente como o senso comum, que é o comum, na verdade, das sociedades democráticas que se fizeram um hábito do uso da palavra.

Pode-se dizer que todos os Estados democráticos – como o próprio Estado, independentemente de ser ou não democrático – estão baseados no princípio hobbesiano, ou seja, a sua função primordial consiste, como vimos, na preservação da segurança pública, evitando a morte violenta de seus cidadãos. Se o Estado é incapaz de preencher essa sua função, é a sua condição mesma de existência que se encontra ameaçada. Se o terror atenta diretamente contra os cidadãos, ele termina por comprometer o Estado propriamente dito, que se vê na obrigação de uma resposta adequada ao perigo suscitado por tais atos. Ou seja, é dever do Estado conservar a vida de seus membros, toda inação podendo ser vista como uma fraqueza capaz de provocar novos atos terroristas. O que se encontra em questão é a autoridade mesma do Estado.

Do ponto de vista moral, encontramo-nos diante de uma outra forma do "para nós". Boa parte das reações de políticos e intelectuais consistiu, como observamos, numa certa "compreensão" dos atentados terroristas, como se fossem uma forma de luta contra o "neoliberalismo". Repete-se uma triste experiência histórica, a dos comunistas na condenação da social-democracia e do nazismo como se fossem farinha do mesmo saco, distintas formas de conservação da sociedade capitalista. Tais atitudes, como se sabe, facilitaram e, mesmo, foram decisivas no fortalecimento do nazismo e em sua conquista do poder. A atitude de "compreender" os terroristas, de explicar suas ações dentro de uma "lógica antiimperialista ou antiliberal", significa, na verdade, uma forma de compactuar com tais atos e, portanto, de justificá-los. Ora, trata-se de atos que não possuem "causas" e, neste sentido, não são explicáveis. Eles mostram, na verdade, uma outra forma de ação diante da qual a razão se arma de juízos morais. Ou seja, a razão se guia por juízos que apresentam seus próprios parâmetros, capazes de resistir a um teste de universalização. Diante do inexplicável, a razão se pergunta pela validade universal de tais atos, que se tornam, assim, objetos de condenação incondicional.

Uma forma de velamento do juízo moral consiste na afirmação de uma equivalência normativa entre diferentes culturas como se juízos morais fossem culturalmente relativos. Ora, isso significa uma forma de renúncia ao ato de julgar, cuja tradução política seria o abandono dos homens a lutas pelo poder que não poderiam ser justificadas em termos morais. O fato de reconhecermos a diferença cultural não significa, *eo ipso*, que devamos considerar todos os códigos morais como equivalentes, nem que devamos deixar de lado todo juízo relativo aos comportamentos e ações como se fossem apenas internos a cada uma dessas culturas. Um grande avanço das sociedades democráticas residiu, precisamente, em ter trazido à tona considerações de universalidade, como as que se concretizaram em doutrinas como a dos direitos humanos. Devemos mesmo dizer que essa disposição a provas de universalização de toda regra, instituição e comportamento como que se impõe no mundo contemporâneo. O seu contraponto consiste na acomodação que observamos nas sociedades de primeiro mundo que, de tão acostumadas ao bem-estar, terminaram por confundir a noção de bem com a de utilidade. Não podemos confundir os princípios da moralidade com o nivelamento medíocre de uma sociedade voltada, sobretudo, para a valorização da satisfação material.

A razão, em sua potência, reconhece os seus próprios limites. Limites de se encontrar diante de algo impermeável a si, algo cuja "ilogicidade" o torna resistente a todo trabalho racional, como o da negociação política que é sua expressão. Não havendo nada a negociar, cabe ao Estado recorrer à força, que é um outro tipo de violência, o da violência legítima, reparadora, única arma contra a violência meramente destruidora. Para a razão não se reconhecer em tais atos da "irrazão" significa também recorrer aos critérios da moralidade, que lhe permitem discernir, na obscuridade da violência pura, os meios de julgá-la e controlá-la, não contemporizando com o que procura destruir as próprias bases da estabilidade psicológica dos cidadãos, da democracia e da existência mesma do Estado.

# 1. Dos modos de se dizer o mal

O que acontece quando o mundo se decompõe? Quando aquilo que considerávamos como o mundo se fragmenta? Quando aquilo que tínhamos como sendo o mundo mostra a sua segmentação? Pode-se, ainda, falar de "mundo"? O que essa palavra significa? Dizemos a mesma coisa quando usamos a palavra mundo ou nos referimos a coisas distintas? É claro que o mundo perceptivo dos indivíduos altera-se segundo a posição que cada um ocupa na série do mundo, o que faz com que cada "mônada", no dizer de Leibniz,[1] seja estritamente individual. Refiro-me, no entanto, a algo distinto, refiro-me ao mundo do ponto de vista da concepção que dele temos quando o conhecemos ou quando nele agimos, ou seja, aquele conjunto de valores, idéias, instituições e regras que comumente chamamos de civilização. Assim, quando falamos de "crise de civilização", estamos precisamente falando desses valores, idéias, instituições e regras que se esfacelam diante de nós, perdendo a sua "efetividade", deixando de "colar", "juntar", "unir", as suas partes e momentos constituintes. O mundo, por assim dizer, descola-se, pois a sua cola perdeu aderência. E o que deixa de colar são as próprias regras e instituições, essas formas de vida que condicionam as formas mesmas de nosso pensamento. Quando se fala, portanto, de crise de civilização, falamos não apenas de nosso pensamento do mundo, mas de um pensamento que faz parte da própria vida, que é um dos elementos dessas regras que estipulam o que pode ou não ser feito, o que deve ou não ser feito, e mesmo aquilo que viemos a estipular como verdadeiro ou falso.

Não é a própria noção de regra, de regularidade, como regendo a totalidade das relações de coisas, que se encontra precisamente em questão quando nos defrontamos com um mundo esfacelado? De que modo dizemos essas diferentes formas de existência? Ou ainda, quando dizemos o mundo não o dizemos segundo uma determinada perspectiva, cujas regras são dadas por uma regularidade que está precisamente em questão? Não está sua validade dada por ser apenas uma abordagem descritiva de conhecimento de determinados objetos? Tratar-se-ia de uma abordagem das coisas que nos remete a uma consideração da ótica através da qual vemos o mundo, ótica essa que faz parte do modo mesmo mediante o qual uma sociedade ou uma época se pensa e se representa. Nesse processo de ver as coisas, de abordá-las segundo diferentes maneiras de se considerar a existência, defrontamo-nos com diferentes modos de se dizer o mundo, modos esses que determinam o nosso comportamento e aquilo que consideramos como existente e como digno de valor. Valores mudam, da mesma forma que aquilo que temos por existente. Se perguntarmos para o membro de uma comunidade quaker, o que é primeiro e digno de ser apreciado, a sua resposta será, com toda probabilidade, Deus que a tudo confere existência ou razão de ser. Se a mesma pergunta for feita a um indivíduo que cresceu numa sociedade de massa, apreciando o corpo e os objetos materiais, a resposta poderia ser os prazeres do corpo ou o usufruto de objetos, formas de existência primeira das coisas.

O dizer, o sistema proposicional,[2] constitui-se num conjunto de proposições que postula a medida do que é dito ser real ou o que é considerado como tal. Os objetos aparecem aqui como "suportes" desse sistema aposto à realidade, porém de tal maneira que as coisas ganham determinada forma de existência por sua inscrição num sistema proposicional, que se apresenta como um padrão de medida. Acontece que este possui uma natureza proposicional que circunscreve mesmo aquilo que consideramos como sendo real ou existente. Isso quer dizer que o objeto é dito pelo uso que dele é feito na proposição, o que significa nos seus usos. Mudando-se o "padrão de medida", medimos diferentemente, vemos as coisas de outra forma, elas se apresentam de outra maneira para nós.

O que nos é necessário problematizar são precisamente essas noções recebidas de mundo, existência, totalidade, fatos, regras tais como utilizadas em proposições cujo uso delimita e circunscreve *um* tipo de conhecimento que poderia, aliás, ter a pretensão de ser *o* conhecimento. No momento em que vemos diferentemente a realidade segundo um padrão de medida determinado ou, o que é a mesma coisa, segundo uma dada cultura que estabelece um determinado tipo de comportamento e delimita um certo olhar do mundo, coloca-se quase inevitavelmente a pergunta do que distingue esses padrões de medida e culturas e, para além destes, as suas validades respectivas. Ou seja, coloca-se a questão de como podemos julgar ações e comportamentos, qual é o metro que estipula aquilo que é medido. Seria o preço a pagar o relativismo moral, no momento de passarmos de "o" conhecimento das coisas ao "um" conhecimento delas?

Estaríamos condenados à constatação de que tudo possui o mesmo valor e que deveríamos nos curvar diante de um mundo fragmentado? É como se devêssemos recusar o juízo quando este se afasta do conhecimento descritivo de fatos físicos ou de entidades matemáticas no sentido científico amplo do termo. Isso significaria, então, um abandono do mundo dos valores, do mundo da ação, como se proposições valorativas e normativas estivessem condenadas à indeterminação e ao acaso das contingências da vida. Ou ainda, a ética ter-se-ia tornado uma mera análise dos comportamentos morais, uma análise do uso da linguagem moral, onde a perspectiva descritiva do dado como existente seria a única com carta de cidadania científica. Mas, não estaríamos fazendo, por um outro viés, de uma abordagem do mundo a única verdadeiramente justificada e, desta maneira, oferecendo uma desculpa para não perspectivá-la, como se fosse o padrão de medida, certamente residual como fruto da eliminação de outros, mas, de qualquer maneira, o padrão que nos resta. A filosofia tornar-se-ia refém de uma determinada abordagem, como se o claustro, sob a forma moderna de um retiro do mundo, fosse o seu destino.

O problema consiste num discernimento dos conceitos e princípios que poderiam nos oferecer um parâmetro de ajuizamento de ações. E isso passa pela problematização de conceitos como mundo, existência, coisa, ação, numa perspectiva que integre o próprio multifacetamento de nossas abordagens do mundo, logo da própria realidade. Conseqüentemente, diferentes enfoques das coisas, daquilo que consideramos como real, são postos em relação, em contraposição, com o intuito de que possamos vislumbrar de que maneira justificamos nossas visões de mundo, delimitando, quiçá, os respectivos campos de validade de cada forma de conhecimento. Mas será que seria possível dizer, fazendo uma analogia com o progresso do conhecimento científico, que, no domínio prático, da ação, uma teoria seja melhor do que outra por ser mais explicativa, de tal maneira que uma, sendo ultrapassada pela outra, guarda, no entanto, sob certas condições, seu domínio próprio de validade?

No domínio prático, confrontamo-nos freqüentemente com questões que parecem envolver dilemas, em que atos que se apresentam em determinada cultura como legítimos, por serem o resultado de costumes e tradições, são, numa outra perspectiva, como a dos direitos humanos, condenáveis. É moralmente equivalente a excisão do clitóris das mulheres no mundo muçulmano e a sua não excisão em outras partes do mundo? Ou tomemos exemplos interiores à cultura ocidental, que não cessam de nos indagar por envolverem aquilo mesmo que essa mesma tradição considera ou considerava como natureza humana. Assim, é moralmente justificada a reprodução entre dois indivíduos do mesmo sexo, segundo determinadas formas hoje possíveis de manipulação genética? Podem ser tomadas como um mero desenvolvimento da ciência – o que pode ser tido por "progresso" – as mutações cada vez maiores que são infringidas aos processos naturais? Sob quais condições falamos de "natureza"? Em outras palavras, não será que a noção de mundo não tem a sua significação vinculada à noção de determinadas regularidades, de determinadas regras, que são hoje precisamente postas em questão? Não presenciou o século XX certas formas de dominação "política", de exercício estatal da violência visando à extinção de setores de uma população, que questionam o que, até então, tínhamos por "política"? Não mostra a irrupção da dominação "totalitária" formas de "associabilidade", impostas pela violência, para as quais a noção de "normalidade", de "regularidade", cessa de ter valor? O pensamento parece lá tributário de uma "normalidade", de uma "regularidade", cuja aniquilação nos questiona sobre o próprio uso que fazemos de proposições, sobre o modo que nomeamos e julgamos as coisas.

A escolha do conceito de mal como guia desta reflexão prende-se a que ele nos permite tanto abordar questões éticas e filosófico-políticas, como metafísicas. Ou melhor, permite articular diferentemente a ética e a filosofia política de um lado, a metafísica, de outro. A ética, por apresentar questões relativas ao juízo moral, ao modo de construirmos proposições que envolvem as noções de bem, mal e dever. A filosofia política, por envolver os conceitos de regra política, de direito e de natureza humana. A metafísica, por nos colocar diante das diferentes acepções do ser, de construção de proposições e de atribuição de existência às coisas.

## O TRANSPARECER DO FENÔMENO

Tomemos, preliminarmente, como um fio condutor de nossa análise o conceito heideggeriano de fenômeno: "Como significação da expressão 'fenômeno' devemos, portanto, *fixar* o seguinte: *o-que-se-mostra-em-si-mesmo*, o manifesto."[3] O que é, com efeito, que se mostra quando utilizamos o conceito de mal para qualificar um comportamento, uma ação, certos costumes ou determinados fenômenos históricos? O que é transparece nessas formas de dizer ou em determinadas coisas tomadas como existentes ou, mesmo, enquanto coisas que consideramos como fenômenos históricos? Em particular, determinados fatos históricos deixariam transparecer certas formas de existência, certas facetas de comportamento humano, que nos questionam sobre o sentido mesmo do homem ou da humanidade. Talvez, um olhar atento sobre determinados fenômenos[4] possa nos obrigar a uma reconsideração *filosófica*. E ela se manifesta no modo mesmo que entendemos a passagem de proposições histórico-políticas, por exemplo, a proposições que problematizam os sentidos mesmo do ser e de atribuição da existência. Ou ainda, o problema não reside somente no conhecimento do quê material, mas no seu como, remetendo-nos tanto ao modo mediante o qual elaboramos proposições como, por intermédio delas e da linguagem própria da ação, à maneira de atribuirmos existência às coisas e, no domínio prático, ao seu juízo.

Nessa consideração do fenômeno, empreenderemos um percurso que partirá do que a tradição filosófica, em diferentes formulações, tomou como individual, seja no sentido aristotélico de "substância", seja no humeiano de "coisa percebida" ou, mais contemporânea, de "indivíduos".[5] Nossa primeira preocupação, embora logo vejamos os seus problemas decorrentes do modo de se atribuir existência às coisas, consiste em partir de casos particulares, de fenômenos, cuja individualidade seja de uma outra maneira configurada. Perseguimos essa condição como ponto de partida de uma reflexão sobre o mal, a partir de certos fatos históricos ou culturais tomados como relevantes. Ancoraremos nosso pensamento em determinadas formas do "mal prático",[6] pressupondo que tenhamos de fazer todo um périplo sobre as diferentes maneiras de se dizer o mal. Dessa consideração poderemos tanto elucidar determinadas formulações relativas ao mal como encontrar outras, que se mostrem relutantes a certas análises das formas do dizer. Ou seja, nos encontraremos com problemas que dizem respeito tanto à homonímia quanto à sinonímia da palavra mal.

Isso quer dizer, já nessa primeira abordagem, que se coloca imediatamente o problema de o que significa existir, ou seja, do como consideramos algo como existente. Algo tido por existente é, nesse enfoque, algo que tomamos proposicionalmente como existente, algo a que é aplicado o conceito de existência mediante determinados usos proposicionais. Ou seja, recortamos a realidade segundo certas concepções do mundo, segundo certos sistemas proposicionais, de tal maneira que tomamos como existente o que é propriamente posto, recortado, pela proposição. E esse ato de pôr envolve certos comportamentos, certas formas de vida, nos quais as falas e os discursos se inscrevem, pois deles fazem parte.

Falas e discursos fazem parte de ações, exprimem comportamentos e atitudes, alguns imediatamente reconhecíveis enquanto tais, outros, exigindo a elucidação de sua inscrição prática. Ações são formas de linguagem, algumas se exprimindo como palavras e proposições estrito senso, outras, como veremos, sendo proposicionais, sendo formas de linguagem, embora não se expressem por palavras ou sentenças, como quando uma criança expressa o seu desejo por determinados gestos corporais, como quando fazemos uma careta ou um explorador observa o comportamento de um povo cuja língua desconhece. Algo tido por existente significa também, no recorte então operado da realidade, algo produzido pela ação humana, um fato prático, uma coisa feita. A elucidação do conceito de mal passa, assim, pelo esclarecimento de determinadas coisas feitas, da ação sob determinadas condições, de tal maneira que nos confrontamos com a questão da explicitação do existente posto pela ação humana, existente esse que demanda um tratamento teórico. Ou ainda, o dado, aquilo com o que nos defrontamos quando agimos ou pensamos, será considerado na perspectiva de coisa feita, de uma forma do fazer humano, afastando-nos, portanto, de qualquer forma de consideração das coisas humanas que as consideraria como "naturais" ou, mesmo, normais. Procuraremos enfocar nossa reflexão na perspectiva da gênese das coisas, do seu processo resultante do fazer, da ação humana, tal como esta se faz – e se fez – em diferentes sociedades, épocas e culturas.

Sob essa ótica, a questão pode ser colocada da seguinte maneira: o que revela o fato assim considerado, o que põe ele de manifesto? A pergunta filosófica pode ser, num sentido heideggeriano, elaborada como pergunta pelo sentido de um ente específico, o *Dasein*, o "ser-aí", o "homem" nas condições em que se revela graças à sua ação. A pergunta traz esse algo do fato à luz, o que seria propriamente o caso, o caso da filosofia. Ora, em nossa abordagem, uma tal colocação do problema não abandona, contudo, o espaço proposicional na medida em que proposições filosóficas laboram com proposições que dizem fatos, formas de existência não elucidadas enquanto tais. Cabe às proposições filosóficas elucidarem as de existência que, em sua mais variada gama, discriminam coisas que são e coisas que não são, coisas que existem ou não, segundo a perspectiva ou enfoque que delas é feita.

A filosofia parte do que é, parte de um ente, de algo que é considerado como existente; nesse sentido, ela parte também de um *was*, de um *quid*, que se configura como dado. Entretanto, a abordagem do dado já nos põe diante do seu travejamento, de tal maneira que este tanto pode ser descrito por proposições que o tomam, precisamente, como "simples dado", quanto como algo que expõe regras e, mesmo, regras normativamente orientadas. Com efeito, nenhum fato se dá à margem de sua regrada contextualização. Daí não se segue, todavia, que todos os fatos tenham a mesma relevância filosófica, pois essa somente ocorre quando determinados fatos nos fazem ver algo diferente, algo que não se enquadra nas formas do dizer proposicional vigente, algo que nos interroga sobre os princípios do pensar e da ação, algo que expõe uma outra linguagem – se é que, para as coisas feitas, esse conceito seja pertinente para designar todas as formas de comportamento humano. No caso dos fatos que tomaremos como fio condutor de nossa análise, consideraremos, na acepção prática, esses fatos como feitos, coisas feitas que se comportam de determinadas maneiras, de tal modo que a interrogação filosófica se volte para a pergunta do começo, do princípio de tais coisas feitas, de como se dá a ação de um ser-aí determinado, do homem, sob circunstâncias inusitadas.

Cabe, portanto, a pergunta pelo fenômeno, pelo que transparece, surge e se deixa ver através de entes determinados, de determinadas coisas feitas. A consideração de um fato histórico como dando lugar à elaboração de um problema e, logo, conceito filosófico, é tributária do modo mediante o qual 'vemos' determinados fatos, fatos que mostram determinadas dimensões da natureza humana, que nos indagam pelo que esta é, por seus modos de existência, pelas categorias e conceitos pelos quais podemos apreendê-la. Nessa perspectiva, ganha relevância o modo através do qual tomamos algo como fenômeno, como fato feito, como o *was*, como o "quê", que será objeto de um *wie*, de um "como" de outro tipo, cujo viés específico consiste num *recomeço* do trabalho de questionamento do dado, fazendo vir à luz o que se encontra velado, fazendo nascer para o pensamento o que, de outra maneira, permaneceria encoberto. A pergunta pelo sentido de determinados fatos e comportamentos humanos provoca a elaboração de outros conceitos filosóficos. E quando falo de comportamentos do homem não falo de propriedades inessenciais deste ser, mas de sua forma mesma de mostração, do que lá se revela de essencial, o mal como sendo uma forma sua de ser ou de existência.

Logo, não nos afastaremos neste périplo do dizer proposicional, embora o consideremos em diferentes níveis e perspectivas, com o intuito de elaborar determinados usos proposicionais, usos da linguagem, que nos permitam analisar diferentemente o modo mesmo mediante o qual a existência é atribuída e o ser é dito. A pergunta pelo sentido da ação, pelo sentido de determinados fatos mostra, em sua própria elucidação, o emprego de vários usos proposicionais, tanto teóricos quanto práticos. A pergunta metódica pela existência e por seus modos de atribuição opera com essa ampla gama de usos proposicionais, essa ampla gama de posições da existência, descrevendo-as, compreendendo-as e elucidando-as. Trata-se, portanto, de analisar de que modo ou de que diferentes modos, a existência é concebida e, mais particularmente, elucidada por intermédio do conceito de mal. O que está em questão é a relação entre o mal e o existente.

## O MAL E O RETRATO

Qual é a posição que ocupa o mal em nossa imagem do mundo? Quando observamos um fenômeno, julgamos um comportamento, valorizamos ou não uma ação, vemos um quadro, o que é o que nos faz utilizar o conceito de mal ou, de outra maneira, nos faz manifestar determinados sentimentos de agrado ou de desagrado, de afinidade ou de repulsa? Se muitas vezes o mal nos acompanha em nossa representação das coisas, ele o faz em função da existência que atribuímos a elas segundo aquilo que, freqüentemente, estimamos digno de ser valorizado. Se o mal é, de certa forma, um acompanhante de nossas representações e concepções das coisas, onde ancorá-lo? Onde colocar o "retrato" que, com ele, fazemos delas?

Nossa visão das coisas, comumente, se perspectiva segundo a posição por nós adotada, segundo o nosso olhar. Se tomarmos a posição da proposição descritiva, teremos, aparentemente, a vantagem de apoiar-nos em objetos extralingüísticos para a verificação do que é descrito; em todo caso refere-se ela ao mundo ou àquilo que ela estima ter em comum com ele. Agora, como retratamos algo como mau? Peguemos um quadro de Tiepolo, onde vemos, sobre uma bandeja, os olhos de uma mulher que é amputada da visão por suas convicções religiosas: o caso de uma mártir cristã, santa Odília. Será que ela vê menos? Ou vê doravante diferentemente, pois sua visão é internamente iluminada, orientada, pela sua fé religiosa? Nós que olhamos o quadro vemos, aparentemente, uma ação, digamos uma ação "maldosa", daqueles que martirizam uma mulher, logo tomada como "santa". Em todo caso, vemos nesse quadro diferentes visões: a daquela que não vê mais, sem cessar de ver diferentemente, e, na sua perspectiva, superiormente em relação àqueles que a martirizam, essa sua superioridade lhe sendo dada por sua convicção religiosa, o "ver" daqueles que a martirizam, em função de um outro ver o mundo, que passa pela violência física.

Qual dessas acepções do "ver" seria a "verdadeira"? Tem essa pergunta sentido? Dentre esses "veres" possíveis, o nosso ver o quadro, o sentimento de horror que temos diante de uma tal atrocidade, onde situar a nossa tendência "natural" de julgar? Julgamos de qual posição? Do horror – de fundamento hobbesiano – da perda da integridade física, um tal sentimento sendo a base do juízo que emitimos, logo, um juízo que se sustenta numa certa concepção do corpo e da vida, da sua integridade e do medo da morte violenta? Numa perspectiva religiosa, por outro lado, podemos vir a fazer economia dos fatos na medida em que ela oferece um "fundamento" supra-sensível, que funciona como um *écran*, uma "tela", diante de outras realidades. Podemos ver esse quadro como um retratar-se da condição humana, que nos coloca diante da questão de que tudo, talvez, não possa ser apenas uma questão de perspectiva, porém deve haver algo que sustente a "verdade" de nossa visão e não somente as perspectivas das diferentes visões com suas orientações particulares, algo que sustente o juízo.

Ou ainda, pense-se na tortura como meio de conversão e/ou confissão de pagãos, incrédulos ou membros de outras religiões, em que os inquisidores torturavam o corpo de suas vítimas em nome de sua alma, o que poderia, num certo sentido, ser considerado como uma "outra forma" de ver o mundo. O que têm em comum o torturador e o torturado num dito confronto de visões de mundo – tipo Bernard de Gui,[7] – onde a própria violência, digamos, é "valorativamente" guiada? Qual é a "forma", se é que há uma, que une essas duas visões: conflito contraditório de gramáticas ou esboça-se um terreno comum a essas gramáticas? Trata-se de um conflito de formas religiosas de vida que seguiriam apenas "regionalmente" o princípio de não-contradição, isto é, no interior de cada uma delas? Porém tem o "torturado" a possibilidade de uso de sua própria forma de ver as coisas? O que pode ser aqui o "objeto comum"?

A questão consiste em como podemos retratar essas situações. Retratamos um quadro que, por sua vez, retrata o confronto entre diferentes concepções e visões do mundo. Retratamos um inquisidor que atenta contra sua vítima em nome de uma outra realidade da qual se diz representante. Retratamos imagens de diferentes ações. Retratamos ações segundo determinadas perspectivas. Retratamos alguns tipos de ação às quais atribuímos o qualificativo de "más". O juízo, porém, não será ele mesmo um "retrato", uma "imagem"? Veiculamos, em todo ato de julgar, uma exigência de validade incondicionada, mas quando nos confrontamos com as condições de justificação dessa exigência estamos colocados diante de formas particulares de justificação, que obedecem a determinados princípios e regras, por sua vez inscritos em determinadas épocas ou culturas. No momento mesmo em que realçamos o caráter absoluto do julgar moral, o perspectivamos em sua própria asserção. E, se ele obedece a uma perspectiva, onde ancorá-lo?

## Acepções do mal

Na vida cotidiana, utilizamos comumente expressões com a palavra mal, cujas significações, muitas vezes, têm apenas o nome em comum. Por exemplo: "Como estás mal vestido", "Como tu és má", "Que mau tempo", "Que coisa malfeita", "Que mau gosto". A pergunta pode, portanto, ser a seguinte: há uma significação que recorte o uso dessas diferentes expressões, para além do fato de que a palavra mal no seu uso adjetivo, de qualificação, ocorre nessas diferentes expressões? Num caso, o do "Como estás mal vestido", a pessoa que utiliza uma tal expressão julga, segundo certos padrões de beleza, uma determinada forma de vestimenta como sendo, para ela, de mau gosto. Com "Como tu és má", a pessoa que emite tal juízo baseia-se em determinados padrões de bondade ou de seu interesse próprio para qualificar o comportamento de alguém. Se uma filha diz para sua mãe "Como tu és má", pode estar querendo simplesmente dizer que o seu interesse foi contrariado, não intervindo, propriamente dito, nenhum padrão objetivo de bondade. Esta expressão, no entanto, pode dizer que uma determinada pessoa, numa outra situação, é moralmente desprezível. Ao dizer "Que mau tempo", a pessoa que assim se expressa qualifica uma certa condição climática como lhe sendo pessoalmente desagradável, o que pode não ser o caso para uma outra pessoa, que encontra prazer nessa mesma situação climática. No caso de "Que coisa mal feita", uma tal expressão pode manifestar um juízo sobre um determinado comportamento de alguém ou sobre um objeto que não preenche as funções ou expectativas para o qual foi, ou deveria ter sido, feito. Por fim, "Que mau gosto" veicula um juízo estético relativo ao comportamento de alguém ou ao seu gosto por determinados objetos. Em todos esses casos, temos uma palavra comum utilizada em diversas circunstâncias, segundo diferentes padrões de medida e de juízo, padrões esses que variam segundo as pessoas e os objetos e, poderíamos mesmo generalizar, segundo as épocas e sociedades.

Aristóteles, perguntando-se pelas formas de se dizer as coisas que se oferecem a nós extralingüisticamente e analisando essas formas de dizer segundo os pronomes envolvidos em determinadas proposições, indaga-se precisamente pelo uso de nomes, por suas definições, como condição preliminar de uma análise das formas de predicação. A análise aristotélica dos nomes e das formas de predicação é uma análise lingüística, porém uma análise voltada para coisas dadas extralingüisticamente.[8] Sendo assim, pode-se dizer que sua preocupação central reside nas coisas do mundo, independentemente do que possamos entender pelo nome coisa. Importa-nos, para nosso presente propósito, a distinção aristotélica entre "homônimos" e "sinônimos": "Quando coisas têm em comum somente o nome, enquanto a definição (logos) do ser que corresponde ao nome é diferente, eles são chamados de homônimos" ou, em algumas linhas abaixo, "quando coisas têm em comum o nome, enquanto a definição do ser que corresponde ao nome é a mesma, eles são chamados de sinônimos."[9] Se tivermos que assinalar uma mesma definição aos diferentes usos das palavras "mau" e "mal", observaremos a dificuldade, senão a impossibilidade, de uma tal tarefa. Teríamos uma mesma palavra que é utilizada diferentemente, à qual nenhuma definição comum corresponde.

E se passarmos da distinção entre homônimos e sinônimos para uma análise das formas de predicação, veremos nos exemplos citados e nos que serão analisados que, segundo o uso da palavra, teremos diferentes usos do verbo ser, muitas vezes presentes numa mesma expressão ou proposição. Assim, o significado existencial, o modo de se dizer a existência, a predicação de coisas tidas por existentes, o significado de cópula nos itens considerados como propriedades do mal ou de coisa tidas por tais. E dependendo do modo que o mal é dito ser existente, segue-se diferentes usos do verbo ser ou a forma mediante a qual reconhecemos a sua existência por intermédio da análise dos usos da palavra mal e os usos do verbo ser como identificação, predicação ou implicação.

Perseguindo nossa análise da palavra mal, nos defrontaremos, então, com o problema da atribuição da existência a coisas dadas tanto extralingüisticamente como intralingüisticamente. No primeiro caso, por exemplo, com fenômenos do mundo externo como o totalitarismo e o genocídio ou com crimes irremissíveis como determinados crimes merecedores de prisão perpétua ou pena de morte. No segundo caso, com problemas que são internos a determinados modos de se dizer as coisas e que desaparecem quando as coisas passam a ser diferentemente concebidas e representadas, como quando se dizia que relações sexuais pré-maritais eram coisas más ou se diz que um terremoto é algo mau. O que se problematiza aqui é o modo de dizer, o como se circunscreve algo como existente. Em nossa perspectiva, a existência é um conceito atribuído a algo com o propósito de pensá-lo, um procedimento que nos capacita a pensar essa coisa no interior de uma determinada concepção, de um determinado conjunto de proposições. A equivocidade da palavra mal deve-se, precisamente, aos diferentes modos pelos quais ela é usada, o que significa dizer que esses diferentes modos obedecem a diferentes gramáticas. Isto nos remeterá, portanto, à análise das suas respectivas gramáticas com as atribuições de existência que lhes são próprias.

Desta maneira, a análise dos homônimos desaparecerá em proveito dos seus diferentes usos proposicionais como fazendo parte das formas de vida, dos costumes, dos modos mediante os quais nos representamos as coisas do mundo ou tidas por tais, independentemente ou não de seu caráter perceptivo ou empírico imediato. O mal se diz de diferentes modos, segundo as gramáticas às quais pertence. Eis por que o mal foi na tradição teológico-filosófica tido por uma forma de não-ser, pois o ser era tido por existente ou digno de valor segundo uma determinada concepção que, assim, o postulava, a sua forma de negação comparecendo, conseqüentemente, como carência ou ausência de ser ou de bem. Logo, o mal é dito homonimamente, segundo o conjunto de proposições no qual se inscreve.

Analisemos alguns desses contextos proposicionais. Ele pode significar:

1) *a doença.* Quando se diz uma determinada doença como "má", significa-se, com isto, um disfuncionamento do corpo que causa dor ou incômodo àquela pessoa que é assim afetada ou aos seus próximos. Daí não se segue que se possa dizer absolutamente que toda doença é algo mau. Ela pode ser diferentemente considerada e percebida por diferentes pessoas. Pense-se mesmo no caso

daqueles que consideram a doença como algo querido por Deus ou como resultado de um determinado pecado ou um desígnio da providência. Em cada um destes casos, o mal será diferentemente dito e vivido. Se perguntarmos, numa outra perspectiva, a um médico o que é tal doença, provavelmente não lhe ocorrerá dizer que ela é "má", mas apresentará as suas causas, ou o que crê serem suas causas, prescrevendo, por exemplo, um determinado tratamento. Dizer a doença como "má" seria uma forma inapropriada para significar o disfuncionamento do corpo ou o que é ressentido como tal. Mas, mesmo aqui, as formas correntes do dizer infectam, por assim dizer, o vocabulário médico. Chamamos, por exemplo, certas doenças de "mal de Chagas" ou de "mal de Alzheimer". Há mesmo expressões do tipo "sinto-me mal" para significar esses incômodos de ordem física. Tais expressões poderiam ser inclusive ditas formas de expressar o anormal em relação ao que é normal, estabelecendo uma delimitação entre ambas. O ser significa aqui o "normal", o que está em bom funcionamento, enquanto o mal, em contraposição, significa o não-ser, o "a-normal", o disfuncionamento.

Assinale-se que, na ordem da percepção, observamos algo dado, objetivo, no caso a doença, que vem a fazer parte de uma determinada forma de abordagem dos fatos ou de concepção destes. Um fenômeno determinado entra numa gramática determinada, cuja perspectiva lhe confere uma determinada forma de ser ou existência. Um objeto passível de descrição e explicável segundo um determinado tipo de conhecimento, o médico, pode ser visto como uma forma de não-ser, enquanto fenômeno moral ou religioso. Tudo depende de sua forma de abordagem;

2) *uma catástrofe natural.* Um terremoto, por exemplo, é usualmente visto e enunciado como algo mau. Isto se deve a que causa morte e destruição àqueles que se encontram num tal lugar físico. A morte provocada por um fenômeno natural aparece, portanto, como algo "mau" para os que sentiram ou vivenciaram uma tal experiência e para os que observam tais fenômenos por meio dos modernos meios de comunicação. A morte aparece, então, como uma forma de não-ser, resultante de um deslocamento de terra que provoca dano às pessoas que aí se encontravam. Logo, esse dizer está determinado por um fenômeno natural que escapa do funcionamento "normal" da natureza, rompendo, aparentemente, com o curso normal das coisas. Não que um terremoto não seja algo "normal" do ponto de vista dos movimentos da crosta terrestre, porém o conceito de normalidade aqui utilizado visa a mostrar que o que consideramos como "normal" muitas vezes nada mais é do que o que nos aparece como tal, por ser simplesmente o mais freqüente ou aquilo com o que estamos acostumados. Temos aqui duas acepções do "mal": de um lado, ele sig-

nifica o não-ser enquanto rompimento do regramento normal das coisas, de outro, ele significa o olhar humano, aflito, daqueles que vivem e/ou testemunham um tal acontecimento. Na ordem do conhecimento científico, entretanto, podemos descrevê-lo e compreendê-lo como obedecendo a certas regras que são as leis da natureza, que explicam o movimento e o acomodamento das placas continentais. Nessa explicação, desaparecem formulações como "não-ser" ou "normalidade" do modo apresentado, de tal maneira que essa forma de dizer o mal aparece como intralingüística, interior a uma certa concepção do mundo;

3) *a morte*. A morte aparece como algo temido enquanto forma definitiva de não-ser, de cessação completa de ser. Neste sentido, ela é dita de várias maneiras enquanto não-ser, pois ela pode ter tanto a acepção de um fim previsto do ciclo natural, como algo que ocorre por um homem ou conjunto de homens terem sido extirpados do ciclo natural, no caso de guerras e assassinatos, onde o indivíduo é como que arrancado de seu processo natural, o que ocasiona formulações de que tal coisa não foi "justa" ou de que algo "mau" aconteceu. Tratar a morte aparece não apenas como um dos mais difíceis problemas da existência humana enquanto tal, porém seus modos de abordagem também diferem não somente em diferentes culturas, mas também no modo de consideração da ordem propriamente natural. É o caso de quando a "ordem natural" não é obedecida, por exemplo, um filho sendo enterrado por seus pais. A perspectiva religiosa, por sua vez, está fortemente ancorada na abordagem da morte, tanto que sua forma de não-ser é considerada como culpa originária, em cujo caso, temos uma forma de não-ser que não era primeira, que não era começo, mas sim resultado, castigo de uma transgressão que modifica a condição humana. A chave de explicação reside aqui num conjunto de proposições que postula, inclusive, um conceito próprio de verdade, a verdade revelada, pois não podemos recorrer, enquanto explicação, àquilo que comumente consideramos como tal. Todos os atos individuais de morte são, então, remetidos à condição humana enquanto tal na acepção de resultado da queda originária. No entanto, a explicação religiosa tem a pretensão de dar conta, inclusive, dos casos individuais, como quando alguém diz que "Deus assim quis", referindo-se à morte súbita de alguém. Neste caso, toda descrição real é incorporada a um relato de tipo bíblico, que passa pela crença que torna possível que a um fato natural se lhe confira uma acepção ético-religiosa. A crença é condição da "descrição", que é, mais propriamente, um relato.

Numa perspectiva científica, a morte pode ser vista sob a forma de fim de um ciclo natural, sem que uma compreensão religiosa necessariamente intervenha, uma forma de cessação de ser, de cessação definitiva de ser, da qual se conhece somente o ato de parada final das funções vitais, em cujo caso se faz intervir a percepção do que ocorre necessariamente ao corpo humano ao término de um tempo x, que depende de cada indivíduo, mas cujo desenlace não está ao alcance de ninguém (salvo sob a forma do suicídio que, na nossa perspectiva, não altera os termos da questão).

Temos aqui uma forma de dizer que comporta várias distinções. Realcemos, introdutoriamente, algumas delas:

a) a religiosa como castigo enquanto não-ser, do qual os justos serão redimidos no juízo final e na ressurreição, que restabelecerá o ser. A concepção religiosa comporta, por sua vez, vários matizes, que são relevantes para o modo mediante o qual se entende o ser, o não-ser, a vida e o que é digno de valor. Se tomarmos a doutrina de Port-Royal, no século XVII, veremos que a morte era querida e almejada por religiosas e religiosos. Para eles, a morte não era vista senão como uma forma passageira de não-ser, na verdade, como maneira de passagem para a verdadeira forma de ser, a que culminava no mistério mesmo da contemplação divina, na vida eterna, na beatitude. A morte, nessa perspectiva, significa ser e não ausência de ser, pois é nela que o verdadeiro ser se afirma. Pense-se na morte de algumas religiosas de Port-Royal – Angélique Arnauld, Jacqueline Pascal – e do próprio Pascal, para os quais a morte era algo querido e esperado como superação da condição humana, existencial, de não-ser. Os termos parecem trocar de significação, onde o não-ser toma o lugar do ser, a morte, da vida e vice-versa, mas essa aparente impressão se dissipa se atentarmos para o contexto e para a forma de vida onde estas afirmações eram a regra. Para eles, nossa forma de vida é que apareceria como bizarra e estranha;

b) a existencial, que pode comparecer sob a forma do medo da morte, medo do não-ser, ao qual se contrapõe o ser da condição humana em vida. Sob essa ótica, a morte aparece como um horizonte que determina nossos atos como algo esperado, porém mantido distante. A abordagem que daremos a esse jogo vai determinar o que entendemos como vida, como o que merece ser valorizado. O próprio frenesi de determinadas formas de vida contemporânea pode ser a expressão de um não pensar a morte como algo inelutável, e isto no interior de um mundo que não encontra uma forma substitutiva de religião, ao mesmo tempo que decreta por várias formas a morte desta última. Morte de uma concepção que, paradoxalmente, desnuda a morte como forma definitiva e inexplicável de cessação de ser. Ressalte-se aqui que a estimação da vida vem acompanhada de um progresso inaudito, do ponto de vista histórico, das ciências biológicas e médicas em geral. Nesse contexto, ganham outra significação afirmações de cientistas americanos, diretamente envolvidos com o Projeto Genoma, de que o homem já pode almejar a imortalidade. O desenvolvimento científico-tecnológico seria o substitutivo do conceito teológico de *causa sui*, isto é, o homem como causa de si mesmo;

c) o conceito hegeliano[10] de luta pelo reconhecimento confere um valor superior, no embate entre senhor e escravo, àquele que não teme a morte e, na luta, soube ir até o limite da condição humana, visualizá-la e não recuar. O nome de senhor é atribuído àquele que fez face à morte, o de escravo àquele que não soube olhá-la de frente e, diante dela, recuou. O escravo é aquele que trocou a vida digna pela servidão, por ter tido medo à morte. O modo de encarar a morte coloca-se como a condição primeira da relação humana assim instituída. O processo hegeliano em seus desdobramentos, em particular o do escravo que se torna imprescindível ao senhor, pelo trabalho de cultivar a terra, pelo serviço da casa e por se fazer indispensável, enquanto o senhor, por sua vez, se acomoda com sua nova situação, abandonando-se ao lazer e ao usufruto de sua situação, mostra como a morte permanece no horizonte e é progressivamente substituída pelo trabalho e, num momento posterior, pela relação de igualdade que vem a se estabelecer entre ambos. Temos assim que, partindo da morte, passamos pelo trabalho, para chegar à igualdade humana e, logo, política, de tal maneira que expor as regras dessa passagem torna-se o fazer mesmo da filosofia;

4) *"crimes" contra o meio ambiente*. Recentemente, fala-se de "crimes" contra o meio ambiente, como um mal a ser evitado se pretendemos ter um planeta em condições adequadas de vida para as próximas gerações. É curioso, nesta nova denominação, o aparecimento de noções como crime e mal, pois elas só fazem sentido no interior de uma nova representação que as pessoas têm de si mesmas, de sua sociedade e da natureza. Descartes dizia que um objetivo da filosofia era o de fazer-nos "donos e senhores da natureza".[11] Nessa mesma época, Lord Bacon sustentava propósitos semelhantes. Ninguém, naquele tempo, se espantava com tais formulações. Pelo contrário, elas foram saudadas como manifestações do advento da nova ciência, que se colocava em condições de controlar os processos naturais em benefício da humanidade como um todo.

No entanto, no percurso que leva do século XVII ao XXI, noções como natureza, crime e mal terminaram por ganhar novas acepções, que ingressaram, inclusive, no senso comum, vindo a fazer parte desta nova forma de vida. Se uma discussão sobre os alimentos transgênicos causa um tal celeuma, é precisamente porque ela põe a nu diferentes formas de consideração da vida e do que deve ser valorado. Exibe-se, portanto, o problema dos critérios que permitem discriminar os juízos em questão, com suas formas específicas de validação e justificação.

Segundo a perspectiva adotada, o mal é dito de certos disfuncionamentos naturais produzidos pela ação e pela prática humanas, que alteram as condições de existência da natureza, engendrando fenômenos que podem tornar irreversível a vida humana no planeta Terra, em todo caso, segundo as condições que são conhecidas. Trata-se, aqui, de um nome que qualifica um novo processo "natural", na verdade, "des-natural", por "desnaturalizar" as condições da vida humana. Na verdade, é uma forma de dizer um produto da ação humana tomado como não-natural, em cujo caso temos uma acepção ética do mal, que se baseia num determinado conceito de natureza, conceito esse que, até muito recentemente, numa perspectiva histórica, regia as relações humanas com o meio-ambiente. Ressalte-se que temos, assim, uma acepção do mal enquanto não-ser "prático" cujo ser é dado por um determinado conceito de natureza. O que entra em linha de consideração para a atribuição a um tipo de ação humana da qualificação de má é o seu grau de alteração e/ou destruição da "natureza" em geral.

Convém, no entanto, ressaltar a complexidade do conceito de natureza que aqui intervém, pois, por exemplo, falamos "naturalmente" da mesma coisa quando dizemos que são naturais a floresta amazônica, a floresta negra e a floresta de Saint-Germain? Qual é o grau de intervenção na natureza que torna uma ação um mal? Recoloca-se, então, a relação entre um determinado tipo de ação sobre a natureza e suas repercussões do ponto de vista do homem, não somente contemporâneo, mas, abstratamente, o das próximas gerações. Tal apreciação de um resultado específico deste tipo de ação humana repercute inclusive sobre aquilo que, hoje, consideramos como nossa "sensibilidade" e como "sensato". Só que a "sensatez" contemporânea é tão "comum" como a "sensatez" de antanho, hoje considerada "insensata";

5) *experiências genéticas*. Fala-se também de mal para designar determinadas experiências genéticas que podem terminar por comprometer aquilo que consideramos como a humanidade: experiências com genes humanos e animais, criando seres "híbridos" (em nome, por exemplo, da criação de órgãos para transplantes). Essa ocorrência contemporânea da palavra mal é bastante interessante por assinalar a vinculação entre um certo conceito de natureza humana e as intervenções que o mesmo homem pode fazer sobre o que é precisamente tido por natureza humana. Mostra-se particularmente uma conexão entre proposições relativas à natureza humana e proposições propriamente morais, de tal maneira que o juízo moral intervém nesta conexão entre dois tipos de proposição. E referimo-nos a essa vinculação entre o conceito de natureza humana e as proposições morais do ponto de vista da justificação racional e não da revelada. Se adotarmos um parâmetro religioso, teremos um conceito de natureza humana funcionando como um operador, que determinaria o limite da experiência possível sobre a natureza humana. Observe-se que falamos

da intervenção sobre a natureza humana, nesse sentido, um universal que se torna objeto de experiência, e não apenas uma experiência sobre indivíduos determinados. Eis o que torna a situação atual tão crucial, fazendo com que a exigência de justificações morais de novo tipo seja premente.

O conceito de mal é, assim, usado para designar certas formas de intervenção genética na manipulação do que considerávamos, até então, como as condições de existência física e "natural" do homem. No caso, trata-se de uma forma de dizer o produto de determinadas intervenções da ação humana, portanto de juízos morais sobre ações que reclamariam formas de controle, sem as quais poder-se-ia comprometer aquilo mesmo que se considera como sendo a humanidade. Tomemos, por exemplo, a acepção do "natural" no que diz respeito à reprodução humana. Até pouco tempo atrás, era impensável que a reprodução humana pudesse se fazer sem relações sexuais, independentemente de condenações morais e religiosas relativas a esses atos. Ao pensar-se a natureza humana do ponto de vista de sua reprodução, pensava-se automaticamente em relações sexuais. Hoje, é certamente – ou ainda – a forma mais comum de reprodução humana, porém não mais exclusivamente. Pode-se pensar na fecundação in vitro, primeiramente criada para favorecer a reprodução de pessoas inférteis ou que tinham dificuldades para a procriação. Em que pese à diferença do processo, os parâmetros físicos são mais ou menos mantidos, pois essa forma de fecundação obedece aos princípios do feminino e do masculino de duas pessoas diferentes e de sexo diferente. Além disso, o embrião é introduzido num útero de uma mesma mulher ou numa mulher "de aluguel", o que termina por produzir a aparência de algo "normal", embora estranho. A criança nasce de um útero, por parto normal ou cesariana.

Entretanto, mantém-se o mesmo parâmetro de "humanidade" quando se pode pensar a reprodução humana por clonagem, portanto partindo-se de duas células do mesmo indivíduo, ou por procriação entre indivíduos do mesmo sexo via junção de células feminina e masculina? Observe-se que presenciamos, então, a uma outra conjunção entre a "natureza humana" diferentemente manipulada, criada, produzida e não apenas pensada, e as proposições morais. A desorientação contemporânea enquanto desorientação moral obedece ao problema da eclosão em curso de um determinado padrão de juízo e a sua não substituição, pelo menos por enquanto, por outro. Ora, precisamente dessa junção resultarão ou não determinadas prescrições legais de fundo moral, pois um assunto de tal seriedade não pode ficar na mão de poucos indivíduos ou de máximas genéricas como o progresso científico, cujos caminhos também podem significar descaminhos do homem.

O problema situa-se no que, e em que momento, uma ação pode receber o qualificativo de má, podendo ser moralmente repreensível e, mesmo, legalmente condenável. Em todo caso, a sua baliza é o conceito de "natureza humana" e, sobretudo, até onde este pode ser ampliado, sem que sua significação seja comprometida;

6) *violência.* A violência é geralmente qualificada como algo mau. Nessa significação, ela recorta uma ampla gama de atos humanos, que incluem atos lesivos ao corpo próprio e ao corpo ampliado sob a forma da família e do patrimônio. Qualificamos como atos moralmente maus e legalmente condenáveis aqueles contra o corpo de cada um, contra o patrimônio, o que faz com que uma pessoa seja ela também considerada "má". Essa qualificação da pessoa e dos seus atos não é necessariamente coincidente, pois não é a mesma coisa, como é distinguido pelo direito, atos que incorrem na morte de alguém acidentalmente, em surto, ou premeditadamente. A qualificação de uma pessoa como má deverá levar necessariamente em consideração a natureza específica do seu ato, seus antecedentes, seu contexto, para sabermos se a palavra "mal" não é homonimamente utilizada para qualificar diferentes atos. Pense-se numa pessoa que mata outra acidentalmente e em uma que o faz premeditadamente, já tendo em sua biografia uma série de atos de mesma natureza. Nesse último caso, estaremos remetidos a uma forma específica de juízo, onde a qualificação de "ação maldosa" veiculará um juízo sobre o caráter específico de tal ato.

Logo, nos diferentes casos de violência, o mal é dito de uma forma de ação humana cujo *quid*, cuja "natureza", é dada pelo dano causado ao corpo e/ou a propriedades alheias. A sua natureza é, portanto, dita como sendo uma forma de ação. Assim, o "mal" tem uma dimensão prática, no caso moral. A sua significação é dada por duas vertentes: de um lado, ele se caracteriza como o contrário do que se considera como "boa ação" e como ação juridicamente correta. A sua acepção, nesse caso, é basicamente negativa na medida em que remete, por um lado, aos padrões aceitos de moralidade, que postulam a normalidade de comportamentos adequados a certas regras e a formas legais coercitivas de uso da violência, o que implica a significação do mal como remetendo ao que contraria esse conjunto de regras jurídicas estabelecidas; por outro lado, pensando-se na natureza desses atos, vemos que, do ponto de vista de sua significação, o seu ser é dado por um tipo de ação que tem seus móbiles e motivos próprios, nem sempre determinados negativamente. Pode ocorrer, por exemplo, que a satisfação de um desejo e a realização do egoísmo sejam auto-referidos, não remetendo necessariamente ao desejo ou aos interesses dos outros, embora esses possam ser uma ocasião para a realização daqueles;

7) *guerras.* O espetáculo de guerras no transcurso da história da humanidade apresenta-nos um conjunto de atos coletivos os quais temos hoje uma tendência a qualificar como maus. Em nosso imaginário atual, guerras são consideradas como más, como formas bárbaras de os homens resolverem seus conflitos, por implicarem, em ampla escala, atos lesivos ao corpo, ao patrimônio e ao bem-estar das pessoas. No entanto, para além da constatação de que guerras são "normais", perpassando todos os períodos históricos, a época que se representava como a mais civilizada, o século XX, é aquela precisamente cujas guerras foram as mais cruéis, não preservando, como o faziam as guerras do século XIX, as populações civis. Cidades, por exemplo, não eram bombardeadas. Ainda num outro espectro, tendemos, por outras razões, a qualificar como boas guerras de libertação, independentemente dos danos causados, em cujo caso fazemos intervir outros padrões de medida, como os que se apóiam na liberdade de um país, na sua soberania, na sua identidade cultural etc.

No caso de guerras, temos, portanto, um caso específico de violência do ponto de vista conceitual, pois:

- ela pode ser tida por um ato de barbárie injustificável, que compromete aquilo mesmo que consideramos como uma "boa" natureza humana, em todo caso uma "natureza humana civilizada". Fazemos entrar em linha de consideração o conceito de natureza humana em uma perspectiva moral enquanto padrão de julgamento de tais atos. Sob uma ótica conceitual, a questão consistiria em distinguir, no que diz respeito à sua natureza, uma guerra de outra, pois pareceria que elas se diferenciam apenas do ponto de vista de grau e não de essência;
- ela pode ser tida por uma guerra "moralmente" justa, empreendida para evitar um mal maior, por exemplo, uma guerra realizada para impedir que um país se aproprie de outro;
- ela pode ser igualmente tida por uma guerra de resistência contra um invasor externo e poderia ser, portanto, moral e legalmente justificada, com toda a dificuldade de definição do que seja "legalmente justificado" numa relação de guerra entre Estados soberanos.

Para nossos propósitos, basta assinalar que cada uma dessas acepções da guerra veicula uma significação específica, implicando um conceito determinado de mal. Observe-se ainda que uma tal consideração dos fatos históricos se traduz por determinadas análises, visto que uma abordagem normativa não se satisfaz com a mera junção de nexos causais entre os fatos. Colocando a questão diferentemente, ela pode se repercutir no modo mediante o qual nos perguntamos pelo sentido de tais fatos ou na escolha que fazemos de determinadas causas para explicar certos atos, pois ações humanas não têm o estatuto de coisas "naturais", independentes de sua gênese na ação humana;

8) *uma vontade maligna.* Reservemos o conceito de malignidade para qualificar determinados atos ou pessoas cujas ações atingem aquilo que consideramos como um parâmetro de natureza humana tido por universal, independentemente do que viermos a considerar como tal, ou expressam a natureza de uma pessoa em seus atos, por atentarem sistematicamente contra a vida e a integridade do corpo alheio. Um padrão de medida universal é, evidentemente, uma questão controversa, porém não controversa é a questão de que controvérsias podem ocorrer, e que ocorram sob a forma da linguagem e de proposições. Quero dizer com isso que formas de ação que atentam contra a vida daqueles que, por exemplo, se comportam ou falam diferentemente, que usam outra linguagem, se colocam, pela violência, contra os padrões da humanidade enquanto padrão mínimo de racionalidade. Pense-se no genocídio nazista, no totalitarismo soviético ou no genocídio cambojano. Ou ainda, no nível individual, naqueles assassinos que estupram e depois matam dezenas de crianças. São formas particulares de violência que terminam por comprometer o que se considera como a vida humana propriamente dita ao porem em cena uma vontade de outro tipo, uma "vontade maligna". O mal, na acepção prática da malignidade, veicula uma negação do que era até então tido como um comportamento não apenas virtuoso, mas regrado do ponto de vista jurídico-político, destruindo, pela violência, os próprios alicerces, os pontos de referência, da ação humana. A significação desses atos tem, de um lado, uma acepção negativa, o seu sentido sendo dado por aquilo contra o qual essa ação se dirige; logo, pode-se dizer que esses atos são formas de não-ser e a sua dicção como "maus" os define como uma forma de não-ser. No entanto, de outro lado, podemos nos perguntar pelo ser desses atos em si mesmos, pela sua natureza própria, e, nessa perspectiva, o mal não seria somente uma forma de não-ser, mas de ser, na medida em que este é dado por uma forma de ação, por um tipo de vontade, cuja intenção, cujo projeto, é "maligno", ou seja, visa, enquanto tal, à violência pela violência, almejando outros pontos de referência que não sejam os da vida humana propriamente dita. Nessa perspectiva, dever-se-ia dizer que o Holocausto e a Segunda Guerra Mundial não são a mesma coisa, ou ainda, que o genocídio do Camboja não é uma guerra civil. Coloca-se, assim, segundo esse enfoque, o problema das categorias mediante as quais explicamos e pensamos fatos históricos e atos individuais, com as conseqüências, inclusive legais, deles decorrentes.

## Pensando as significações do mal

Evidentemente, poderíamos escamotear essas questões reduzindo-as a uma só, dizendo que a posição do mal é secundária ao bem e por esse se define, como se o nosso pensamento do mundo não fosse dela tributário. Assim, no pensamento de santo Agostinho, o mal aparece nas figuras da tentação, do sexo, do corpo e dos prazeres, a sua posição sendo subordinada a do "bem", tal como essa noção se sustenta nas *Sagradas escrituras*. Ter-se-ia, então, um conjunto de regras, práticas e teóricas, que, uma vez assumidas, torna possível um juízo moral, situando o mal como um caso, por assim dizer, contrário ao bem e, mesmo, ao ser. Contudo, no nível do próprio pensamento de santo Agostinho, na sua busca e indagações, podemos ver de que maneira o conceito de mal também lhe serve de incitação ao pensar. Nesse sentido, a posição ocupada pelo mal em seu pensar é a de algo que, não controlado, não tem apenas uma conotação moral, mas, também, metafísica, na acepção segundo a qual ele pode se personificar, se concretizar, num ser ou em seres determinados, como Satanás, e ter uma influência na produção de efeitos no mundo.

Há aqui uma nuança no uso desse conceito que aponta para uma equivocidade, qual seja, a de que a acepção "metafísica" do mal, ao não ter somente uma acepção moral, própria da ação e da liberdade que a esta se atribui, se espraia para a noção de ser. Isso se faz inclusive presente no modo pelo qual ele explica a liberdade humana,[12] pois toda explicação do mal existente no mundo em função de uma "falta originária" termina por conferir uma marca primeira a todo ato e comportamento humano, independentemente de seu significado individual. Se a marca está na "condição humana", toda ação humana a carrega e a veicula de uma ou outra maneira. Eis por que a discussão teológica, no século XVII, na polêmica entre jansenistas e jesuítas, se situa no papel da ação na reparação das faltas de cada um e em como essas "reparações" podem ou não afetar, absolver, a "falta originária" individual. Na teologia agostiniana, o mal não é assim somente uma incitação a pensar mediante a tentação que ele exerce sobre cada um, mas uma incitação a pensar que conduz à fundamentação da própria vida sob a forma da validade atribuída à "verdade revelada". A posição do mal é a de algo que nos obriga a pensar o ser e, através desse pensar, o ser supremo: Deus.

No entanto, o que ocorre quando os parâmetros religiosos se estilhaçam, quando nossas ações já não mais conseguem se orientar por pontos de referência comumente aceitos pela maioria? Ou, dito de outra maneira, quando a segmentação do mundo e a dissolução dos valores parecem ser o próprio parâmetro? Onde pôr as misérias da alma, a dor do corpo, os infortúnios da vida, a multiplicação da injustiça, a presença onipresente da morte em suas mais diferentes formas quando determinados parâmetros que as articulavam e sistematizavam cessam de ter vigência? Anatole France dizia: "O mal físico e o mal moral, as misérias da alma e dos sentidos, a felicidade dos maus, a humilhação do justo, tudo isso seria ainda suportável se neles concebêssemos a ordem e a economia e se aí adivinhássemos uma providência."[13] Numa época em que a religião perdeu o seu poder explicativo de apresentação das razões do mundo, em seu ordenamento e em suas disfunções ou descontinuidades, onde a explicação filosófica do mundo baseada na *Teodicéia* torna-se um assunto acadêmico de alguns especialistas, aquilo que aparece como o mal físico (a dor, o desagradável) ou como o mal moral (a humilhação dos justos, a felicidade dos maus) mostra, pela sua falta de enquadramento, pela sua não (mais) inserção numa gramática determinada, o caráter aleatório, sem sentido, da vida. Recoloca-se, portanto, a questão do ser, da existência, via essa que procura pela posição do mal.

De que forma, então, dizer algo como mau, identificar uma pessoa como má? Ou ainda, a que coisas existentes, ou tidas por tais, aplicamos a qualificação da maldade?

No caso do que a tradição teológico-filosófica chamou de "mal físico", um terremoto por exemplo, aparece um determinado fenômeno natural como inscrito num determinado sistema proposicional cuja validade é, de antemão, assegurada. Ora, o terremoto é um fenômeno natural que existe independentemente do ato de sua nomeação e da própria ação humana, obedecendo a processos naturais sobre os quais o homem não tem incidência. A sua dicção como fenômeno existente veicula uma determinada acepção de existência, que se altera quando inserida num sistema proposicional como o da *Teodicéia*. Do ponto de vista científico, sabemos como nomear um tal fenômeno natural, apresentamos a sua razão de ser sob a forma de um conhecimento de suas causas. Qualquer indivíduo percebendo um tal fenômeno, seja direta ou indiretamente, por exemplo, por um relato ou uma imagem televisiva, tem condições de identificar um tal fenômeno. Posso, subseqüentemente, listar as propriedades de um terremoto, o que me dará a sua descrição definida. Posso, ulteriormente, conhecer os processos naturais, as regras, que produzem fenômenos de tal tipo, o que me é possibilitado pelo conhecimento físico ao partir dos sentidos em busca das regras ou leis que presidem esse processo natural, dando-nos o conhecimento da essência ou natureza do que me é oferecido como dado, presença ou experiência. Em todos esses atos, parto de um determinado conjunto de proposições que me permite conhecer esse fenômeno.

Acrescente-se, ainda, que esse processo físico é totalmente independente da ação humana (pelo menos, no estágio atual do mundo tecnológico), ou seja, ela nem o controla nem o decreta. Dizê-lo como mal não é, portanto, algo que decorre da sua nomeação enquanto processo natural, nem do conhecimento de suas propriedades, nem do conhecimento de sua natureza, nem de ser produzido pela ação humana. Esse dizer só pode, então, provir de outra fonte, a que o situa no interior de uma determinada concepção, por exemplo de fundo religioso, que o enuncia dessa maneira a partir de um determinado conceito de natureza, cuja formulação é dada pelo conceito de providência divina ou de equilíbrio dos processos naturais por uma causa que os transcende, uma causa incausada que determina o desenrolar dos processos naturais. Uma mesma "coisa" recebe, assim, duas inscrições de "existência", uma, como fenômeno natural propriamente dito, outra, como "mal físico".

No caso do mal como doença aparece, da mesma maneira, sua inscrição em concepções que o enunciam diferentemente. A doença é um conceito genérico que inclui uma indeterminada gama de fenômenos de disfuncionamento do corpo e da mente, remetendo, sempre, a existentes particulares, a fenômenos individuais que podem ser identificados seja ostensivamente, seja por inferência a partir de sintomas, em todo caso, fenômenos dados à sensação e/ou percepção dos que têm uma doença ou dos que a diagnosticam ou procuram curá-la. Em todo caso, o disfuncionamento pode, em cada caso, ser identificado e nomeado a partir do conhecimento de suas propriedades específicas. Pode-se, no caso de cada doença, chegar ao conhecimento dos processos que a presidem.

A essa acepção genérica da doença cabe acrescentar dois sentidos específicos, o da doença como constitutiva do processo natural de todo corpo humano e o da doença enquanto produzida pela ação humana. No primeiro caso, a doença faz parte de todo corpo humano na medida em que o disfuncionamento pertence a seu próprio ser, sem que se saiba, evidentemente, qual tipo de doença vai presidir a vida de cada um. De qualquer maneira, não há corpo humano imune ao disfuncionamento, cujo termo final é a morte. Aqui, a doença independe da ação humana. No segundo caso, a doença tem uma outra acepção, a de ser gerada pela ação humana, como o alcoolismo, que produz, por sua vez, determinadas doenças, ou o tabagismo etc. Nesse sentido, obedece-se aos mesmos procedimentos do conhecimento científico, porém no que diz respeito à sua produção – não-natural – a sua acepção é outra.

No momento em que se inscreve a doença numa determinada concepção que a qualifica como algo mau, como uma forma do mal físico ou mesmo moral, deve-se levar em consideração as diferentes acepções que ela pode recobrir. Peguemos o caso da doença como disfuncionamento normal do corpo, conduzindo-o à morte. Ele pode ser objeto de uma "leitura", digamos existencial, apresentando a existência do homem como a de um ser para a morte, a sua significação sendo decorrente do modo mediante o qual é concebida esta "limitação" temporal da existência humana, seja sob a forma atéia de uma limitação radical, finitização total e completa do indivíduo, seja sob a forma religiosa de passagem a um outro mundo, objeto de crença, o que implica que a finitização é, na verdade, um novo começo. Dizer a doença como um mal depende, portanto, da inscrição conceitual desse dizer, que fornece a baliza de sua dicção, e que não segue o processo, digamos, do conhecimento "médico". Somente numa concepção religiosa aparecerá a doença recebendo o nome de "mal", inscrevendo-a numa perspectiva que a considera como punição própria do gênero humano em virtude de uma transgressão originária ou como punição individual enquanto ato feito contra as prescrições da Igreja.

No caso da doença enquanto produzida por um determinado tipo de comportamento, estamos diante do que poderíamos nomear de um conhecimento "prático", pois remete às causas de uma conduta determinada, que se traduz por uma determinada enfermidade. Esse dizer enuncia um tipo de ação que não pode ser confundido com outras formas de ação. Um enfoque teológico-filosófico o inscreveria como uma forma do "mal moral", proveniente de um comportamento transgressional em relação ao que se entende, segundo esta concepção, como comportamento virtuoso. Este termo pode ser equívoco se utilizado genericamente, porém cessa de sê-lo por sua inscrição num determinado sistema proposicional. Segundo um outro enfoque, ele poderia, por exemplo, ser entendido como resultado de um disfuncionamento psíquico, curável sob as condições de uma terapia. O disfuncionamento assim entendido se insere no ciclo biológico ou psicológico, mas não é dele naturalmente decorrente, de tal maneira que o seu "tratamento" tem uma outra acepção, a de uma "deslimitação" dessa limitação específica. Não é, então, necessário recorrer a uma sua nomeação como mal, porque, no caso, a sua definição não corresponderia àquilo que foi concebido por uma teodicéia.

Introduz-se, no entanto, a qualificação de "mau" no momento em que tais comportamentos são ditos "anormais". E o fazemos em expressões como "fumar é ruim ou danoso para a saúde" ou o alcoolismo é "mau" para a saúde. Tendemos a dizer a doença como "mal" por prejudicar o funcionamento do ciclo biológico normal de tais indivíduos. A doença aparece como um prenúncio de uma morte possível, que não é a natural do ciclo biológico de cada um. Nessa perspectiva, ressalte-se que se pode estabelecer uma continuidade entre o conhecimento desses tipos de doença e a sua dicção como mal sem ser necessário recorrer a uma outra concepção que se introduz, como se contrabando fosse, no quadro teórico científico. Deixemos de lado aqui os preconceitos que podem surgir na consideração de determinados comportamentos (as taxas de determinação do alcoolismo são variáveis segundo os países considerados – França e Estados Unidos, por exemplo). Assinalemos, no entanto, que no momento em que dizemos que um tal comportamento é "mau" para um determinado indivíduo, estamos dizendo que ele é prejudicial à sua saúde e só dele depende remediar uma tal situação. Estabelece-se, então, um nexo entre essa forma de dizer e o conhecimento médico de tais comportamentos.

Observemos a diferença entre uma tal formulação e a definição do mal como culpa. Nesta, não entra em linha de consideração o caso particular de cada indivíduo, senão secundariamente. Na acepção religiosa, o mal enquanto culpa é afirmado como pertencente à natureza humana, independentemente da ação de cada um. E essa formulação religiosa é tida por verdadeira independentemente dos fatos considerados, não devendo, pois, a estes adequar-se. Isso quer dizer que os processos de identificação e de descrição dos fatos são completamente dependentes e encontram sua condição nas formas mesmas da concepção religiosa e não nos fatos factualmente descritos. A descrição depende do balizamento religioso, que se põe como condição do dizer. Em relação a outras acepções do mal, encontramos aqui uma situação completamente diferente, pois as ações humanas já são pré-julgadas numa concepção de culpa ou falta originárias, independentemente do que seja feito, porque entra em linha de consideração a condição humana como "transgressora". Sob essa ótica, a descrição dos atos e, logo, o juízo que deles fazemos são dados pelos parâmetros religiosos: a identificação e a nomeação do existente só são possíveis pela concepção religiosa que lhe fornece o seu *quid*, a sua essência. Em conseqüência, estamos diante de uma situação inusitada, pois é de posse do conceito de natureza humana e de sua essência que se pode enunciar o que existe, numa *sui generis* passagem do *quid est* ao *quod est*. O dizer inscreve-se, assim, na sua própria perspectiva sem levar em consideração a particularidade do "existente", mas referindo-se a ele por estar ancorado numa concepção religiosa que, em sua própria formulação, anula toda outra perspectiva, senão de forma subordinada, ao se pôr como verdade revelada.

Façamos um breve parêntese. Santo Agostinho concebe a existência a partir da relação entre a existência do crente, entendida no sentido da criatura, e a existência de Deus, do Senhor. É graças a essa relação que as coisas são ditas existirem, devendo portanto cair dentro desta formulação para receberem a sua identificação adequada. Vejamos: "Ou então, porque nada do que é não é sem ti, segue-se daí que todo ser te contém? Visto então que eu mesmo sou, porque perguntar que tu venhas em mim, que não seria se tu não estivesses em mim?"[14]

Substitua-se, para os efeitos de nossa análise, o verbo ser pelo verbo existir: "Ou então, porque nada do que *existe* não *existe* sem ti, segue-se daí que todo ser te contém? Visto então que eu mesmo *existo*, porque perguntar que tu venhas em mim, que não existiria se tu não existisses em mim?". A substituição restitui o sentido principal do verbo ser aqui utilizado, a tal ponto que se pode dizer que eles funcionam, neste contexto, como sinônimos. Assim, tudo o que existe só existe efetivamente pelo concurso divino, ou seja, nada do que existe pode existir sem Deus. Sob esta ótica, a existência das coisas só pode ser dita pela existência de Deus, só pode ser dita existir por cair dentro da esfera da ação divina.

Temos, assim, três sentidos da existência: 1) as coisas existem efetivamente, no seu ser, pela existência divina, as coisas existentes dependem no seu próprio ser do ato que as criou e que as sustenta, ou seja, da ação de Deus, de sua existência; estamos diante das coisas existentes em si mesmas, em particular da criatura racional como existente; 2) as coisas são ditas existirem pela existência de Deus, universo no qual ganham sentido. Só posso dizer sensatamente algo existente por cair dentro da criação, por cair dentro daquilo que é o concurso divino. A dicção da existência das coisas finitas é, evidentemente, resultado da acepção (1), segundo a qual as coisas existem efetivamente pela existência divina. Neste sentido, a dicção verdadeira da existência das coisas as reconhece como dependentes em/de Deus, pois a Ele estão suspensas, caindo sob o seu domínio; 3) depreende-se dessa formulação que a dicção das coisas enquanto existentes terá um domínio próprio de validade, o que foi anunciado e enunciado na figura do Cristo, Deus feito homem, oferecendo um ponto de referência real e sensível à conduta humana. Ou seja, dizer a existência humana consiste em um dizer sustentado, apoiado, circunscrito, pela significação presente nos textos sagrados, em particular no Novo Testamento. A operação lógica daí derivada consiste em posicionar algo dentro de um determinado universo discursivo, onde as coisas ganham sentido, e a partir do qual as coisas existentes podem ser reconhecidas como verdadeiras. Por outro lado, é evidente que o universo discursivo enquanto cristão, não é objeto de um questionamento propriamente racional, porém apenas no sentido de confirmá-lo e colocá-lo como uma comunidade de linguagem que estabelece os parâmetros do verdadeiro e do falso, do existente e do não-existente.

Acrescente-se ainda que do sentido focal do verbo ser enquanto existir, depreende-se uma segunda acepção, a do verbo ser em sua função de atribuição. Poderíamos também fazer a seguinte substituição, deixando o verbo existir nas primeiras ocorrências do verbo ser (e estar) e mantendo este nas últimas acepções, atentando para a sua função de atribuição. Assim: "Ou então, porque nada do que *existe* não *existe* sem ti, segue-se daí que todo ser te contém? Visto então que eu mesmo *existo*, porque perguntar que tu venhas em mim, que não seria se tu não estivesses em mim?" Observe-se, nesse caso, que a partir da existência da criatura suspensa ao criador, caindo dentro do seu universo existencial, se depreende a acepção de que a criatura, o ser mortal, o ser finito, adquire a sua qualificação própria pela inscrição de sua existência no domínio da existência divina. Ou seja, é pela existência de Deus na criatura que a qualificação dessa última se constrói e se afirma, o que se traduz na forma mesma de *Confissões*, com o resultado de que aquele que invoca a Deus, neste se reconhece e identifica.

Analisando, agora, o mal "prático", confrontamo-nos com uma acepção que tanto pode cair dentro de uma formulação, por exemplo, de cunho agostiniano, no qual ganha sua significação, como pode dela afastar-se mediante uma apresentação do conceito de ação. Na acepção de mal "prático" entendemos genericamente um "existente" particular, atos humanos, que qualificamos como maldosos. E, normalmente, no uso que fazemos, tendemos a qualificar esses atos como sendo "maus" incondicionalmente, ou seja, o uso dessa qualificação o afasta simplesmente do seu emprego como termo relativo. O problema, no entanto, consiste em onde ancorar esse aspecto incondicionado, uma vez que abandonemos uma explicação teológico-filosófica.

Devemos, então, partir de um juízo relativo à ação, o que supõe que façamos uma apresentação da ação, de sua linguagem e dos modos de seu dizer. Contudo, tal análise deve passar por uma consideração preliminar do modo mediante o qual o mal é dito e/ou conhecido segundo as diferentes perspectivas adotadas, com o propósito de que possamos chegar à estrutura mesma da ação como linguagem. Nessa etapa, o problema reside em identificar ações como "más" a partir de um determinado conceito de existência. Ora, o que identificamos são atos individuais, particulares, aos quais atribuímos a qualificação de maus ao inseri-los numa determinada gramática, de tal maneira que a qualificação de "maus" é decorrente da consideração de tais atos em relação a algo tido por "bom", em cujo caso estaríamos diante do conceito de mal como termo relativo.

Tais atos podem ser identificados como sendo produzidos por alguém e descritos segundo certas propriedades que o qualificam, seja em função de determinados parâmetros ou regras morais estabelecidos, seja em função de uma dada concepção da natureza humana. O ato ganha a sua significação conforme o modo em que é inserido num particular sistema proposicional. A sua qualificação como "mau", e de que tipo de "mau", decorre precisamente dessa inserção. Na verdade, descrevemos atos, por exemplo, de Pedro que agrediu fisicamente Maria segundo o uso que fazemos de proposições. Esse ato pode, à primeira vista, ser enquadrado como "mau" em função de determinadas virtudes morais ou de certas regras jurídicas. Entretanto, o que nos interessa é como podemos passar, para além deste emprego do termo mau como termo relativo a um uso incondicionado de mau, que pressuponha uma passagem "realizada" das condições de sua descrição à sua qualificação como juízo moral e jurídico. Ou seja, o nosso problema consiste em como podemos elaborar critérios não relativos de juízos morais. Quero sugerir, como veremos mais adiante, que talvez se possa operar essa passagem mediante o conhecimento da natureza deste ato, de sua essência, para além dos modos de conhecimento dos objetos físicos e para além de considerações morais de outro tipo, isto sendo possível, nesta perspectiva, mediante o conhecimento da natureza da ação e, particularmente, do conhecimento dos atos voluntários e servis.

Em minha perspectiva, o mal coloca-se como problema por inserir-se no espaço de atribuição da existência a coisas ditas existentes, e precisamente assim ditas por dependerem proposicionalmente desse dizer algo como existente. Enquanto coisa existente, não podemos dizer que o mal existe de uma forma própria, pois o que há são, por exemplo, os campos de concentração e a estrutura estatal sobre o qual se apóiam. Eles expressam essa forma de dominação, sendo crimes cuja forma particularmente violenta e cruel faz com sejam ações que caiam sob a rubrica de "crimes contra a humanidade". Ou ainda, "crimes hediondos" são aqueles cuja natureza inusual, digamos anormal, cai fora do que entendemos como humanidade, recebendo, assim, essa qualificação.

Na tradição da *Teodicéia* e mesmo antes dela, com santo Agostinho, encontramo-nos com a seguinte situação: assassinatos são evidentemente reconhecidos como coisas existentes, outros tipos de crimes e transgressões são igualmente reconhecidos, porém o mal é dito não existir por não possuir um ser próprio. A sua natureza é dita negativa por se definir por aquilo que nega. Isso faz com que atos como o de assassinato sejam, também, nesta perspectiva, ditos não existentes nesta acepção precisa por sua natureza ser transgressional, não sendo portadores de um ser próprio. Confrontamo-nos, portanto, com duas acepções da existência, uma, a do assassinato como coisa existente e a outra, numa perspectiva diferente, digamos de primeira ordem em relação àquela, em que a sua atribuição de existência ou de ser depende da estrutura proposicional na qual essa atribuição se insere, a partir da qual coisas são ditas "proposicionalmente" existentes ou não. E o mal é dito existente ou não segundo essa perspectiva.

Cabe ressaltar que essa atribuição da existência torna-se condição do juízo moral ou religioso ou de ambos quando conjugados, pois é em função do sistema proposicional que o mal será dito existir de tal ou qual maneira e será ajuizado da forma correspondente. Para melhor precisarmos essa questão, coloquemos três situações, que mostram diferentes acepções do mal e como este pode inclusive desaparecer segundo o sistema proposicional adotado.

Na primeira, tomemos determinados atos humanos por existentes, um assassinato como mencionado. Preenchemos a condição do conhecimento empírico deste fato materialmente dado, inscrevendo-o nas regras jurídicas que o tipificam segundo o seu grau e natureza, considerando-o um crime e o julgando correspondentemente. Na tipificação e qualificação do crime já tem lugar o seu ajuizamento, os seus critérios sendo dados por determinadas normas, cujas origens são diversificadas, pois podem ser oriundas de determinados costumes, de prescrições religiosas ou, simplesmente, de regras políticas de convivência humana sob o império do Estado. Nesse caso, temos, de um lado, as coisas humanas de tipo transgressional e a sua tipificação enquanto tais por normas dos costumes, religiosas ou políticas. Particularmente nessas últimas, podemos inclusive prescindir do conceito de mal, usando apenas conceitos como os de autorização ou proibição com o sistema de penalidades correspondente. No caso das normas dos costumes e religiosas, a transgressão vem acompanhada normalmente da qualificação de "má" segundo a concepção e as regras em questão. Porém, de outro lado, não se coloca necessariamente o problema da existência do mal, pelo menos neste nível de análise, pois ele pode comparecer somente como um conceito ou critério que permite determinar valorativamente o existente.

Na segunda situação, consideremos a transgressão oriunda de determinados comportamentos que ferem normas e convicções morais e religiosas. Isso é particularmente claro no que diz respeito ao comportamento sexual. Tomemos, por exemplo, as interdições de antanho, e mesmo de hoje, relativas à virgindade das mulheres ou à forma de consideração do homossexualismo. Essas situações existentes eram objeto de uma qualificação moral rigorosa, onde não era permitido que mulheres perdessem a virgindade fora do casamento ou que homens e mulheres mantivessem relações homossexuais, punições, inclusive legais, sendo contempladas. Tais atos eram considerados como "maus" e recebiam uma atribuição negativa de existência, a positiva sendo as relações sexuais dentro de padrões normalmente admitidos. Essa atribuição de existência era, então, relativa a um determinado padrão de comportamento do qual o "mal" era tributário. Desaparecendo essa concepção, o mal também se retira deste modo de atribuição, sem que os fatos moralmente qualificados deixem, no entanto, de ser reais. Nesse caso, o mal aparece como pertencendo a um determinado sistema proposicional, do qual depende que algo seja tido por existente.

Na terceira situação, consideremos aquilo que é legalmente ou moralmente considerado como crime "hediondo", por exemplo, aqueles atos de assassinato em série de crianças por uma mesma pessoa, atos esses que surgem nas páginas policiais de jornais. Trata-se, evidentemente, de coisas reais e de coisas reais consideradas "más" segundo o nosso senso comum e conforme os padrões de medida em que esse senso comum se assenta. Denominamos esses atos de maus segundo esse padrão de medida, que nos fornece os critérios de julgamento. Contudo, ao julgá-los como maus, seguimos uma determinada consideração da ação à qual é conferida uma certa forma de existência não meramente transgressional, porém revelando algo distinto relativo a esse tipo de ato e à pessoa que o cometeu. Quero referir-me ao tipo de ato que essa atribuição de existência revela. Ou, mais precisamente, qual é esse tipo de linguagem que comparece na ação e que se distingue das proposições verbais que a justificam. A pergunta pela "existência" desses atos é suscitada pela pergunta pela essência destes como sendo algo diferente de sua simples execução ou de seus efeitos. Assim, um assassinato "acidental", tido por tal em virtude dos atos pregressos de um indivíduo, é diferente de atos sistematicamente planejados de eliminação por uma pessoa, embora, num determinado recorte, eles possam coincidir nos seus efeitos. Ocorre que a análise dos efeitos nos remete a uma análise de ações distintas, cuja existência não é a mesma, e essa sua existência, a da ação má, só nos é dada por um outro recorte, o de um sistema proposicional ancorado na atribuição proposicional da existência. E é essa atribuição proposicional da existência que servirá de base para um tipo correspondente de atribuição moral e legal.

## O MAL E AS CATEGORIAS

A análise do conceito de mal nos conduz a uma indagação relativa ao seu estatuto, particularmente no que diz respeito ao uso que possamos fazer das categorias. A palavra "categorias" remonta a toda uma tradição que tem em Aristóteles[15] o seu criador ou, em caso de controvérsia, sistematizador. Pelas categorias, dizemos, por exemplo, coisas como substância, qualidade, quantidade, quando, lugar, a partir das quais elaboramos as formas de predicação, determinando, por exemplo, de que maneira podemos considerar algo como existente ou de que modo dizemos que um predicado inere a um sujeito. Suscitar essa questão a propósito do mal deriva precisamente do modo que podemos considerá-lo como existente ou, inclusive, de como podemos atribuí-lo às coisas tidas por existentes. Mais concretamente, essa questão nos remete ao modo pelo qual podemos dizer de determinados conceitos que sejam categorias, pois não basta que simplesmente apliquemos as categorias sem atentarmos mais particularmente para o seu significado e para o modo pelo qual elas surgem como um tipo específico de interrogação das coisas do mundo.

Ackrill[16] e Benveniste,[17] dois comentadores de Aristóteles, assinalam que as categorias responderiam a "que-questões" [*wh-questions*], destacando assim que sua construção deve-se lingüisticamente ao modo pelo qual fazemos questões: (o que, quais-qualidades, quais-quantidades, quando, onde, qual relação, qual posição e assim por diante [*what, which-qualities, which-quantities, when, where, which relation, which position and so on*].[18] Essa observação marca bem que fazemos questões sobre coisas dadas a nós, coisas do mundo,[19] com o propósito de conhecê-las via análise de suas formas de dizer e do modo através do qual delas predicamos determinadas propriedades, segundo a interrogação feita.

Logo, as categorias originam-se no seu emprego lingüístico e, nesse sentido, pode-se dizer que as categorias de pensamento, predicados nessa acepção, são formas lingüísticas de colocação de questões, o que faz com que categorias de pensamento sejam categorias lingüísticas.[20] O termo de *ousia*, por exemplo, seja tomado como substância, seja como essência, é a categoria que dá resposta à questão "o quê" [*quoi, what*], homem ou cavalo, objetos que pertencem à classe lingüística dos nomes, objetos que podem ser tanto conceitos como indivíduos. Os dois termos seguintes *poson* e *poion*, constituem um par. Eles se referem ao "ser-quantidade, de onde o abstrato *posotes*, e ao 'ser-qual', de onde o abstrato poiotes, 'qual-idade'. O primeiro não visa propriamente ao nome, que é apenas uma das variedades do *poson*, porém, mais geralmente, a tudo o que é suscetível de medida...".[21] A forma mesma de tradução de Benveniste mostra que "ser-quantidade" [*être-quantième*] ou "ser-qual" [*être-quel*] apresenta as categorias como respostas às questões relativas ao "quanto", à "medida", e ao "qual", já comportando respostas em termos de ser e indicando, dessa maneira, um tipo de inerência da quantidade ou da qualidade na coisa dita. Ou seja, perguntas dizem respeito a coisas, de tal modo que a resposta a essas perguntas concerne propriedades da própria coisa, aquilo cujo nome se encontra no lugar. Observe-se ainda que a quantidade é caracterizada como medida, isto é, a pergunta pela quantidade é uma pergunta relativa à medida daquilo que é, o seu parâmetro de medida: ser-medida, de um lado, e ser-qual, de outro.

As coisas classificadas pelas categorias o são por intermédio de determinadas perguntas que podem ser feitas, concernentes a coisas, com o resultado de que somente um espectro limitado de respostas pode ser oferecido, pois essa circunscrição obedece ao tipo de interrogação. Ou seja, categorias são meios de classificação de coisas e um meio de distingui-las consiste em formular diferentes questões, delimitando as respostas em função das perguntas. Isso significa que a colocação filosófica de um problema ou, mesmo, tornar um problema qualquer um problema filosófico depende do modo mediante o qual uma questão é colocada. É a interrogação que nos dá não somente o conhecimento de um ente determinado, porém nos permite descortinar naquilo que é, naquilo que existe, o próprio problema do seu ser.

O problema consiste em: "De onde partimos?", "Qual é o começo de nossa reflexão?", "De qual princípio?". A pergunta relativa ao conceito de substância – *What is it?* [O que é isto?] – é adequada a coisas individuais tomadas como dadas, em cujo caso, como Ackrill[22] o assinala, substância, enquanto resposta, tanto pode significar "ente" (*entity*), como 'ser' (*being*). O curioso é que não pode, nesta acepção, servir para Deus. Posso responder à pergunta "O que é isto", dizendo, Paulo, Maria, Bobby (meu cão morto anos atrás), isto é, coisas tomadas, num determinado momento, como individualmente existentes, como dadas. No entanto, não posso dizer "Deus", uma tal afirmação não tendo sentido, pois cairia fora dos parâmetros da pergunta e, acrescentaria, o que esta pergunta veicula relativamente a uma determinada acepção de existência, fora da qual Deus cai. Só segundo um outro parâmetro de existência, ele cairá dentro dela.

Partindo do pressuposto de que perguntas ou pergunta relativas à substância têm um estatuto diferente daquelas relativas a outras categorias, seria interessante, para nosso propósito, pesquisarmos um pouco mais um tipo de pergunta, digamos, propriamente existencial. Assim, *Was liegt vor?* é uma interrogação interessante em alemão por marcar algo que reside, que está na frente, daquele que pergunta. A pergunta assim formulada consiste numa interrogação sobre algo com o que nos defrontamos, algo que, aí, não deixa de nos interrogar. A mesma pergunta em língua portuguesa "O que está aí?" tem a virtude de assinalar presente esse algo que está em frente de nós. O uso do verbo auxiliar "estar"[23] possui precisamente essa conotação existencial, remetendo, mais diretamente, ao conceito de existência. Normalmente, entretanto, ele tem uma significação existencial espaço-temporal. Essa significação espaço-temporal veicula, mais especificamente, uma interrogação sobre este algo, uma interrogação carregada de surpresa – como quando alguém exclama a propósito de um ruído em circunstâncias particulares "Quem está aí?".

Essa acepção do verbo estar, neste tipo de pergunta, pode nos servir de fio condutor de tipo categorial, que serve para o mundo físico, o mundo cotidiano, sendo, portanto, suscetível de ser retomado e elaborado na perspectiva do conceito de mal enquanto dizer de uma espécie determinada de ação. Ele não serve, todavia, para conceitos metafísicos como o de Deus, pois o uso do verbo estar não parece adequado em expressões do tipo "Deus está aí" para dizer "Deus existe". É estranho, porém tem sentido. Teria sentido ainda maior se disséssemos: "Deus está convosco". Este último uso é, mais precisamente, religioso, porém nada impede a sua elaboração filosófica. É bem verdade que o uso do verbo estar se adequa mais pertinentemente quando usado para se referir ao homem. Por exemplo: "O homem está no mundo", onde o verbo ser seria de difícil utilização.

Na pergunta "O que está presente?", as considerações anteriores, relativas ao verbo estar, adequam-se perfeitamente. O que esta introduz como matiz reside em que o advérbio "aí" possui uma significação mais espacial, de localização no mundo, enquanto o advérbio "presente" salienta a conotação temporal. O que se apresenta no "presente"? Colocada dessa maneira, a pergunta pelo que está presente não significa que o que está presente seja temporal, pois a sua acepção pode ser a de algo que aparece no tempo, não sendo ele mesmo necessariamente temporal.[24] Se o tempo é uma forma de se atribuir medida às coisas, não circunscrevendo neste nível de análise a quais coisas ele se aplica, podemos recuperar essa pergunta num sentido metafísico, sendo aplicável a entes, coisas, fatos ou ações que caiam fora de uma determinada indagação ou medida.

Uma outra possibilidade consiste numa pergunta, feita com ar de espanto: "o que é isto?". O que é específico nesta pergunta reside em que podemos salientar o uso do verbo ser tanto em sua função "existencial", quanto em sua função "essencial", de pergunta pela natureza deste algo. Uma tal pergunta remeteria simultaneamente ao conceito de existência e ao de essência. Numa perspectiva prática, ela poderia ser traduzida da seguinte maneira: "Quais formas de existência os homens se dão?". Nesse caso, vinculamos a existência à ação, como coisa feita e não como coisa dada. À pergunta: "O que é isto?", a resposta seria: "A coisa feita." Esta seria a primeira categoria de uma metafísica prática. A segunda categoria seria resultante da pergunta: "Qual sua natureza?", cuja resposta, como veremos, seria, a "coisa feita" segundo uma determinada "linguagem". Caberia, então, especificar qual tipo de coisa feita, numa linguagem propriamente dita ou numa antilinguagem ou alinguagem.

Nesse sentido, Heidegger tem razão ao afirmar que a filosofia deve ir além das "categorias" em proveito dos "existenciais", pois as categorias têm esse comprometimento com as coisas dadas, no seu ser dado, Hegel diria imediato. A distinção heideggeriana entre "existenciais" e "categorias" resulta da distinção entre *Existenz* (existência) e "Vorhandensein" (ser-dado).[25] Os "existenciais" são "caracteres de ser" do "ser-aí", do "homem", são, portanto, próprios de um ente determinado, explicitando a sua forma de existência específica. As "categorias", por sua vez, seriam formas do pensamento adequadas aos objetos do mundo dado. Heidegger propõe uma forma de interrogação que viabilizaria a explicitação do ente, qual seja, o "quem" (*Wer*) indica o *Dasein* (o estar-aí do homem, homem como estar-aí), o sujeito por assim dizer da existência, da sua existência, enquanto o "que" (*Was*) indica algo que tem o caráter de ser-dado, do "encontrar-se à mão".[26]

Categorias seriam conceitos aplicáveis às coisas dadas do mundo, ao que se encontra dado, ao que está ao alcance da mão, logo, categorias são particularmente pertinentes para a análise das coisas, daqueles entes que não são o homem. Ou seja, elas não se aplicariam ao homem em suas ações, às coisas como coisas feitas. Aos entes do mundo, se aplicaria o conhecimento proposicional descritivo estrito senso, como se as proposições encontrassem o seu terreno pertinente e próprio naqueles objetos externos ao homem. As categorias trabalhariam, nesse sentido, com o que elas põem enquanto existente, coisas que lhe viriam do exterior, podendo essas ter ou não o caráter de objetos sensíveis.

Para Heidegger, existenciais (por exemplo, "ser-em", "ser-no-mundo", "mundialidade") explicitam a condição de ser do ser-aí, diferenciando essa explicitação daquela outra que é feita pelas categorias, que explicam as relações das coisas enquanto dadas, formas do ser-dado, do estar-à-mão. O existencial é um conceito que expõe o modo de ser do ser-aí no mundo, distinguindo-se, portanto, do que são as categorias. Existenciais seriam, então, "categorias" *sui generis*, aquelas que explicitariam o ser do homem, o ser deste ente único, ao qual se aplicaria exclusivamente o conceito de "existência" ao veicular uma compreensão específica que este ser tem de si mesmo. Trata-se de um dado de outro tipo, na medida em que ele implica o "logos", o discurso, um fazer ver como condição mesma de análise de um ser que se dá existencialmente e não se encontra dado no mundo, senão sob as formas ônticas do conhecimento científico, que o toma segundo diversos "aspectos". A existência, nesta acepção, é algo que o homem se dá e não algo dado sob a forma das coisas, dos entes do mundo com os quais nos defrontamos. Segundo Heidegger, a metafísica tradicional teria precisamente se equivocado nesta ausência de distinção entre *Vorhandensein* e *Existenz*, entre "categorias" e "existenciais", aplicando, dessa maneira, as categorias ao *Dasein* como se este fosse um ente à maneira dos entes físicos, como se ele fosse dado como as coisas são dadas. Nascem daí as formas de coisificação, de reificação, da existência humana e mesmo de sua natureza, incorrendo em paradoxos e anfibologias.

Em conseqüência, a questão do mal é tributária do modo mediante o qual se concebe a existência e, mais particularmente, do tipo de questão que dirigimos às coisas produzidas pelo homem, entendido como a série de suas ações,[27] das quais as coisas feitas são a vertente da coisa dada em sua objetividade. Eis, no nosso entender, o eixo central a partir do qual deve-se elaborar o conceito de mal, centrado no mal "prático". Sob esta ótica, a análise do mal a partir das categorias de relação e qualidade ganha uma nova conotação.

Uma forma de consideração do mal como não-ser consiste em tratá-lo como um termo relacional, sua definição sendo dada por outro termo anterior. Teríamos, nesse caso, um valor moral determinado, algo tido por bom, ao qual o mal se contraporia como negação. Esta apareceria aqui como negação predicativa que adota a forma da privação. Dessa maneira, teríamos os critérios de bondade estabelecidos por si mesmos, independentemente de sua forma de justificação, que podem ser tanto costumes imemoriais como comportamentos determinados por considerações religiosas. Logo, o termo mal aparece como relacional, enquanto o termo bem não se determina pela negação do mal, o que faz com que esta relação seja assimétrica. Um termo é auto-referido, autodefinível, enquanto o outro é relacional. Ou seja, se o conceito de mal é um termo relacional, o conceito de bem não o é; se o conceito de não-ser é um termo relacional, o conceito de ser não o é.

Na proposição "O mal é o oposto do bem", a significação do mal é dada como termo relacional, onde o verbo "é" cumpre a função sintática da cópula unindo dois termos, conferindo àquele que ocupa a posição do predicado a função de determinar negativamente o que o sujeito é. O verbo ser em sua função de cópula une termos relacionais que podem ou não ser logicamente equivalentes. Com efeito, pode-se lingüisticamente inverter essa proposição "O bem é o oposto do mal", de tal maneira que essa inversão mostra, de nova conta, que se trata sintaticamente de termos relacionais. No entanto, devemos atentar ao fato de que se trata de termos lingüisticamente relacionais, porém que não o são categorialmente, logicamente, na medida em que o "bem" pode ser definido sem o "mal", enquanto a inversa não seria verdadeira.

Sob quais condições pode-se dizer que o uso da palavra mal está contido no uso da palavra bem? Ela está contida na medida em que é definida em termos negativos em função de determinados empregos da palavra bem, de tal maneira que quando dizemos de algo que seja bom dizemos implicitamente que o seu contrário é mau. Assim, a palavra mal teria um uso meramente relacional, segundo a asserção do bem que é feita. Ou seja, estaríamos, em verdade, diante de uma gramática moral com padrões de "bondade" previamente estabelecidos. Estou considerando, nesse caso, que a palavra bem só é, secundariamente, relacional, pois é possível determinar o seu significado por um uso direto, o seu parâmetro sendo uma determinada concepção religiosa (assegurada em sua "positividade" por verdade revelada) ou uma concepção moral, ancorada, por exemplo, na noção do dever, podendo ser formalmente provada conforme a concepção kantiana.

Uma outra forma de consideração do mal como termo relacional seria a de uma relação simétrica com o bem, ambos os termos se definindo reciprocamente e não podendo existir independentemente um do outro. Quando dizemos que o escravo é escravo do senhor e o senhor, senhor do escravo, estamos dizendo que a definição de cada um destes termos é dada pela relação que se estabelece entre ambos. Fora de um contexto social e jurídico determinado não cabe esta distinção, pois ela está ancorada em certas relações políticas que tornam esses termos relacionais. Anatole France resume essa formulação numa bela frase: "O mal é necessário. Se ele não existisse, o bem tampouco existiria. O mal é a única razão de ser do bem."[28] Os conceitos de bem e de mal são, então, formulados enquanto termos relacionais, o significado de um sendo dado pelo outro, no interior de uma concepção determinada. Acrescente-se ainda que o próprio conceito de existência torna-se, nessa perspectiva, tributário de uma forma de dizer e, nesta, de sua posição categorial no interior de determinadas proposições ou regras de vida. Nesse caso, mudanças de enfoque de certos comportamentos, provenientes de transformações nos costumes, podem fazer desaparecer um problema moral específico, pois ele só "existe" segundo uma forma particular de vida e de "mundo". Muitas vezes, as pessoas carregam problemas psicológicos específicos, decorrentes de determinadas regras morais, que, entretanto, cessaram de ter validade e, nesse sentido, deixaram de existir.

Essa maneira de abordar o uso da palavra mal enquanto contida no uso da palavra bem pode ser chamada de "relativista moral", porém, nesse caso, deveríamos recolocar os termos da própria questão, pois o significado do mal estaria contido no significado do bem da *mesma* maneira que o significado do bem estaria contido no significado do mal, ambos termos sendo relacionais. Poderíamos, inclusive, incluir aqui uma formulação como a hobbesiana, pois algo é dito bom por ser agradável e mau por ser desagradável, tudo dependendo de como uma determinada ação ou coisa é sentida ou percebida por uma determinada pessoa em circunstâncias particulares. Assim, podemos substituir a palavra "bem" por "agradável para x" e "mau" por "desagradável para x" e, depois, generalizar essas asserções para o conjunto de pessoas possíveis, de tal maneira que o que é "agradável" ou "desagradável" para uma pessoa não o é necessariamente para outra, tudo sendo uma questão de posição e de perspectiva.

Se considerássemos o mal como uma "qualidade", uma propriedade que pertence ou é atribuída a certas coisas, teríamos como pressuposto uma certa coisa existente à qual atribuiríamos a maldade na perspectiva de um dizer. Poderíamos também considerá-la como uma certa coisa à qual a maldade inere como um atributo inere, existe, no sujeito. Caberia, ainda, determinar em que sentido se estabelece esta relação de inerência ou de existência do atributo no sujeito, pois a propriedade em questão poderia ser uma propriedade essencial desse sujeito ou uma propriedade acidental. Por exemplo, matar alguém acidentalmente não torna a pessoa que cometeu esse ato uma pessoa má, enquanto alguém que o faz sistematicamente e com esse propósito pode precisamente receber a qualificação de má. No caso de ser uma propriedade inerente à coisa, que nela existe como sua propriedade essencial, esta qualidade resistiria, nessa perspectiva, a que lhe atribuíssemos uma forma de não ser. Com efeito, como pode o não-ser ser a propriedade de algo que é? De alguma maneira, esta forma de predicação deveria ser tida por uma propriedade essencial, em cujo caso teríamos uma predicação que identificaria a coisa do ponto de vista de sua essência ou natureza próprias.

Ocorre, contudo, como observamos, que esses critérios são mutáveis, onde o que aparece como mau ou condenável numa época deixa de sê-lo em outra. Por exemplo, a violência contra o patrimônio alheio, moralmente e legalmente condenável, pode, sob determinadas circunstâncias, não se mostrar como tal ou, mesmo, mostrar um conflito entre o legal e o moral. Assim, problematizar-se-ia o modo mediante o qual podemos dizer que uma determinada propriedade inere a este ato. O abigeato, tão comum no Rio Grande do Sul, era punido com a pena de morte nos Estados Unidos, durante o século XIX. Um mesmo ato, o de roubar gado, não recebe da mesma maneira a condenação legal e a reprovação moral nestas duas sociedades. E mesmo no interior de cada uma delas, um tal roubo, em situação de penúria, pode ser moralmente justificado e, ao mesmo tempo, legalmente condenável. Outro exemplo: Ismena diz a Antígona que nada pode fazer no que diz respeito ao enterro de Polinice, pois não lhe cabe, enquanto mulher, contestar as decisões do legislador, pois essa era a situação das mulheres na sociedade ateniense, que lhes prescrevia o que podiam ou não fazer na sua condição de inferioridade.[29]

Nesse outro emprego da palavra mal em "O mal é a vontade maligna", temos uma proposição aparentemente tautológica ao fazer intervir no predicado o que é enunciado no sujeito, criando um círculo vicioso. Seria equivalente a dizer "O mal é o mal", o que, na melhor das hipóteses, poderia, como proposição, ter um uso do ponto de vista da ênfase, da exclamação, nada sendo acrescentado à sua definição. Contudo, uma análise mais detalhada poderia mostrar que o conceito de vontade pode ser uma forma de se escapar desse círculo vicioso. Sob essa ótica, poderíamos ter uma proposição do tipo: "O mal é um modo ou forma da vontade ou da ação." De um lado, teríamos a distinção entre essa proposição e outras apoiadas nos dizeres de fatos biológicos (doença, morte) ou naturais (terremoto, ciclones) e, de outro, poderíamos indicar uma certa forma de ação que se estruturaria diferentemente. Ou seja, poder-se-ia, por este intermédio, abrir a via para captar a natureza do mal enquanto conceito prático. E, mediante essa formulação, poderíamos formular diferentemente proposições assentadas no conceito de mal, que cumpram a função de asserirem juízos morais sobre ações e comportamentos humanos em geral.

A expressão francesa, *Ça fait mal* (isto faz mal), de uso corrente, mostra um outro uso interessante da palavra mal. Ela aparece na posição de um "predicado", que qualifica um tipo de ação, na sentença, um pronome demonstrativo indeterminado, pois é dependente daquilo que o pronome está substituindo, obtido por intermédio de uma identificação referencial, que pode ser feita ostensivamente, por exemplo, "essa agulha lá" que me picou o dedo. Essa sentença, abstratamente considerada, independentemente das circunstâncias, não tem sentido. Portanto, necessitamos analisar a sentença segundo o sentido que ganha quando pronunciada por uma pessoa em circunstâncias determinadas. Logo, se quero dizer, por exemplo, que *Ça fait mal* está em lugar desta outra sentença *Cette épine me fait mal* [Esta espinha me faz – causou – mal], digo com isso que ela produziu dor no meu dedo no momento de colher uma rosa, seguido do sangue que começou a correr. A função predicativa da palavra "mal" significa aqui a dor produzida ou o sentimento desagradável de ver o sangue correr. Nesse sentido, o "mal" significa a dor, uma espécie de "mal físico", que encontra o seu significado nesse uso.

Agora, se essa sentença tivesse sido pronunciada pela sobrinha de Pascal, teria ela todo um outro significado, pois, nesse caso, a "dor" seria "curativa", produziria um "bem", o restabelecimento da saúde da menina por intermédio da supuração de um horrível abscesso que tinha no olho. Os primeiros médicos do rei já tinham dado essa doença por incurável, nada podendo ser feito. Tanto o seu contexto de leitura é outro que essa sentença vai se inscrever não apenas num sentido físico (a saúde), mas também religioso, dando lugar ao "milagre da '*Sainte Épine* (Santa Espinha)'", que desempenhará um papel tão importante nas ações e na convicção das religiosas e religiosos de Port-Royal.[30] Com efeito, graças a esse milagre – operado, segundo elas, por Deus no sentido estrito –, a sua força de resistência contra a hierarquia eclesiástica e o poder temporal viu-se reforçada. Assim, a "espinha" não é apenas o que podemos descrever enquanto tal, dentro de um jogo de linguagem[31] determinado, a partir do qual ganha um sentido físico, mas ela é um "instrumento divino", cuja significação é, portanto, dada por sua inscrição em um outro jogo de linguagem, o da concepção católica do mundo e, em particular, o do "subjogo" desse jogo de linguagem, que é a concepção religiosa de Port-Royal.

A proposição "O mal é", por sua vez, apresenta um uso existencial do verbo ser, onde o predicado "é" significa o verbo existir. Nesse emprego existencial do verbo ser, atribuímos existência a uma palavra que é caracterizada de uma forma genérica como preenchendo o papel de um universal. Como se pode dizer de um universal que existe? Ora, se considerarmos que apenas particulares existem no sentido estrito do termo, essa sentença, embora lingüisticamente correta, nada significa, salvo se apresentarmos o processo de construção deste universal a partir de casos particulares, como, noutra perspectiva, podemos construir o conceito de humanidade a partir do conjunto das vivências, na história, dos bípedes falantes, a partir do que podemos dizer que a humanidade "é" ou "existe". Trata-se de determinar o percurso mediante o qual, por exemplo, de determinados fatos possamos passar a uma afirmação existencial do mal na posição lingüística do sujeito. Logo, tomando como existentes casos particulares, podemos dizer que o holocausto é (existe), o genocídio cambojano é (existe), a doença é (existe), a morte é (existe), o dano ao meio ambiente é (existe), manipulações genéticas são (existem) – daí não se segue necessariamente que o mal seja. Uma proposição do tipo "O mal é" pode ser apenas uma construção sintaticamente correta, sem que daí se siga que algo *de dicto* seja algo *de re*, pois caberia determinar de que "coisa" se trata.

Podemos dizer, numa perspectiva mais geral, que o problema consiste em como um fato histórico, por exemplo, pode tornar-se um problema filosófico, o que pressupõe que um fato tido por mal entre no domínio da existência, veiculando, dessa maneira, o uso lógico e lingüístico de categorias segundo determinados contextos proposicionais. E se o mal não "é", como algo dele pode ser dito? E como pode ele entrar como algo particular numa proposição de tal maneira que categorias, ou o universal, a ele se apliquem? Em outras palavras, trata-se, segundo o enfoque adotado, de qualificar ou de dizer algo como mau, este algo sendo uma coisa tida por existente, porém não podendo ser, enquanto tal, o mal como coisa. O que é dado, são coisas, fatos, eventos, aos quais, segundo uma elaboração de proposições, aplicamos o conceito de maldade. O problema aqui, de nova conta, consiste na passagem do fato real à sua "categorialização" como existente e, logo, à determinação de sua essência ou de um aspecto seu como podendo receber a qualificação de maus. A questão reside, *mutatis mutandis*, na passagem da explicação da doença à sua consideração como má, pois a questão, neste nível, não consiste na de sua existência enquanto doença, mas na sua qualificação como má. Peguemos o caso do holocausto. O problema não consiste na sua existência – isso é historicamente comprovado segundo relatos, testemunhos, provas –, mas se isto pode ser tido por "prova" da existência do mal – o que vai exigir outras considerações que não são aquelas estritamente factuais, porque fará intervir considerações éticas, antropológicas, políticas, que são a esteira da qualificação de fatos desse tipo como "malignos", por exemplo.

Pensar o conceito de mal tem, assim, a virtualidade de nos pôr diante de diferentes formas de emprego do verbo ser. Na verdade, ele nos põe diante de uma separação mais acentuada entre os empregos do verbo ser no sentido existencial, de identificação, de predicação e de implicação em geral como se fôssemos, por ele, obrigados a pensar os diferentes usos do verbo ser enquanto significados efetivamente diferentes. O aparente resultado então produzido deve-se, no meu entender, ao efeito suspensivo que o verbo ser na acepção de existência produz quando aplicado ao mal. Na medida em que a existência torna-se um problema, na medida em que se pode dizer que o "mal é", a questão mesma suscitada nos remete às questões de sua identificação, predicação e implicação, pois, correlatamente, devemos enfrentar dois tipos de problema:

1) estamos falando apenas da junção de conceitos ou estamos falando de algo existente. Isto é, o problema consiste em determinar os modos de enunciação do mal segundo determinados empregos do verbo ser, empregos esses, na verdade, inseridos em determinadas gramáticas, que atribuem determinadas significações ao mal, àquilo que é conseqüentemente tido por mal. No entanto, assinale-se que os diferentes empregos do verbo ser aparecem separadamente, seria tentado a dizer disjuntivamente, como se estivéssemos somente diante de uma operação lógica que se produz no pensamento, independentemente de uma consideração ancorada na existência das coisas.

Utilizando uma expressão de Owen,[32] é como se, pela consideração do mal, o conceito de ser perdesse o seu *focal meaning* ao estar baseado num conceito problemático de existência. O curioso é que nos defrontamos aqui com um problema metafísico semelhante ao das provas da existência de Deus, em particular a relativa ao argumento ontológico, pois o problema consiste em como podemos atribuir existência a uma idéia; ou seja, como da predicação de idéias podemos chegar a uma asserção de existência daquilo que é significado pela idéia. Assim colocada, a questão remete ao como podemos ter acesso à existência das coisas por intermédio do uso das idéias ou, mais precisamente, como podemos dizer a existência via predicação. *Mutatis mutandis*, a questão poderia ser enunciada em termos de como pela predicação dos atributos essenciais de Deus podemos chegar ao conhecimento de sua natureza e, assim, à dedução de sua existência. Em outras palavras, podemos, via esse procedimento cartesiano,[33] chegar à existência de Deus através de uma operação de predicação de seus atributos essenciais, de tal maneira que o uso existencial do verbo ser resulta de seu uso predicativo;

2) logo, torna-se a questão central como podemos dizer que o mal existe, ou seja, por intermédio de quais usos do verbo ser. Por uma espécie de reviravolta, o *focal meaning* reaparece precisamente na atribuição de existência ao mal como problema principal a ser resolvido. O uso primeiro do verbo ser em sua acepção central, focal, aparece como um problema de atribuição, poderíamos dizer de predicação, porém de atribuição da existência, de tal maneira que se borra a distinção russelniana-fregiana entre os diferentes significados (*meanings*) do verbo ser enquanto separados em proveito de usos contextuali-

zados que respondem, de diferentes modos, à questão do ser (de sua existência) do mal, à questão do ser (sua natureza, essência, o que ele é) do mal, à questão do ser (seus predicados, por exemplo, segundo as diferentes gramáticas conforme às quais ele é dito) do mal e à questão do ser (no sentido de sua implicação em outros conceitos segundo as acepções, por exemplo, de mundo em que ele é tomado) do mal.

De uma forma análoga à crítica kantiana do argumento ontológico, poderíamos, no entanto, dizer que, metafisicamente, a dificuldade reside em como podemos atribuir existência a algo tomado como uma idéia situada nas antípodas da idéia de bem e, indiretamente, da idéia de ser. Isso porque, no nível do conceito, se o mal, como o conjunto dos seus predicados, não existe, na medida em que a ele não pode ser atribuída a existência, desaparece, dessa maneira, o próprio problema colocado. Se "A" com todos os seus predicados não existe, ele permanece um mero conceito, e não algo que deva ser formulado existencialmente.

As formas de consideração do mal como não ser baseiam-se, logicamente, em que se adota uma negação predicativa que comparece sob a forma de uma negação privativa, distinta, pois, de uma negação proposicional, decorrente de um tratamento do conceito de mal a partir de seu uso proposicional, o que colocará, de uma outra maneira, o problema de que verdade/falsidade, bem/mal sejam ditos de proposições ou de ações enquanto linguagem. Nesse sentido, a atribuição de existência ao mal deve ser vista à luz de sua atribuição pela proposição, por um conjunto de proposições. Mais precisamente, essa colocação vai remeter a uma abordagem do "mal prático" como existente, pois criado pela ação humana, de tal maneira que as formas de sua dicção vão corresponder a uma forma de atribuição proposicional da existência que reside na linguagem prática a partir do conceito de "coisa feita".

## O MAL E O JOGO DA MORTE

A significação da palavra mal, freqüentemente, aparece associada à da palavra morte, tanto para significar a condição humana como os processos naturais, sociais, jurídicos ou políticos que levam à anulação da vida. Temos observado, inclusive, que uma acepção do mal deriva do modo mediante o qual a morte é extraída de seu processo biológico natural e inserida no jogo das relações humanas. Altera-se, nesse sentido, a sua acepção "natural" em proveito de outras conotações, como as decorrentes de um assassinato, da pena de morte, da ameaça de vida, no combate por determinadas idéias e ideais ou na luta pelo poder. Chamemos, para os efeitos de nossa análise, de jogo este processo de deslocamento da morte, ou de sua significação, para dentro das formas pelas quais as relações humanas se articulam e, mesmo, se tecem politicamente. E nesta articulação do risco, pode-se jogar um jogo que denominaremos de "jogo da morte".

Contudo, para que possamos precisar esse conceito, é necessário que nos coloquemos a questão de se todo tipo de relação humana se sucede um a outro à maneira de um jogo que sucede a outro, como se, queiramos ou não, estivéssemos sempre jogando, nenhuma interrupção se fazendo possível. É evidente que os jogos mudam, as regras se transformam, as posições se alteram, porém haveria sempre a substituição de um conjunto de regras por outro. O espetáculo da história humana poderia ser visto como uma sucessão de jogos, alguns extremamente bizarros, outros dificilmente reconhecíveis como jogos, porém, de qualquer maneira, sempre teríamos um conjunto de regras que tomaria, por determinadas transformações, o lugar de outro. Mesmo situações revolucionárias poderiam ser consideradas como momentos de passagem de um conjunto de regras a outro, às vezes extremamente turbulentos, mas fazendo surgir um novo conjunto de regras com o desaparecimento progressivo do conjunto anterior. Também uma noção como a de progresso, por tanto tempo tão em voga, poderia igualmente ser considerada como o resultado de jogos de vida cada vez mais aprimorados, como se pudéssemos chegar a algo do tipo "o melhor dos jogos". Logo, para que possamos precisar esse conceito, é-nos necessário colocar a questão de até que ponto, e em que medida, um jogo sempre se justapõe a outro, não havendo a delimitação de um jogo pelo não-jogo, mas sempre de um jogo pelo outro. Mas será que esse é o caso a propósito da história das relações humanas?

Recorramos a Wittgenstein para precisar essa acepção do conceito de jogo. Segundo ele, "uma classe de regras e proibições é limítrofe de uma outra classe de regras e proibições, mas o jogo não é limítrofe de um não-jogo".[34] Numa tal formulação, teríamos sempre uma sucessão de diferentes jogos, diferentes conjuntos de regras que se delimitariam mutuamente. Se aplicarmos essa formulação à história das relações humanas do ponto de vista do poder, daquilo que denominamos correntemente de "política", encontrar-nos-emos diante de uma formulação que poderia ser traduzida da seguinte maneira: "a sucessão das sociedades humanas é uma sucessão de diferentes jogos limítrofes entre si, de diferentes regras que proíbem determinadas coisas e que permitem outras". Sob essa ótica, teríamos sempre um jogo, embora diferente, de tal maneira, digamos, que o jogo da vida não seria limítrofe de um não-jogo, de uma vida humana completamente "des-regrada", embora as regras possam ser concebidas muito diferentemente, a ponto de que, na perspectiva de uma determinada sociedade, a "regra" de outra não possa mesmo ser percebida e concebida. Esse estranhamento faz, nesse sentido, parte de diferentes conjuntos de regras que veiculam formas determinadas de representação das sociedades por si mesmas. Mas, seria possível que a vida humana "des-regrada" fosse o caso? Ou ainda, utilizando um conceito deliberadamente paradoxal: pode haver um "jogo da morte"?

No que diz respeito à formulação de uma vida humana "des-regrada", Hobbes foi o filósofo que levou essa possibilidade a sério e a tornou mesmo o eixo de sua filosofia. Com tal propósito, elaborou o conceito de "estado de natureza", caracterizando-o, digamos, como um "parajogo" ou um "antijogo". "Parajogo", pois veicula as regras de um jogo potencial, cuja realização é o "jogo estatal", porém "antijogo" ou "não-jogo" na medida em que a manutenção de um tal estado desemboca necessariamente num estado de guerra, caracterizado como sendo o de ausência de regras e de proibições sustentadas. Nessa perspectiva, poder-se-ia dizer que Hobbes pensa as condições do jogo político, de suas regras, porém tendo em mente que o jogo estatal é limítrofe de um não-jogo, o do desregramento da vida humana abandonada à violência arbitrária.

Nesse sentido, pode-se dizer que a filosofia de Hobbes estabelece as condições universais de todo jogo político, de tal maneira que a ela não se aplica, nesta acepção, a noção de jogo, pois, este fazendo-se segundo determinadas regras, as mudanças destas implicariam um outro jogo. O propósito de Hobbes consiste, ao contrário, em colocar-se numa outra posição, qual seja, a das condições de todos os jogos políticos, sem as quais se inviabilizaria qualquer jogo humano possível. "Parajogo" significa, portanto, um "metajogo" por transcender todo jogo individual ao formular as condições de toda vida humana política possível. Desse nível, digamos axiomático, depreende-se o nível dos teoremas, no qual opera a noção de jogo mediante as elaborações dos conceitos de estado de natureza e de estado político. Ou melhor, o conceito de estado de natureza aparece, de um lado, como um jogo que, deixado a si mesmo, transforma-se em um antijogo, como quando ocorre uma guerra civil, onde os membros desse agrupamento ou desses agrupamentos abandonam-se a uma espécie de jogo da morte que inviabiliza qualquer outro. Ocorre jogo quando se opera a passagem ao estado político, que configura o jogo político propriamente dito. Ou seja, a filosofia hobbesiana estabelece as condições da vida humana regrada, das quais se depreendem os diferentes conjuntos de regras, os diferentes jogos, que constituem as diversas culturas e formas de organização política. Para chegar todavia a essas formas de organização política, de vida estatal, é necessária uma passagem preliminar e obrigatória, a passagem do estado de natureza ao estado político, com a possibilidade nela contida de que essa passagem não ocorra, como é o caso histórico de formas de existência humana que desembocaram na guerra civil ou na guerra entre diferentes agrupamentos humanos e nelas se extinguiram. Assim, o que era a possibilidade de jogo, a do jogo estatal com seus diferentes jogos possíveis (por exemplo, monarquia, república, aristocracia em suas diferentes modalidades), torna-se um antijogo, o da morte, o da destruição da vida humana, mediante a não-passagem para a vida estatal.

Agora, pensemos no seguinte caso de figura: uma sociedade, onde uma parte x de sua população vive em condições de miséria, que se traduzem pela morte de y de seus membros anualmente. Precisemos esse quadro, dizendo que outra parte dessa sociedade, a z, vive sob condições regradas mediante um Estado que cumpre basicamente com as suas funções e ao qual, em migalhas, a parte x tem acesso através do trabalho, de formas precárias de saúde pública e de educação pública deficiente. Ou seja, temos uma sociedade estatalmente regrada em seu todo, porém de tal maneira que os tipos de dominação e de exploração nela estabelecidos traduzem-se pela eliminação sistemática de uma parte y de seus membros. A pergunta que se impõe é, então, a seguinte: não se trata, de uma certa maneira, de um jogo da morte, pois o destino de y está, por assim dizer, selado nesse conjunto de regras tal como ele existe? Pense-se em sociedades como a brasileira, cuja parte y de seus membros está, por assim dizer, condenada à morte, sem ser moralmente ou legalmente culpada. Temos um jogo político, constituído por um conjunto de regras, porém cujo efeito – "perverso"? – consiste em que o grupo y não tenha condições de jogo, não consegue jogar, pois a condição desse jogo é que eles não consigam jogar. Ou seja, eles não têm condições de fazer valer os seus direitos – que são aqueles acordados a todos segundo as regras desse jogo -, embora paradoxalmente façam parte do jogo.

Segundo as regras "oligárquicas" desse jogo, eles não conseguem jogar, porém outro aspecto dessas regras consiste em que elas se apresentam como "democráticas", válidas para todos os seus membros, sem discriminação de sexo, religião ou condição social. Eis por que dizemos que todos os membros dessa sociedade têm direitos iguais, porém o seu exercício encontra-se obstaculizado pelo modo efetivo de constituição desse conjunto de regras. Podemos, então, analisar esse jogo dizendo que ele se constitui *visando* a integrar todos os seus membros nas mesmas condições de jogo, o que é propiciado pelas lutas políticas e sociais que têm regradamente lugar em seu seio. E essas lutas sociais e políticas se traduzem por disputas partidárias e sindicais, tendo em eleições gerais os seus momentos de desfecho. Estão, portanto, dadas, nas regras desse jogo, as condições de que todos possam dele participar, o que é denominado correntemente de "reforma", de "mudanças" e "transformações" sociais e políticas. Ou ainda, os princípios desse jogo concernem a todos, de tal maneira que, politicamente, podemos dizer que se trata de um jogo, cujas regras socioeconômicas, por sua vez, estão baseadas na eliminação social de uma parte da população cujos direitos são genericamente assegurados. Logo, as condições estão dadas para que esse jogo transforme as suas regras num jogo mais abrangente, que faça valer para todos o que é assegurado somente para alguns. Pode-se, portanto, fazer com que esse jogo "social" da morte deixe de ser jogado, dentro de um processo de alteração das suas regras, baseadas em princípios que, virtualmente, podem propiciar uma tal transformação.

No caso do genocídio, presenciamos o uso sistemático de um tipo de violência que se coloca como o modo mesmo de exercício da dominação "política", pondo esse termo entre aspas por corresponder à antípoda de tudo o que a tradição ocidental considerava como político ou estatal. A própria noção de regra jurídica torna-se letra morta em proveito do que alguns determinam, segundo os momentos ou circunstâncias, como legal ou como correspondente à vontade do "líder".[35] A noção de individualidade esfacela-se na ausência de parâmetros objetivos estáveis. Não ocorre, paradoxalmente, uma volta, por exemplo, a padrões de conduta de tipo comunitário, baseados em outras regras, mas a tendência de dissolução do indivíduo numa massa amorfa e manipulável segundo as ordens dos líderes.

O caso do genocídio apresenta o aspecto curioso de tratar-se de uma forma de dominação à qual, aparentemente, poderíamos aplicar o conceito de jogo na medida em que, nela, há proibições e autorizações. Entretanto, pode-se dizer propriamente que há "regras" que restringem determinadas coisas e permitem outras? Qual sentido tem de se falar em "regras" com o propósito de significar a eliminação "regrada", "sistemática", de uma parte de sua população? É a própria noção de regra que termina por perder o seu significado, tornando-se a morte violenta, espreitando cada um, o modo mesmo de vida. O que a eliminação física de alguns mostra em campos de concentração ameaça o conjunto da sociedade, como no laboratório de um outro tipo de experiência, o de uma dominação à qual não se prestaria o conceito de jogo. Quando se fala de jogo político, fala-se de uma forma de jogo que, de uma ou outra maneira, está ou deveria estar baseada na preservação da vida, relegando a morte ao seu ciclo natural. Ou ainda, tem sentido falar de "regras" quando é apenas o uso da violência policial-secreta que impõe ora determinadas proibições, ora outras? Pode-se falar de regras quando é somente o exercício da violência "policial" que dispõe o que deve ou não ser feito?

Na verdade, uma tal sociedade não joga, mas é objeto de um "jogo" que a ultrapassa completamente. Ela está totalmente alheia ao processo de elaboração e exercício de regras no momento mesmo em que, aparentemente, ela o pode fazer pelo tipo de discurso político. Mesmo as idéias nela veiculadas fazem parte do "jogo", que procura inviabilizar todo jogo. No caso de sociedades totalitárias, a possibilidade de que todos os seus membros tenham acesso às mesmas regras do jogo está vedada, pois elas se sustentam num tipo de violência "policial" que procura impedir o jogo entre os seus membros. Ou seja, o medo da morte violenta e o seu exercício deliberado pelo poder que deveria, numa outra perspectiva, regrá-lo, fazem com que um "jogo de morte" torne-se a "morte de todo jogo".

A noção de jogo implica a noção de regra, de regras estáveis que não se alteram segundo as circunstâncias e interesses dos jogadores, válidas para todos os partícipes desse jogo, independentemente que se assentem ou não, por exemplo, na idéia de igualdade. A história nos mostra uma sucessão de comunidades e sociedades que obedeciam a regras diferentes, de fundamento o mais diverso, tendo o seu sustentáculo na estabilidade dessas regras e em suas justificações no nível das idéias. Algumas, inclusive, admitiam ou admitem que os partícipes de determinados jogos possam mudar as suas regras, não estando coercitivamente obrigados a jogarem sempre o mesmo jogo. Sociedades democráticas ou republicanas, por exemplo, incluem, em suas regras, essa possibilidade. Ou seja, a noção de jogo tem uma aplicação mais específica a esse tipo de sociedade democrática ou republicana ao implicar a idéia de liberdade de jogar, a liberdade de mudar de jogo, de elaborar outros jogos. Pode-se, assim, alterar as regras de um jogo determinado, fazendo-o um outro jogo, inventando um outro. Nessa perspectiva, a noção de jogo implica a noção de "livre" jogar como forma de vida, segundo a qual os indivíduos podem mudar de jogo, possam alterar e inventar jogos, isto é, sejam livres no jogo da vida. O limite do jogo, o que faz do jogo da vida um caso limítrofe do não-jogo, onde não há mais a mudança de um para outro, é aquele em que a própria vida cessa de ser a condição do jogo, ou ainda, sob uma outra forma, a condição do livre viver.

A noção pascaliana[36] de jogo é uma noção particularmente interessante por sua compreensão da vida e da morte, pois o seu embate veicula, na verdade, uma outra acepção da vida quando insere a morte na aposta. A aposta pascaliana consiste em um jogo de atribuição de valor a determinadas concepções, a católica e a libertina, por exemplo, procurando demonstrar a validade e a superioridade de uma sobre a outra. O próprio modo de concepção da morte como algo querido, não a retira, senão psicologicamente, de seu ciclo natural. A morte vem, então, a significar um novo começo, o princípio de uma nova vida, que engaja, precisamente, questões de princípio. A "aposta" pascaliana é, portanto, a de um jogo livremente consentido entre diferentes formas de vida, uma, a "libertina", a outra, a da "religiosidade católica". Temos aqui um jogo entre diferentes "formas de vida" possíveis, implicando a "liberdade de escolha" entre uma e outra. Pode-se escolher um ou outro jogo, ambos sendo jogos regrados com suas formas específicas de justificação. O sentido pascaliano da aposta é, portanto, normativo, de superioridade de um jogo sobre o outro graças à sua forma de conceber a morte. Logo, ele não é um jogo de "cara e coroa", com 50% de chances que dê uma ou outra alternativa, porém ele introduz um "cálculo" que determina a escolha não apenas entre dois jogos possíveis, mas entre um jogo que é "melhor" do que outro, valorativamente superior.

Cabe ressaltar que, na noção de aposta, está presente a noção especificamente moderna do livre-jogo, isto é, da livre escolha entre diferentes formas de vida possíveis, e a noção religiosamente "antiga" de que se deve abandonar o livre-jogo – na verdade, uma prática libertina que impregna a própria noção de jogar — em proveito do melhor dos jogos possíveis para o homem em sua finitude, o jogo das regras do "catolicismo rigoroso" à maneira de Port-Royal, regras essas embasadas na "verdadeira" concepção da vida e da morte. Por outro lado, a noção de "melhor" jogo ou de "melhor" forma de vida remetem ao estatuto dessas "regras" tidas por "melhores" ao implicarem proposições sobre a vida e a morte (enquanto forma de uma outra vida) que resultam, do ponto de vista da aposta, de um cálculo, mas que, do ponto de vista do que é apostado, fornecem os marcos de toda vida tida por "verdadeira", aquela que se apóia sobre uma noção de verdade revelada.

Isso nos remete a uma consideração valorativa da noção de jogo, valoração essa que se faz internamente a cada jogo, segundo parâmetros estabelecidos que determinam o que é ou não autorizado. Surge igualmente aqui o problema da contraposição entre diferentes jogos quando as regras de um jogo se alteram em proveito de outro, como quando se diz que um regime político é "melhor" do que outro. Nesse caso, introduz-se a questão dos princípios, das normas, que nos fazem preferir um jogo da vida em detrimento de outro. Uma outra questão é suscitada por situações-limite, onde a morte "social" ou a "político-policial" ameaçam ou tomam efetivamente conta do cenário da vida, colocando-se com especial urgência o problema do juízo moral. Wittgenstein utiliza num problema semelhante o exemplo de uma peça de xadrez enquanto feixe ou "soma de regras".[37] Poder-se-ia dizer que em cada peça está condensado o conjunto de regras estruturante desse jogo. Do mesmo modo, poder-se-ia dizer que, na ação, está presente o conjunto de regras do jogo, o que é uma outra maneira de dizer que a ação se faz segundo determinadas regras de linguagem, que é uma forma de linguagem, e que esta forma específica de linguagem pode ser dita boa ou má, justa ou injusta. Poder-se-ia, nesse sentido, verificar ações como se verifica uma linguagem ou proposições. Isso se traduz pelo fato de que se possa determinar as ações como "boas" ou "más", "justas" ou "injustas", mesmo, "verdadeiras" ou "falsas", o que supõe, como veremos, que a ação tenha uma estrutura proposicional, que ela seja uma linguagem, que ela seja o condensado de regras. Contudo, isto implica também reconhecer a natureza própria de ações que são "desestruturantes", que não veiculam regras, que não possuem, nesse sentido, uma estrutura proposicional, visando, com efeito, à exterminação do jogo da vida.

## O MAL E O CASO

Para que algo dito mau possa ser o caso,[38] é necessário que esse algo seja existente em sua acepção de dado objetivamente à reflexão, entendendo esse algo dado como fato, presença. Quero, nessa primeira observação, realçar a sua realidade extralingüística, embora seja uma questão em aberto dizer de que modo ele "existe". Gostaria de avançar a idéia da distinção, que será posteriormente analisada, entre realidade extralingüística e existência, pois esta última é um conceito que diz de que modo e como algo é real. Isto é, algo real se dá somente na ordem da proposição enquanto objeto existente, porém a sua realidade independe da proposição. Dessa maneira, nossa reflexão terminará por privilegiar os casos do "mal prático", pois somente esses serão capazes de preencher essa condição de objeto.

Isso quer dizer que o significado da palavra mal depende de seu uso em diferentes contextos proposicionais, sem que, com isto, se derive que ele seja somente uma forma de abordagem das coisas do mundo, como se o que é o mal numa perspectiva, cessasse de sê-lo em outra. Ou melhor, embora isso possa vir a ser o caso, não se pode perder a referência do dito, o que é enunciado, pela proposição, como algo real. Sendo assim, devemos nos precaver contra toda definição do mal que viesse a prescindir de sua inscrição numa determinada gramática, tendo como referência determinados objetos reais, tomados como coisas do homem, coisas feitas. Se permanecêssemos com uma mera definição que não levasse em consideração essas condições, correríamos o risco de toda definição, a saber, o seu caráter tautológico, explicitando o que está contido no nome, sem que daí se siga a existência do que é assim definido (por exemplo, a definição de unicórnio – cavalo com chifre –, sem que daí se siga a existência do unicórnio, o que implicaria a correspondência adequada da definição com algo real, o que não é manifestamente o caso).

Já foi observada a dificuldade de indicar ostensivamente algo como sendo o mal, como quando digo "isto é uma caneta". Precisamente porque careço, sem uma outra abordagem proposicional da existência, de um "objeto maldoso", que tenha a característica de uma individualidade empírica desse tipo. Posso ter um objeto z, uma pessoa x e uma pessoa y. Posso definir ou indicar cada uma dessas individualidades: nomeio o objeto, uma faca, a pessoa x, Paulo e a pessoa y, Pedro. Agora, se Paulo pega a faca e mata Pedro por uma disputa banal qualquer, posso dizer que Paulo agiu maldosamente. Contudo, o que digo com isso?

- Estabeleço uma relação entre três objetos simples;
- essa relação é uma relação real. Qualifico-a de uma ação entre duas pessoas por intermédio de uma coisa determinada; temos algo do tipo "relação entre coisas", que é da ordem de uma relação prática, o que significa dizer que temos uma determinada ação;
- essa ação ou relação prática pode ser descrita. Chamo essa descrição de assassinato;
- enquanto descrição verificada sob determinadas condições, essa ação se enquadra no código penal, o que implica a sua subsunção sob determinadas regras;
- posso dizer, então, que essa ação de Paulo "é condenável" por infringir uma regra jurídica particular, a que estabelece determinados parâmetros de conduta tidos por "bons";
- posso, ainda, dar um passo suplementar, qual seja o de enquadrar essa ação numa determinada compreensão das coisas humanas que permita um juízo moral do tipo "a ação de Paulo é má" ou esse outro "Paulo é mau".

Ao dizer que "a ação de Paulo é má" a inscrevo num determinado parâmetro moral, sem prejulgar necessariamente sobre o caráter de Paulo, pois ele pode ter sido uma pessoa que, durante toda sua vida, se caracterizou por boas ações e, num acidente ou surto determinado, cometeu um desatino. Ao dizer, por outro lado, que "Paulo é mau", estou inscrevendo-o noutro parâmetro, aquele que determina o seu caráter como irremediavelmente tomado pela maldade, num tipo de malignidade que não se reduz, por exemplo, a uma maldade acidental. Nesse último caso, podemos ter aquilo que Kant[39] chama de ato passível de pena de morte por se tratar de uma ação que se escolhe enquanto tal, por sua estrutura postular a pena correspondente, visto que a ação apresenta-se como linguagem, mais precisamente, como linguagem de uma pessoa que se escolhe desta maneira. Ou seja, cada um escolhe-se na linguagem de sua ação.

No caso assinalado, temos aparentemente uma mesma proposição que diz a ação de Paulo sobre Pedro, numa determinada perspectiva sob o prisma da descrição de um fato, numa outra, sob a forma de um juízo moral, o que implica o uso de outras palavras para qualificar o mesmo fato. Na proposição, o mal ocupa freqüentemente o lugar do predicado. Assim sendo, o uso dessa palavra consiste em qualificar algo em nome do qual o sujeito se encontra. Insista-se em dois pontos: 1) o mal é a qualificação de um objeto real, de uma coisa dita desta forma como existente, de tal maneira que não se trata meramente de uma convenção cuja gramática não careceria de uma realidade extralingüística, embora saibamos que há formas de se dizer o mal que se dissolvem numa mudança de perspectiva ou de concepção; 2) ao ocupar o lugar sintático do predicado, a palavra mal diz algo sobre o sujeito que o qualifica de uma maneira que se pretende universal ou incondicional, isto é, ela expressa um juízo específico, que deve apresentar as suas formas de justificação.

A palavra mal faz parte de tipos determinados de proposições, em cada um desses usos proposicionais ocupando semanticamente uma posição diferente. O mal, nesse sentido, poderia ser também dito o nome de determinadas proposições, que enunciam de uma maneira determinada certas coisas, fatos ou ações. Se o mal aparece como nome genérico é devido ao seu uso proposicional em diferentes gramáticas, como se um nome pudesse comparecer no lugar de diferentes proposições, o que produz a equivocidade de seu emprego. Logo, o que acontece para a filosofia se o mal é o caso, é a necessidade de sua elaboração filosófica tanto do ponto de vista teórico quanto prático. Teórico, na medida em que se torna um conceito central para pensar o que significa fazer filosofia quando refletimos sobre determinados fatos contemporâneos. Isso acarreta um questionamento de nossas formas de dizer o mundo, de dizer aquilo que é; ou seja, por esse intermédio, estabelecemos uma outra relação do mal ao ser, do mal à existência. Prático, na medida em que essa abordagem tem repercussões tanto do ponto de vista da ética quanto da filosofia política, pois o núcleo semântico do conceito de mal é relativo à ação e ao seu ajuizamento.

Podemos recolocar a mesma questão recorrendo a Heidegger. Em sua pergunta pelo "ser do ente" ou pelo "sentido do ser em geral",[40] o homem, o *Dasein*, o "estar-aí", aparece como ponto de partida da explicitação filosófica. No entanto, o que é bem isto que se toma como ponto de partida, o homem genericamente em sua posição de estar no mundo, uma forma determinada de homem na história ou a pergunta mesma pelo sentido do ser deste ente determinado, a partir do qual se descortina a pergunta pelo ser enquanto tal? Do que estamos falando quando discorremos sobre o sentido do ser em geral? *Wovon die Rede ist? Rede über Rede? Welche Art von Rede?* Heidegger vai, evidentemente, desconstruir o conceito de *Rede*, de "discurso", de "falar", em proveito de um "deixar ver" (*Sehen lassen*), que estaria ofuscado, obliterado, pelas formas habituais do discurso filosófico ou do senso comum. Sendo assim, o deslocamento por ele operado consiste numa análise das formas do perguntar, das formas de analisar, das formas de dizer num certo sentido. Não se segue, entretanto, que ele parta de uma análise de proposições ou ponha-nas como ponto de partida de seu filosofar na medida em que elas, de uma certa maneira, aprisionam aquilo que se trata de liberar, não deixam ver aquilo que a análise fenomenológica procura ver, para além de certos usos de proposições.

Podemos, todavia, numa outra perspectiva, nos perguntar se um começo igualmente possível não seria a pergunta pelo não-ser, entendida como pergunta pelo "homem" em suas ações, por aquilo que é posto como não-ser, como mal; ou seja, o homem pode não ser um ser de linguagem em suas ações. Evita-se, assim, que a pergunta pelo não ser possa ser identificada a uma pergunta pelo nada. Ela deveria partir de algo que é, de um existente, a partir do qual a pergunta pelo não ser desse ser-aí poderia revelar um sentido inusitado. Ou ainda, a partir de um existente determinado, o *Dasein*, podemos vislumbrar um ser que aí mostra uma forma de existência que dá guarida à pergunta pelo não-ser numa acepção determinada, a do mal. Essa pergunta remete, portanto, ao próprio questionamento do ser do homem e, mesmo, à pergunta do ser deste ente em seus "sendos".

A abordagem da questão do mal pode, então, partir de um ente determinado, o *homem*, só que este deveria ser contextualizado numa ocorrência determinada, onde o mal fosse precisamente o caso. Isso exigiria os seguintes passos:

1) analisar preliminarmente o mal como caso do discurso, visando a explicitar sua equivocidade. O mal como caso do discurso remete a determinados usos, que tanto podem ser provenientes de determinadas elaborações filosóficas (o mal como culpa, por exemplo) quanto de determinados usos corriqueiros dessa palavra (como quando dizemos que algo "faz mal", uma comida, por exemplo, que causa uma intoxicação). Ora, estes usos, embora sejam começos da análise filosófica em certas perspectivas, não oferecem necessariamente material para uma pergunta voltada para o começo do pensamento, pois elas podem ser diluídas ou esclarecidas em seus usos respectivos. Assim, o mal como culpa se resolve numa análise da concepção religiosa que lhe é subjacente e do qual é tributário, enquanto expressões correntes do tipo "algo me faz mal" se elucidam por uma análise desta fala num contexto médico determinado. Por exemplo, dizer o mal como caso do discurso no sentido leibniziano, implica inscrevê-lo numa determinada concepção que já oferece a gramática de sua elucidação. Assim, a pergunta pelo mal já aparece como *Teodicéia*,[41] isto é, uma pergunta inscrita num determinado sistema proposicional que elucida cada um dos seus significados. Cria-se, hoje, inclusive a situação em que ao se falar do mal, pensa-se, muitas vezes, numa forma de Teodicéia. O resultado consiste em que uma tal colocação do problema já aparece velada nos marcos de uma determinada formulação da metafísica;

2) partir do mal como caso histórico determinado. Nesse caso, parte-se de um fato histórico determinado, "individual", ao qual se atribui, sob certas con-

dições, a qualificação de mau. Não se parte do mal enquanto tal senão sob esta forma indireta de atribuição. Isso pode implicar que se parte daquilo que uma determinada concepção religiosa, moral ou filosófica considerou ou considera como mal. Defrontamo-nos, então, com uma dupla espécie de problemas, a de caracterização de determinados fatos históricos como objetos filosóficos que nos interrogam pelo não-ser, por determinadas formas de não-ser do homem, do ser-aí, que, entretanto, "existem", e a de análise de concepções religiosas, morais e filosóficas que deverão ser previamente desconstruídas, decompostas, de tal maneira que se descortine a questão do mal como questão primeira, exibindo a necessidade de novas categorias e conceitos.

Assim colocada, a questão remete à passagem de um fato histórico a um problema ou conceito filosófico. Primeiro, enquanto problema, o que está em questão é a própria questão, o que este fato nos faz ver no sentido em que não era visto pelas gramáticas nas quais estava inscrito. Trata-se da própria pergunta pelo sentido desse fato, diria mesmo, pelo sentido do "homem" quando "fala" uma "linguagem", se é que determinados fatos podem ser caracterizados como "linguagem", fatos esses que não encontram guarida nas formas de racionalidade existentes, por mais diferentes que elas sejam, permanecendo, contudo, num amplo espectro, racionais. Segundo, como o tratamento dessa questão pode remeter à elaboração de um conceito que dê conta precisamente da pergunta pelo ser deste ente em suas ações determinadas, suscitando um questionamento que leve à construção dos conceitos de não-ser e de não-existência via o modo de entendimento de como o ser e a existência são ditos e postos. O mal suscita, nessa perspectiva, uma nova posição do ser e da existência no contexto da linguagem e, nesse sentido, da proposição;

3) considerar como ponto de partida a proposição que parte desse caso, em sua necessária reelaboração. Ou seja, a proposição é o começo, começo no sentido de análise das proposições em que o mal é dito, porém análise num sentido mais radical, visto que parte da ação em determinados contextos não proposicionais, não decorrentes da linguagem, mas de formas sistemáticas da violência. Análise, então, de proposições com o propósito de mostrar que as formas do dizer velam em vez de elucidarem o que está em questão, de tal maneira que a análise dessas proposições tenha a função de mostrar a sua inadequação para certos usos específicos da ação. Nessa perspectiva, a proposição "aprisiona" algo que "aguarda" a sua liberação, ou seja, uma outra forma de ver o fato, coisa feita pela ação humana, por uma determinada posição do homem que se deslocou dessa maneira. Cabe, portanto, percorrer esse deslocamento, fazendo o mapa de suas diferentes posições. Isso implica uma análise das proposições práticas, formas de ação cuja linguagem pode encobrir o que aguarda liberação.

Quero dizer com isto que as ações que tenderíamos a qualificar como más vêm freqüentemente acompanhadas de proposições que encobrem o que é especificamente o caso. Pense-se, por exemplo, no caso do totalitarismo soviético, onde o discurso de redenção da humanidade, de igualdade entre todos os homens, "dizia" o contrário do que aparentemente dizia, ou melhor, dizia o contrário do que aparentava ou "pretendia" dizer. Faz-se aqui necessária a distinção entre proposições que acompanham ações, os discursos que são coadjuvantes de ações, e aquilo que, na ação, se revela, se desvela, e que não é necessariamente uma forma consoante com o discurso, onde o que aparece o faz para além do discurso que o acompanha e/ou justifica. Isso nos permite a pergunta por uma forma de ação que não é proposicional, que não se apresenta como linguagem;

4) privilegiar o conceito de mal em sua acepção prática. A questão do mal se revela, assim, como uma questão relativa a uma forma de ação cuja estrutura é não proposicional. Isso quer dizer que a ação ganha um privilégio ontológico na medida em que remete a formas criadas, instauradas de não-ser e de não-existência, que fogem dos parâmetros existentes de juízo e de consideração da existência. Ou seja, trata-se de privilegiar a acepção prática do mal em relação àquelas outras que se colocavam, na tradição, como teóricas ou metafísicas.

Contudo, a abordagem da ação em sua significação não proposicional ou carente de linguagem remete-nos precisamente à teoria, à metafísica, seja como reflexão que suscita uma nova pergunta pelo ser ou pela existência, seja pela análise e descrição das estruturas da ação e do próprio *homem* em uma de suas formas, a que nos dá a ver uma forma inusitada, um outro olhar sobre nós mesmos. Ou seja, trata-se da análise do *Dasein,* do *homem,* enquanto ser-aí no mundo que instaura o mal em sua ação. Ser-aí cujo ser se mostra como criador de formas de não-ser e de não-existência. O não-ser e a não-existência podem ser, então, vistos a partir de filosofias como as de santo Agostinho, santo Anselmo ou Leibniz, formas de não-ser e de não-existência que continuam a informar nossa visão das coisas, fazendo-nos ver determinadas coisas e obscurecendo-nos outras. Fazendo-nos ver, por exemplo, que determinados atos são moral e religiosamente condenáveis. Obscurecendo-nos, porém, que esses fatos exibem novas formas de não-ser e de não-existência, que são formas de existentes particulares que aguardam sua própria elucidação, sua explicitação filosófica, remetendo-nos aos modos mesmos mediante os quais dizemos algo como ser ou existente, através dos quais os pomos, teórica e praticamente, como ser, como existentes. Ou ainda, trata-se da pergunta pelo ser desses entes, desses existentes.

## 2. A ESTRUTURA PROPOSICIONAL DA AÇÃO

Se o mal "é o caso", é necessário, nessa perspectiva, que ele seja uma "coisa feita", um produto da ação humana, que configura, dessa maneira, o que consideramos como existente ou, mesmo, como mundo numa perspectiva prática. O ponto de partida reside, portanto, numa análise da ação, visando a mostrar sua estrutura, os seus modos de constituição, com o propósito de exibir a sua linguagem. Sob essa ótica, o mundo vai aparecer como a totalidade de coisas feitas e a pergunta pelo seu ser será orientada pela sua gênese na perspectiva da ação, dos comportamentos humanos.

Uma tal formulação permite significar o mundo enquanto resultado da ação humana, as coisas "dadas" o sendo pelas ações humanas, por coisas produzidas que vieram a adotar a forma de coisas tidas por "normais" ou "naturais". Isso não retira das coisas do mundo o seu caráter de dadas, nem a sua materialidade, tampouco a sua naturalidade, mas permite ressaltar que se trata de uma "materialidade" distinta, a que é enformada pela ação que lhe deu este seu caráter determinado. A natureza da coisa reside em sua ação. Nesse nível de análise não interessa, por enquanto, que as coisas assim produzidas sejam o resultado de uma escolha deliberada (Aristóteles), de um desejo inconsciente (Freud), do desenvolvimento das relações econômicas (Marx), de uma intenção de agir segundo o dever (Kant), do progredir do "Espírito" na história (Hegel) ou de alguma outra forma de ação. O que nos importa, pelo momento, é assinalar que o caráter de coisas dadas é, na verdade, o de coisas "feitas", coisas relativas ao "fazer".

Logo, coisas feitas são coisas "existentes", no sentido em que a "existência" é conferida às coisas reais por intermédio da ação, sendo, portanto, a existência uma categoria prática. "Coisas" reais tornam-se, então, coisas "existentes". É graças à ação que o mundo se apresenta como "prático", mostrando uma forma que se substitui progressivamente à de uma materialidade ainda muito vinculada ao caráter natural de coisas dadas. É como se um novo mundo se colocasse na posição do mundo anterior, o que torna, muitas vezes, difícil, por exemplo, comparar mundos tão díspares como o do século XVII e o do final do século XX. Uma vez que a ação é considerada como uma "coisa feita", segue-se daí que as diferentes formas de ação possuem essa mesma natureza. Nessa perspectiva, mantém-se, de um lado, a noção de mundo como constituído por uma "totalidade de coisas feitas", por uma "totalidade de ações", de outro lado, coloca-se a questão da própria leitura de cada uma dessas ações, das gramáticas das diferentes ações, tendo como pano de fundo o ajuizamento de cada uma delas.

O mal, enquanto forma da ação, é, nesse sentido, uma "coisa feita", algo que é "feito" seja em relação ao mundo (exploração incontrolada da natureza, que altera a sua "natureza" própria), seja em relação a outros homens individualmente considerados (ação má contra um indivíduo, procurando atingi-lo em sua integridade pessoal ou física), seja em relação a um grupo de indivíduos (por consideração racial, ideológica ou outra, visando à sua exterminação física). Enfocado sob essa ótica, o mal é fundamentalmente considerado como "mal relativo à ação", o que, como vimos, torna impróprio considerá-lo como "mal moral". Aparece, nessa última acepção, a noção de um certo parâmetro de consideração da ação, como se o conceito de "mal moral" veiculasse já, de certa maneira, a medida do juízo, quando a questão da medida exige precisamente que o seu uso seja feito num contexto determinado, exibindo uma gramática com regras determinadas. Ora, o que estamos procurando são as condições mediante as quais uma tal medida pode ser elaborada, inclusive de modo a evitar o relativismo moral.

Trata-se, portanto, de guardar uma primeira condição, qual seja, a de preservar a "descrição" da ação do mundo, ação no mundo, ação perpassada pelo mundo, ação constituinte do mundo, ação que dá forma ao mundo. Parte-se, então, das condições de uma "descrição metafísica" para, num segundo momento, passar-se para uma "metafísica prática", aquela que permite descrever as diferentes formas da ação na perspectiva do seu ajuizamento, na ótica de um juízo do que é feito no mundo, daquilo de que o mundo é feito, ou seja, as condições mediante as quais podemos dizer que se trata de nosso mundo ou de um mundo que a nós tornou-se alheio. Nessa perspectiva, as formas física e metafísica do mal podem ser consideradas como formas da ação enquanto formas que temos de ver o mundo do ponto de vista de sua estrutura física, porém sempre na ótica daquilo que ele para nós significa, do que ele nos diz, recortando o mundo na ótica de nosso conhecimento ou de nossa utilidade. Isso significa que as próprias formas do mal "físico" e "metafísico" são formas configuradoras da ação, formas que canalizam, nesta, nosso olhar do mundo no processo mediante o qual nele intervimos. A intervenção sobre as coisas que se apresentam como dadas se faz sob determinadas perspectivas configuradoras, estruturadoras da ação, seja sob formas consideradas como livres, seja sob formas de interdições sexuais de fundo religioso, onde intervém o pecado como forma de ação, no que este tem de mera representação subjetiva ou de sua ocorrência efetiva nas coisas.

As formas tidas pela tradição como formas do mal "físico", "moral" e "metafísico" são formas que balizam nossa consideração prática e teórica do mundo, realçando, dessa maneira, que o uso teórico que fazemos do mundo mostra, assim, sua natureza prática, segundo determinadas regras tomadas como parâmetros. São formas tanto de nosso olhar teórico do mundo como de nossa visão prática do mesmo. Logo, essas formas do mal físico e metafísico são "representações coletivas", representações sociais, que orientam nossa ação no mundo, indicando aquilo que é ou não feito, aquilo que pode ou não ser feito, aquilo que deve ou não ser feito.[1]

## Pensamento e coisa dada

Ao considerarmos que "o mal seja o caso", mostramos que ele configura um tipo de existência específica que acarreta um dizer que lhe seja consoante, embora essa dicção deva reelaborar nosso pensamento em situações correntes de emprego da linguagem ou em comportamentos humanos normais. Isso significa que se "o mal é o caso", defrontamo-nos com o mundo enquanto conjunto de coisas feitas, tendo no conceito de ação o equivalente prático do conceito de substância individual. Nessa perspectiva, a substância pode ser entendida como coisa em ação. "Coisa feita", cujo fazer comporta como elemento central o modo mediante o qual as coisas são ditas, representadas e concebidas. Na esfera da prática humana, não somente não podemos prescindir da fala, dos discursos e das idéias, como estes veiculam uma forma particular de existência da ação.

No que diz respeito ao mal, enquanto forma específica das coisas feitas, como produto da ação humana concretizada em determinados comportamentos, representações, transgressões ou perversões de regras, podemos dizer que ele "infecta" a existência humana. E ele a "infecta" de distintas formas, seja quando o acobertamos, seja quando o reduzimos a uma banalidade,[2] seja quando o dizemos como normal, seja quando procuramos suas distintas significações. Com efeito, ele se espraia em tudo o que faz o homem, de tal maneira que é o seu dizer, a sua enunciação, que pode ser um dique ao seu transbordamento. Ou seja, considerando que o dizer faz parte da ação humana, conferindo-lhe a sua forma, considerando que as sociedades contemporâneas modernas apóiam-se nas formas mesmas do seu dizer, o dizer o mal afeta, no enunciado do seu existir, a sua própria existência, na acepção do seu controle. Temos, portanto, nesta relação do mal à existência uma dupla abordagem, a teórica e a prática, a primeira, mostrando de que maneira o conceito de mal se vincula ao conceito de existência, obrigando-nos a uma releitura do que seja o homem, a segunda, mostrando teórico-praticamente como o mal se vincula à ação humana sob determinadas condições, o que remete ao que se poderia chamar aqui de prático-prático, significando como esse dizer pode fornecer formas de controle aos efeitos decorrentes de uma ação maligna, que afetam a própria existência humana.

O ponto é o seguinte: se o mal for o caso, ou melhor, se o caso for um fato como o genocídio, como pode ele ser pensável? Estamos em presença de um certo comportamento da coisa, de uma determinada forma de ação, que nos põe diante de uma escolha de outro tipo, uma escolha deliberada por essa forma de "mal prático". Ocorre, então, uma opção, por parte daqueles que detém o poder, de produzir o "des-regramento", de produzir sistematicamente a morte violenta como meio de exercício do poder. A ação daí resultante reside num determinado projeto, que é sistematicamente perseguido pelos instrumentos estatais e por aqueles meios que a estes se substituem como as múltiplas formas de "polícia-política". Hannah Arendt,[3] confrontada com esta forma "nova" de exercício do poder, viu-se na necessidade de elaborar o conceito de não-Estado para significar essa nova forma de "movimento" de massas manipuladas por esse modo de dominação. Ou seja, o Estado, constituído para proteger os cidadãos da morte violenta, torna-se, como "não-Estado", instrumento sistemático de morte violenta.

Observe-se que, numa situação de tal tipo, não se trata de um "estado de natureza" tal como formulado por Hobbes, na medida em que este veicula a idéia de um regramento possível, pois, nele, atuam "leis naturais" que são leis práticas, leis que orientam a vontade. E leis práticas que orientam a vontade para preservá-la da morte violenta, para que o movimento próprio da vida natural seja preservado e assegurado. O problema consiste, então, em como podemos dizer um comportamento desse tipo, que tão flagrantemente escapa de nosso modo corrente de pensar, de agir e de ser. Ou seja, como pode a proposição dizer algo que escapa da linguagem própria da ação, a que em suas diferentes acepções procura de uma ou outra maneira enunciar a vida e controlar a morte. Ou seja, a linguagem própria da proposição defronta-se com algo que se mostra como uma não-linguagem, o que freqüentemente denominamos de irracional. Agora, o que ocorre quando o mundo das coisas feitas, que é objeto de um dizer, escapa dos parâmetros do pensável, em todo caso dos parâmetros daquilo que se considerava pensável, pois, em nossa perspectiva, não podemos nos satisfazer com as formas do pensar que consideram esse impensável pensável, indiretamente, sob as formas do desvio, do não-ser.

No caso de fenômenos como o genocídio, não se trata apenas da significação de uma palavra, mas de uma "ilogicidade" que se dá no nível mesmo dos fatos, da ação humana sob determinadas condições, com o que o pensamento se defronta e do que ele deve dar conta, sabendo, de antemão, que o encadeamento lógico das proposições como espelho do mundo encontra obstáculos, que colocam em questão conceitos e princípios do pensamento, em todo caso, de algumas de suas proposições fundamentais e, mesmo, das regras lógicas nas quais se apóiam. E aqui não é de valia a colocação de que basta mudarmos de axioma, ou de jogo, para darmos conta do que acontece. Ou ainda, se quisermos mudar de axiomas, é forçoso reconhecer que não é suficiente mudarmos de jogo, pois trata-se de um "não-jogo", de uma vida "violentamente" desregrada por determinadas relações de poder.

Uma coisa real "existe" pela proposição que a capta. O que a proposição enuncia é a posição da coisa na perspectiva do pensamento, o que significa dizer a possibilidade da existência da coisa como pensável. Ora, o que acontece quando pensamos o ilógico, cuja realidade defronta-nos com o problema de pensarmos a sua "existência" e como essa repercute sobre a "existência" mesma daquele que pensa? A questão consiste em como podemos compatibilizar o ilógico com a proposição e suas regras lógicas, pois a própria proposição pertence a uma forma de vida que é, precisamente, posta em questão por um tipo de ação que se caracteriza pelo exercício da morte violenta do ponto de vista do "não-Estado". Se o que é captado é um fenômeno essencialmente "desregrado", em todo caso, em relação às regras do pensamento, como pode se estabelecer essa coincidência entre a proposição e esta forma particular da coisa feita? Há algo, então, dito sobre a "natureza humana", que escapa tão manifestamente de seus parâmetros, que a pergunta remete ao que é o homem sob determinadas circunstâncias, o que se repercute no modo mesmo que o mundo da ação humana é dito.

Uma alternativa seria a de considerar a passagem de uma realidade "des-regrada" ao seu pensamento segundo proposições de existência e de ajuizamento que seguem determinados parâmetros lógicos, como o de não contradição, ou "naturais", como os que descrevem a situação de normalidade[4] da vida humana em suas múltiplas formas. Mas aqui seria necessária uma reelaboração do princípio de não-contradição em função do conceito "posto" de existência e do conceito de natureza humana segundo as "formas de existência" que o homem se dá em suas ações. O pensamento deveria, então, distinguir entre a "realidade" e a "existência" que se dá no nível do pensamento, segundo o princípio de não-contradição, e no da ação. Pensar o que escapa da contradição pensada é uma forma de conhecer, exigindo outros conceitos, exigência essa que pode, em nosso entender, ser preenchida pela elaboração filosófica do conceito de mal. O mal, nesse sentido, nos dá acesso a essa outra forma de existência, inclusive mediante delimitação do princípio de não-contradição enquanto válido para o pensamento e algumas formas de vida, porém não para todas. Ora, esse é o problema que o "genocídio", precisamente por ser "ilógico", nos coloca e o conceito de mal é uma tentativa de pensar o "ilógico" mediante uma nova atribuição de existência, de ser.[5]

Se considerarmos o mal como sendo apenas o oposto do bem, nos colocaremos diante de um uso meramente relativo desse termo, que, por sua vez, remeterá ao problema do mal como ausência de ser ou de existência. Se sairmos desse uso, e formos para outro que procure dar conta de um determinado tipo de ação, tipo esse de ação que se dá na experiência, recolocaremos, de uma outra maneira, o problema do ser e da existência. A via seguida neste trabalho não é, portanto, somente uma via "ética", porém "metafísica", na medida em que recolocamos a questão do mal em termos dos conceitos de existência e de ser. Nessa perspectiva, a distinção entre os diversos usos dos termos bem e mal torna-se secundária, porque essa mesma distinção remete a uma formulação de outro tipo, a que se pergunta pela posição da existência, permitindo uma releitura do modo mesmo mediante o qual dizemos algo como "bom" ou "mau". Ou seja, o conceito de mal remete ao conceito de existência, e não apenas à contraposição entre o uso relacional das palavras mal e bem.

Uma vez que focalizemos nossa análise no conceito de mal enquanto "mal prático" e, mais especificamente, em suas formas de "malignidade", de escravização do homem pela sua própria ação, de renúncia voluntária à sua liberdade, poderemos problematizar diferentemente a passagem de um fato histórico a uma questão propriamente filosófica. Passa-se do "fato", da "coisa feita", ao estatuto da coisa enquanto indagação do que é o real, o homem, a existência. O "fato" suscita a questão do ser, pergunta-nos pelo ser que somos, "suspende" o uso mesmo de nossas categorias. Trata-se de uma releitura do conceito de mal a partir da "malignidade" de uma forma da ação humana, que vai além da servidão voluntária (Lutero[6]) e do mal radical (Kant[7]), o que talvez possibilite, via este reacomodamento geológico do conceito de mal, um outro enfoque dos conceitos de ser e existência por intermédio do homem no seu estar-aí em situações de estranheza, em momentos de ruptura, momentos vividos como os de fim de mundo.

Numa situação em que, realmente, na ordem das coisas mesmas e, para o pensamento, em nossa apreensão dessas coisas, um mundo se acaba e outro nem se anuncia, onde tudo parece desmoronar, onde o fim do mundo se apresenta sob a forma da violência desenfreada, em que o pensamento capta o que cessa de ser, em que o dizer constata a ausência do que tinha sido e se indaga sobre o sentido mesmo da palavra ser, aparece a questão mesma da existência, a existência daquilo que está cessando de ser, a presença do nada, do vazio de ser, do vácuo do nada sendo substituído pela gratuidade da violência: a morte sob esta forma. Aparece como a outra face da mesma moeda, uma outra forma de dizer a mesma coisa, o problema do "que nos vincula ao ser",[8] do que somos, do ser reduzido em relação ao que aspirávamos ou mesmo éramos – coloca-se em questão o que significa ser homem ou, em linguagem levinasiana, a questão do *existant* (existente), portanto, a questão do homem torna-se a questão mesma do ser. A formulação levinasiana da "situação de fim do mundo" pode ser lida heideggerianamente como uma espécie de *éffacement* (apagar, desaparecer) da "mundanidade", da *Weltlichkeit*. As condições de ser no mundo do *Dasein*, do "homem", esmorecem, se apagam, mostrando um não-estar do (no) mundo, "estando", que exigiria uma espécie de fenomenologia a partir do mal, que significaria, numa de suas acepções, precisamente, o que o "fim do mundo" mostra para além da "mundanidade" e como conseqüência da desestruturação desta.

Poderíamos recorrer igualmente a Hannah Arendt, na medida em que ela sugere que, em situações de ruptura de mundo, de descontinuidade radical do existente, onde o pensamento tem dificuldades de estabelecer a relação entre o que se tornou real com os momentos anteriores, coloca-se a questão de como ligar o que poderíamos denominar de diferentes "agoras"? Qual a medida, com efeito, que tornaria possível essa ilação temporal? Como ligá-los sem remeter àquele que os liga (o homem), à sua posição específica, visto que esta está diretamente implicada neste ato de ligação? Como ligar se não há mais critérios "humanos" de ligação, se o "existente" não logra ligar a "existência"? A questão do ser pode, em sua "estranheza" mesma, tornar-se uma questão política, a que se enuncia, embora problematicamente, pelo conceito de "mal radical" em sua formulação kantiana seguindo a sugestão de Hannah Arendt.[9] A análise do "totalitarismo" pode, nesse sentido, ser lida como uma tentativa de captura de um "ser outro", o "ser como mal", como sujeito da enunciação.

Isso significa que, em situações de ruptura do mundo, a questão do ser torna-se a questão de um ser estranho, estrangeiro, aos modos correntes de pensar e de sentir, às categorias mesmas de apreensão do real. A indagação do que é, do que aparece como real, do que vai ser categorializado, escapa desses modos de pensamento, pois as categorias eram adequadas a um modo de ser que, agora, cessou de ser. A "confusão" do pensamento é a expressão mesma do que escapa ao nosso pensamento, inclusive ao uso que fazemos do princípio de não-contradição. O homem indaga-se sobre o sentido de sua existência, sobre aquilo que é, sobre a sua natureza própria, no momento mesmo em que faz a experiência da "estrangeiridade", da "estranheza", do mundo. Qual é então uma forma de ser que, em sua exterioridade, nos aparece, e pode inclusive nos aparecer, como "ausência" ou "falta de ser"? Devemos nos contentar com aquelas categorias que dizem o "mal" como "ausência" ou "falta de ser" quando o mundo se apresenta em sua estranheza aterradora? Queremos dizer com isto que a "estranheza do ser", a "estranheza de ser", é, num certo sentido, o processo da coisa mesma, do que existe, e daquilo com que o homem se enfrenta, se defronta, e, num outro sentido, é o modo que dizemos aquilo que é, o que existe. Ou seja, a questão do ser é a questão da coisa mesma e a do seu dizer. Na verdade, como separá-las? Algo outro se apresentou exteriormente ao pensamento, algo que pertence, de certa maneira, ao próprio processo de ser (o que aparece nas discussões históricas como sendo, por exemplo, o problema da continuidade ou da descontinuidade do totalitarismo nazista em relação à história alemã), algo outro que indaga o homem em sua natureza de homem, ou ainda, o homem como a série de suas ações. Quais ações, as que põem em questão o seu ser, as que apontam para que ele cesse de ser? Em outras palavras, a questão do mal é a questão mesma do ser, de ser homem.

A questão do ser torna-se uma questão relativa, num certo sentido, ao tempo,[10] enquanto medida do processo das coisas feitas pelo homem. Surge aqui o problema mesmo da coisa medida, de algo que surge como "dado", dado que se impõe como "vivido", como "experiência" de mundo. Ou seja, apresenta-se a questão do parâmetro de medição daquilo que se oferece ao pensamento. A relação do ser ao tempo, por intermédio da apresentação da pergunta pelo ser como pergunta pelo mal, é a questão mesma daquilo que vem a ser, no processo mesmo de ser. A relação do ser ao tempo torna-se, assim, a relação mesma do ser à história na medida em que o ser é o seu vir a ser, e o seu vir a ser se dá como "obra", como produto mesmo das relações humanas, tais como ações humanas ocorreram e se deram em outras épocas. A questão da história, nessa perspectiva, pode vir a ser colocada como a questão do ser em seu vir a ser a partir da perspectiva que apreende o mundo em suas situações de ruptura e se indaga por aquilo que, lá, no dado do mundo, veio a ser.

Isso significa que o ser é histórico no que diz respeito ao real e temporal quanto ao seu dizer – o ser se apresenta historicamente como o mal. O ser é histórico no que diz respeito ao real, pois a realidade, na verdade, a existência, é o processo mesmo do seu vir a ser em seus diferentes momentos constitutivos, que não se caracterizam apenas como "deixar de ser algo" para "tornar-se algo outro", mas também vir a ser da mesma coisa em diferentes momentos do seu processo, o que nos permite falar de história enquanto algo que se faz em suas diferentes épocas. Logo, falamos da liberdade[11] como uma idéia, um valor, que se afirma na realidade mesma de uma forma cada vez mais concreta, o que se traduz também pelos direitos que os indivíduos se dizem portadores em suas relações políticas. Caso contrário, teríamos uma descontinuidade que poderia implicar uma sucessão de momentos estranhos uns aos outros, sem que pudéssemos pensar as regras dessa transição ou, mesmo, aquilo que poderíamos chamar de um aperfeiçoamento de nossas instituições ou da idéia de humanidade. Mesmo a história como relato vai colocar a questão dos nexos, das ligações, daquilo que é narrado, em que este apresentará a sua continuidade das mais diferentes maneiras, seja privilegiando um determinado tipo de enfoque, seja outro. Questões psicológicas, políticas, sociológicas, culturais – todas colocam a mesma questão de como ligar um fato a outro, segundo qual ordem e conforme quais critérios.

Aquilo que aparece como existente em seu processo mesmo apresenta-se como temporal no que diz respeito ao modo de contá-lo (história como relato), no que diz respeito ao modo de apreender relações de sucessão (anterioridade-posterioridade – que podem ser formas do movimento da coisa mesma), no que diz respeito a conceber aquilo que é, aquilo que vem a existir pelo pensamento, o que significa estabelecer o ordenamento entre os fatos que não seja apenas o da simples sucessão de anterioridade-posterioridade. Isto é, o pensamento introduz relações temporais propriamente ditas, baseadas na ordem do passado-presente-futuro, estabelecendo distinções temporais verbais em cada caso que lhe é dado, visando com isso dizer o que existe numa ordenação que não é mais aquela da percepção imediata, mas a do conhecimento segundo nexos de causalidade não determinados pela proximidade dita temporal. O tempo como medida da coisa problematiza e apreende diferentemente o movimento mesmo da coisa segundo relações de anterioridade-posterioridade, enunciando, por exemplo, graças às formas verbais do passado, presente e futuro, o mais e o menos passado, o mais ou menos futuro, segundo uma relação de causalidade que não é somente a da causa eficiente fenomenal imediatamente anterior.

Trata-se, então, de fazer a transição da coisa medida à coisa que mede, do processo da coisa à sua apreensão conceitual, do que existe às formas do seu dizer, onde a captura temporal do presente nos põe diante do ser que mede, isto é, do "homem", do *existant*, do *Dasein*, que apreende, concebe e diz aquilo que existe, no momento mesmo de sua apresentação, ato do pensamento que veicula o agora da presença ao passado de outras presenças, o que equivale a enunciar a coisa em seus diferentes momentos de identidade consigo mesma. Retraça-se o caminho da coisa, o seu vir a ser, por intermédio do dizer sucessivos "agoras" enquanto processo da coisa mesma, captura do presente em seus estratos passados;[12] ou seja, temos uma concepção do tempo segundo a qual o presente apresenta o passado à intelecção, o que torna possível a enunciação dos "agoras" passados na problematicidade mesma do que deve – e sob quais condições – ser entendido como a "sua" história, a "história" do *existant*, a "história" do *Dasein*. Isto será para o "homem" a exposição da coisa mesma como história. O ser e o mal, apresentando-se um ao outro, terminam por mostrar de que forma o "homem" se fez assim, na forma reflexiva de suas ações, na desmedida mesma do ser.

O conceito de mal em sua acepção de mal prático, enquanto propriedade da ação, propriedade essa que pode inclusive vir a caracterizá-la em sua estrutura, é o que se poderia chamar de uma possibilidade necessária. Possibilidade, pois a sua ocorrência depende do modo mediante o qual ações más, com os existentes daí resultantes, podem ser controladas, dependendo do ato livre que as instaura. Necessidade, pois a ação má é constitutiva da própria ação, do comportamento de um ser finito determinado, do homem. A colocação do mundo é assim a de um mundo possível, o mundo da ação, enquanto constitutivo do mundo real, de tal maneira que este se desdobra segundo as possibilidades humanas, da ação, que nele se concretizam. Mundo radicalmente finito, porém virtualmente e indefinidamente aberto em suas possibilidades. Os possíveis recortam proposicionalmente o mundo em suas diferentes acepções. Outros possíveis recortam, contudo, não-proposicionalmente o mundo, determinando-o de outra maneira. Logo, não há mundo no qual não ocorra a possibilidade do mal, por ser ele constitutivo da própria ação humana. Nesse sentido, ele é uma possibilidade ineliminável, coincidindo, de modo *sui generis*, com a concepção metafísica cristã do mundo. Ou seja, o mundo é metafisicamente esfacelado.

## MAL: NATUREZA PROPOSICIONAL

A enunciação do mal é de natureza proposicional. Isso significa que ele é sempre dito pelo sistema proposicional que o acolhe. Ele não pode, então, ser um nome isolado, fora de um contexto proposicional, nem um conceito simplesmente extraído por definição. A formulação do mal em termos proposicional e gramatical deve atentar para dois problemas: proposicionalmente, o conceito de mal visa uma referência a fatos determinados, sendo uma forma de abordagem de fatos particulares numa perspectiva que pretende lançar luz sobre a natureza do existente (perspectiva metafísica); proposicionalmente, ele visa também uma qualificação de determinados fatos na perspectiva do juízo, contrapondo-o àquilo que se considera "bom", de tal maneira que uma tal abordagem possa significar uma orientação para a ação (perspectiva moral); proposicionalmente ainda, ele visa um determinado dizer de fenômenos naturais como a doença ou uma catástrofe natural (perspectiva física); gramaticalmente, uma e outra abordagem expressam determinados usos proposicionais, empregos de proposições segundo a lógica daquilo que se procura dizer em determinados contextos, o que remete à possibilidade de diferentes perspectivas, internas às metafísica e moral, de análise dos mesmos fatos.

É, portanto, necessário colocar o problema da perspectiva dessas diferentes abordagens, pois, segundo o tipo de mal, enfatiza-se o modo de dizer ou a coisa dita. No caso do mal relativo à ação, o dizer remete a determinadas referências fatuais, que são uma espécie de "isto" a ser pensado, algo que se oferece ao pensamento e cuja natureza deve ser desvendada. Procura-se, dessa maneira, salientar que há algo que se oferece ao pensamento, que se apresenta enquanto tal com o caráter de algo dado, de algo feito presente, que se impõe à reflexão, salvo se, por assim dizer, optarmos por fechar os olhos. Partindo de fatos, coisas feitas, aos quais pode caber o qualificativo de "maldosos", devemos distingui-los de formas de sua qualificação que já possuem uma medida preestabelecida, pois trata-se de indagar a natureza do que veio a existir, procurando uma outra medida. No caso de medidas preestabelecidas, temos a "medida" religiosa e a "medida" moral presentes nos costumes, duas formas de dizer o dado segundo pressupostos que se querem sagrados ou imemoriais, de tal maneira que somente se procura enquadrar o caso na regra de antemão considerada como válida. No caso específico da medida religiosa, estamos diante de um conjunto de regras cujas proposições têm validade independentemente de sua aplicação a casos particulares, de tal maneira que o contexto da enunciação não altera, tal é o propósito das sentenças religiosas, a validade do dito nem muda a sua natureza.

Não há necessariamente, como vimos, uma coincidência entre as regras dos costumes e as regras das crenças religiosas, podendo haver ou não, segundo as circunstâncias, uma identidade entre ambas. As noções de verdade e de regra que sustentam cada uma dessas gramáticas não são as mesmas. A gramática não religiosa dos costumes se apóia na mera adequação dos comportamentos a regras vigentes, seja às regras políticas, oriundas de uma Constituição, seja às regras jurídicas desta derivadas, seja às regras propriamente morais. Nessa perspectiva, um comportamento ou ação são ditos "legais" ou "ilegais", "bons" ou "maus", em função de sua "adequação" às regras que estipulam os padrões de legalidade ou ilegalidade, de bondade ou maldade. Porém, qual é a justificação, a fundamentação, das regras políticas e morais ou são elas relativas aos seus modos de instituição, cada uma delas comportando uma gramática própria com seus modos igualmente próprios de justificação e de validação? Trata-se de "formas de vida" equivalentes, apenas de distintos "jogos de linguagem"?

O problema no domínio "prático" reside em que ele postula – o que se traduz inclusive em nossa linguagem ordinária por nossa tendência a falarmos do "bem"[13] absolutamente, *simpliciter* – a necessidade de um padrão, de uma medida não condicionada pela "particularidade", como se ele dissesse: não sou um jogo qualquer, o abandono de minhas regras e condições pode acarretar a impossibilidade de jogar, a impossibilidade de viver. Não se trata, por assim dizer, do caso do "metro de Paris" enquanto medida ideal para todas as medições métricas segundo objetos que se adequam a essa medida, não valendo para outros tipos de medida. O abandono do sistema métrico, por exemplo, pode ser perfeitamente substituído por um outro sistema. A questão colocada pelo domínio prático (moral-político) é bem a da existência de uma medida que não se restrinja à particularidade dos fatos.

O domínio da instituição política moderna é um caso particular de regras que veiculam um padrão de medida interessante do ponto de vista do desvelamento do caráter arbitrário da regra. Por contraste, na monarquia de direito divino,[14] a questão da justificação não se coloca na medida em que ela se assenta numa verdade tida por revelada, que estabelece os ritos e costumes de exercício do poder político, suas regras. Isso significa que a relação entre a validade da regra e a particularidade de sua instituição tampouco torna-se um problema, pois, ao postular-se como de direito divino, ela pretende ser de validade universal, absoluta, como se esse conjunto de regras não apresentasse nenhuma "falha" que exibisse a sua "arbitrariedade", identificada aqui à sua particularidade, aos propósitos específicos do seu modo de instituição. Ou seja, como se o jogo da vida política só pudesse ser esse jogo, toda variação, toda luta de poder, toda jogada, se dando no seu interior e segundo os seus limites previamente estabelecidos e desde sempre assentados. Por sua vez, na instituição política moderna, republicana e democrática, a Constituição é auto-instituída, a sua auto-instituição desvelando, por assim dizer, o caráter "arbitrário" da regra, mostrando-se em seu início, no começo que ela inaugura, como um novo jogo, com novas regras em substituição ao conjunto anterior de regras.

Os processos de outorga – na verdade, de auto-outorga – de uma Constituição mediante uma Assembléia Constituinte, com o jogo que lhe é próprio de partidos, facções, lobbies, mostram um jogo auto-referencial da ação em relação a si mesma, pois as pessoas – os cidadãos – e os agrupamentos políticos obedecem – ou não – a regras dadas por eles mesmos. Em que se funda a regra política senão na ação que a institui? No entanto, o problema que se coloca é bem o da instituição da regra, por que esse jogo e não outro, por que, afinal de contas, ter substituído o anterior. Se a regra é instituída, se o processo de instituição expõe o seu caráter arbitrário, contingente, ele remete, enquanto justificação, à ação instituinte e, logo, ao modo mediante o qual ele procura estabelecer a justificação das regras do seu jogo. A pretensão da instituição política moderna consiste em que ela não se quer um jogo entre outros, um mero conjunto de regras em relação a outros (como se em vez de jogarmos futebol, jogássemos basquete, por exemplo), sem nenhuma reivindicação valorativa, mas, ao contrário, ela coloca o problema dos "valores" como central ao seu modo de instituição. Ou seja, ela se pretende "melhor", "resultado de um progresso", em relação às regras anteriores. Ela se pretende "racionalmente incondicionada", "definitiva", não um jogo político qualquer, em suma, como se ela fosse o "verdadeiro" jogo. Da mesma maneira que a monarquia de direito divino, ela pretende ser o único jogo legítimo, bem fundado, de luta pelo poder. O paradoxo reside em que nos encontramos diante de dois jogos de poder, de duas formas de vida política, cada uma reivindicando para si o caráter de exclusiva, de "universal", de "absoluta".

A doutrina dos direitos humanos, em seu ímpeto político inicial, teve claramente um propósito de justificação da derrocada do Antigo Regime, tendo sido esse conjunto de proposições, ou melhor, de sentenças, usado com um fim determinado. No entanto, ela se apresentou igualmente como uma *fuite en avant* do problema de justificação das "novas" regras políticas, do problema de uma justificação imanente e concomitante à nova instituição política. Tratou-se de soldar a "falha" da instituição, o seu caráter "arbitrário", por uma forma de dizer, de autodizer, por um tipo de regra, que enuncia o caráter "universal" da instituição política moderna.

Entretanto, para perseguir esse objetivo, o "novo" do ponto de vista histórico se pretende uma reafirmação do que "estava lá" desde sempre, no caso, a natureza "livre" e "igualitária" do homem.[15] Esse algo novo que se institui procura driblar o problema "arbitrário" da instituição, recorrendo a expressões do tipo a "verdadeira natureza humana", o "homem restaurado em seus direitos", o "homem em posse dos seus direitos naturais". Logo, a "novidade" histórica da instituição é velada por um conjunto de sentenças – sentenças que pretendem ser proposições na medida em que reivindicam para si o caráter de verdadeiras, verificáveis pela "natureza" do homem –, cuja essência, digamos, é "revolucionariamente restauradora".[16] Ou ainda, como se se tratasse de um conjunto de proposições de tipo descritivo que nos dá acesso a uma realidade até então não descoberta. É como se o "novo" se instaurasse sob a égide do "antigo", sob a égide de "regras" que residem numa espécie de "fundo" dos fatos mesmos, como se ele fosse tributário apenas secundariamente de sua enunciação, isto é, como se a sua "volta" para trás nada mais fosse do que uma "descrição" da "verdadeira natureza humana", uma descrição de "coisas" que lá jaziam, "desde sempre". Quero dizer secundariamente tributária, pois depende de um ato político de instituição que recorre a uma doutrina, nova, com o intuito de mostrar que ela, na verdade, melhor se adequa aos fatos, do mesmo modo que a nova instituição se adequa perfeitamente à natureza humana. Postula-se como dado o que se pretende demonstrar. Uma tautologia prática.

Uma proposição performativa é tomada como se fosse descritiva. O que se institui no momento de sua enunciação, sendo tributário desta – tributário, portanto, de um ato de instituição, de uma ação que engendra, no mundo, algo que aí não se encontrava –, aparece como a revelação da verdadeira natureza humana, essa revelação pretendendo ser somente uma outra descrição, ou melhor, a descrição, por excelência, do homem. Nessa perspectiva, a doutrina dos direitos humanos deriva da ação que a institui, sendo *posta* como a sua medida. A conjunção interessante a observar entre um enunciado performativo e a sua máscara de descritivo torna-se fonte de confusão no que diz respeito a uma "universalidade dada", uma "universalidade existente", que se apresenta sob a forma de "direitos naturais". Com efeito, as sociedades democráticas contemporâneas tendem a identificar a noção de bem com a do maior número, como se a maioria fosse valorativamente equivalente ao que se decide como sendo o "melhor". Assim tende-se, por exemplo, a estender o critério do maior número para todas as esferas da atividade humana. Por que o "bem" residiria no maior "número"? Porque os agentes instituintes dessas sociedades assim o postularam?

A questão é: qual é o estatuto próprio de proposições que dizem o mal? Depende da perspectiva. Em alguns momentos, elas se apresentam como proposições descritivas, em outros, como proposições normativas, de tipo religioso ou moral, em outros ainda, como proposições morais que permitem um ajuizamento de tipo universal dos fenômenos relativos à ação, às vezes, como proposições que nos permitem ver uma outra forma de existência e, a partir desta, como dizemos a existência em geral, sob quais condições e formas. Por intermédio da análise desses diferentes tipos de proposição, assim como de sua mútua implicação, podemos inscrevê-las como proposições morais ou como proposições metafísicas, mostrando a passagem de umas a outras.

O conceito de mal permite-nos um deslocamento de nosso olhar das coisas do mundo, atento às brechas do que nos aparece como "normal" ou "natural" a partir de uma certa perspectiva de abordagem do que se apresenta como "existente". Ele nos possibilita ver algo diferente sob o manto das coisas dadas, que aparecem como coisas feitas, oferecendo-nos a possibilidade de uma outra análise de determinados produtos da ação e de articulação do mundo, onde o próprio conceito de existência surge como problema. Proposições assentadas no conceito de mal permitem-nos um acesso específico a determinados fenômenos. E esse acesso torna possível ver outras formas de existência do que aquelas que comparecem à nossa percepção e ao nosso pensamento por intermédio do senso comum ou de nossas representações imediatas.

Proposições morais são proposições bipolares na medida em que dizem ações, regras, instituições e costumes como bons ou maus, da mesma maneira que proposições teóricas dizem as coisas dadas do mundo segundo os critérios de verdade e falsidade. Porém, no enfoque que estamos privilegiando, a reelaboração do mal em sua natureza proposicional, particularmente na forma do "mal prático", abre caminho a proposições metafísicas, que interrogam as noções de ser e existência. Contudo, o caminho aqui percorrido procura mostrar como essa forma de "metafísica prática" parte, mediante proposições morais e políticas, e de sua análise, de uma abordagem de objetos extralingüísticos, no caso, fatos históricos e ações particulares, agrupados sob o conceito de "coisas feitas". E ao privilegiar essa forma de abordagem, a metafísica assim considerada expõe as formas do ser e da existência, segundo o seu percurso em diferentes sistemas proposicionais e nos recortes que eles operam da realidade.

Se tivesse permanecido no nível de uma coincidência entre a proposição e o mundo dado como regrado ou no nível das formas (no sentido leibniziano) do "mal metafísico", do "mal religioso" e do "mal moral", a análise filosófica defrontar-se-ia com proposições já constituídas em sistemas proposicionais. Sua tarefa consistiria em analisar o sentido dessas proposições nos usos que delas são feitos em determinados contextos. Estaríamos, então, diante de formas estruturadas de dizer o mundo, cujos sinais proposicionais, os nomes, já estariam plenamente articulados em proposições, por sua vez integradas em gramáticas determinadas. As coisas são vistas pelo sistema proposicional que as torna inteligíveis e são experienciadas pelas formas de vida nas quais se inscrevem. Todo acesso ao mundo se faz por meio de proposições que procuram expor a linguagem das coisas feitas. O acesso por intermédio do conceito de mal tem, ainda, a virtualidade de nos obrigar a uma reelaboração de novas formas de proposições, que nos faculte pensar o que não cai dentro das gramáticas existentes de pensamento do mundo.

Quando procuramos pensar o que denominamos de "genocídio", caso específico do mal prático, defrontamo-nos, não com uma proposição com sentido, mas com um objeto extralingüístico que nos indaga sobre nosso modo de dizer o mundo e sobre nosso modo de ser enquanto pessoas, no sentido universal do termo enquanto portadoras de capacidades lingüísticas. Isso porque a pergunta sobre o sentido de tais fatos torna-se uma pergunta sobre o ser, sobre aquele que usa da razão, visto que, num mesmo movimento, enuncia proposições com sentido e ações completamente sem sentido e, logo, não proposicionais. Ou seja, o homem é aquele ser cujas formas de existência tornam possíveis, ao mesmo tempo, dizer proposicionalmente o que ele mesmo produziu, e ver nesta sua produção uma forma de existência que escapa não somente dos parâmetros possíveis, mas dos marcos mesmos de nosso pensamento. Exige-se, dessa maneira, que se pense o conceito de existência e suas formas de atribuição por proposições e pela linguagem prática. Pergunta-se pelo sentido do homem, se é que esse ser tem algum sentido além daquele que ele se dá. Nessa perspectiva, Heidegger tem razão ao assinalar que a filosofia remete a uma "antropologia",[17] a uma análise do homem.

Situações são, mais propriamente, objetos de descrição e de juízo, e não de nomeação, pois a descrição e o juízo são feitos por proposições, enquanto os nomes são partes, elementos, das proposições, e não têm nenhum sentido isoladamente considerados. Aquilo que consideramos como nomes, por exemplo o mal, isoladamente considerado, nada significa. Agora, tomado dentro de um determinado sistema proposicional, ele, enquanto nome, está no lugar de uma proposição ou mesmo, segundo o contexto, de um sistema proposicional, ou ainda inserido dentro de uma dada gramática. Quero dizer com isso que o emprego da palavra mal é uma espécie de condensado da proposição que aparece, como se independente fosse, na linguagem proposicional. Se tomarmos a independência aparente dessa palavra como real, cairemos numa palavra vazia ou carente de sentido; se a tomarmos como o que ela é, a apresentação de uma proposição ou de um sistema proposicional, avançaremos precisamente na análise do seu significado e, assim, de determinadas formas de conduta humana, de certas regras de linguagem que dão forma à nossa visão do mundo.

Assinale-se que a posição do mal nos dois casos, no de uma análise de proposições já estabelecidas sobre o mundo, os homens, a conduta e a ação, e no de um pensamento sobre um objeto extralingüístico, que exige a elaboração de novas proposições, um objeto que questiona a própria noção de existência, e de existência humana em particular, não é a mesma. Num caso, temos um sistema proposicional dado, no outro, defrontamo-nos com a necessidade de elaboração de um novo sistema proposicional, ou melhor, com os critérios mesmos mediante os quais dizemos o mundo – e dizemos o mundo com sentido, dizemos sensatamente o mundo.

Ou seja, o problema reside na relação de adequação entre a proposição e o mundo enquanto duas ordens que terminam por se identificar. Ora, em nossa perspectiva, este é mais o caso no conceito teológico de mal, pois proposições de natureza religiosa postulam uma identidade entre o dizer e o dito mediante uma correspondência estabelecida entre a ordem das proposições religiosas e o curso do mundo. Os nomes, nesse caso, aparecerão no lugar de objetos ditos pela proposição. Entretanto, o problema já é colocado diferentemente quando dizemos um "fenômeno x" que não entra na ordem das equações existentes, não entrando dentro dos sistemas proposicionais em vigor, de tal maneira que à "desordem real" não corresponde nenhuma ordenação no nível dos conceitos utilizados nas proposições. Ou ainda, quando o problema central é, precisamente, o da correspondência entre duas ordens de configuração que não se recortam por serem de naturezas distintas; uma, diria, que não apresenta estrutura proposicional e, outra, que é a própria proposição com seu ordenamento específico de nomes. A questão reside, então, tanto no nome que entra no lugar do objeto quanto no encadeamento dos nomes no interior da proposição que lhes confere sentido.

O conceito genérico de mal envolve, na verdade, diferentes sistemas proposicionais, que dizem de maneiras diversas os objetos que se lhes apresenta ou mesmo, em alguns casos, o mesmo objeto em várias abordagens e perspectivas. Como vimos, uma mesma doença pode ser vista na perspectiva do sistema proposicional do mal religioso, cuja expressão é o conceito de pecado, como a "retribuição de uma má conduta", ou na perspectiva do sistema proposicional do mal físico, como "algo desagradável para o corpo". O significado de uma sentença é, portanto, dado pelo sistema proposicional no qual se inscreve, podendo este se apresentar, como de fato ocorre, sob as diversas formas do "senso comum" ou da utilização cotidiana da linguagem. Logo, o dizer moral veicula, em sua singularidade mesma, uma determinada concepção da ação, dos costumes e das regras que os regem. Da mesma maneira, o "dizer religioso" veicula todo um sistema, que se pretende completo e verdadeiro, de proposições.

No problema que nos ocupa, o "fato" dito, a coisa feita pelo homem, aquilo que é o resultado de sua ação em suas mais distintas formas, é dito segundo uma determinada conexão de proposições e não sob a forma de uma proposição isolada ou genérica. Enuncia-se, assim, não apenas um entrelaçamento de proposições, mas igualmente uma rede factual, uma rede de fazeres, de coisas feitas na perspectiva seja da concepção, seja da ação propriamente dita. Ou seja, o real é "medido", diferentemente, segundo distintos "padrões de medida", a coisa dita má é ajuizada diferentemente segundo distintas significações do mal. Como a palavra "mal" cai dentro de um determinado uso proposicional, o uso de palavras significa alguma coisa por um conjunto de práticas, aplicações e atividades, constituindo, portanto, diferentes "jogos de linguagem" conforme os seus diferentes usos. Esses usos, evidentemente, não são fixos e determinados de uma vez por todas, porém alteram-se e transformam-se como jogos de linguagem que são. A esse respeito, devemos assinalar que diferentes acepções do mal constituem diferentes jogos de linguagem, que são e expressam diferentes formas de vida, o que é particularmente válido para as acepções morais e religiosas do mal (que constituem formas de vida determinadas mediante particulares usos de palavras, proposições, rituais e atividades em geral), embora devamos fazer a ressalva de que o conceito de mal no sentido "maligno" do termo procura, diferentemente, dar conta de um fenômeno *sui generis* de um não-jogo, daquilo que procura colocar-se nas antípodas de toda forma de vida.

Dizer o mal como existente, e não no sentido genérico de "real", viabiliza colocá-lo como suscetível de ser conhecido segundo o conceito de verdade como correspondência, pois "p" e "~p" dizem, no caso, uma mesma realidade, um determinado tipo de ação. Contudo, isso implica que determinemos a relação entre o uso da palavra mal e o uso da palavra existência segundo determinados conjuntos proposicionais e conforme determinadas regras de vida. Para que possamos dizer algo como verdadeiro ou falso é necessária uma "proposição existencial", entendida como atribuição de existência a algo como condição mesma para que possamos dizer esse algo como verdadeiro ou falso. O problema, entretanto, torna-se mais agudo na medida em que é a própria atribuição proposicional da existência que pode tornar uma proposição "sensata", isto é, determinadas proposições só ganham sentido quando atribuímos existência àquelas coisas que são ditas e pensadas. Estaria mesmo tentado a dizer que é a partir da atribuição de existência que conferimos sentido a certas proposições e, em especial, a um caso particular delas, que são as proposições veritativas. Dito de outra maneira, é a aplicação do verbo ser como expressão de existência, ou a utilização direta do verbo existir, que se torna a condição de uma espécie de proposições com sentido e, em especial, das veritativas.

A proposição estaria condenada se permanecesse presa a apenas um recorte da realidade, que confere "ser" ou "existência" a tais e quais coisas, e não a tais ou quais outras, o critério sendo aqui aquilo que cai dentro do horizonte de um determinado tipo de proposição descritiva. Contudo, o que não cai dentro da esfera de um determinado uso da proposição não o exclui de sua utilização possível dentro de um outro uso proposicional, abrindo a possibilidade de que uma coisa que não possa ser dita numa gramática, num determinado conjunto de regras, possa ser dita segundo uma outra gramática.[18] Se nos mantivermos somente no horizonte de uma determinada concepção da proposição, tida por exemplar do ponto de vista de sua explicação do mundo, não admitindo uma outra enunciação das coisas, poderemos condenar a proposição a dizer o mundo naquilo que este apresenta de sensato, a insensatez, o não-ser existente, caindo fora do horizonte do dizer. Isso seria de certa forma equivalente a dizer o mundo como sensato, como se ele mesmo obedecesse ao princípio de não-contradição, não se atentando devidamente ao fato de que esses princípios pertencem à proposição e ao modo mediante o qual ela diz as coisas como existentes.

Contudo, o mundo não é necessariamente a lógica. Pode ocorrer que o mundo seja insensato, as coisas feitas pelo homem fugindo às regras, como se os homens, em determinados contextos, se deleitassem em destruir regras. A filosofia tem, portanto, a incumbência de pensar aquilo que uma determinada tradição filosófica relegou à forma do não-ser. O problema consiste, então, em dissociar a linguagem das coisas do mundo, a proposição daquilo que é dito como sendo verdadeiro, ou seja, as condições do dizer são condições somente do dizer, são condições de dizer a existência de coisas segundo tais e quais relações, conforme determinados tipos de existência, porém isso não significa que a realidade seja isto que é enunciado, nem que não haja formas reais de "não-ser" que não possam ser ditas segundo outros usos proposicionais. Ou seja, pode ocorrer que o "não-ser" tome conta do mundo sob a forma da insensatez, a pergunta tornando-se como pode a proposição dizer o que, segundo seus critérios, é (em si mesmo) contraditório, leia-se mesmo autocontraditório, como em regimes "políticos" assentados na "vontade maligna". O que é não-ser conforme uma perspectiva, pode ganhar "ser" na outra.

O problema do mal remete ao problema do que é ou não pensável, do que pode ou não ser apresentado por intermédio de proposições. Podemos recolocar esse problema mostrando que o pensável e o impensável são tributários de como as coisas são ditas "existirem". E as coisas são ditas existirem de diferentes maneiras, tanto, por exemplo, no que diz respeito a objetos empíricos, entidades matemáticas ou objetos metafísicos como Deus ou a liberdade. Essas diferentes proposições, ou ainda, essas diferentes formas proposicionais de apresentação de objetos determinados, são tributárias de modos de emprego da palavra "existência", modos de emprego que configuram e, nesse sentido, determinam aquilo que é tomado como "objeto" ou, no caso, como "existente". E as proposições filosóficas, ao mostrarem como dizemos diferentemente a existência, são, no sentido clássico do termo, proposições metafísicas, relativas aos nossos modos de dizer as coisas e de conhecer aquilo que essas proposições recortam como sendo o mundo.

## A ESTRUTURA PROPOSICIONAL DA AÇÃO

O mundo da ação mostra-se como constituído de coisas "moventes", coisas constantemente alteráveis pelo comportamento humano. Os agentes do movimento da "coisa" e de suas alterações são os homens em ação, ações passadas consubstanciadas em crenças e instituições, ações presentes no sentido daquelas crenças e instituições efetivas, vigentes, pela adesão que suscitam, e também presentes no sentido de processos em curso que alteram o modo de ser atual das coisas. Toda descrição desse mundo torna-se uma descrição do "comportamento das coisas", onde se sobressai a acepção de "coisas feitas", coisas resultantes do fazer, coisas produzidas pela ação humana. Corremos, entretanto, o risco, pelo tipo de descrição empreendida, de permanecermos somente numa abordagem das "coisas *feitas*", que as naturalize, que as torne "coisas dadas" simplesmente. É como se o mundo fosse naturalmente essas "coisas" que, por assim dizer, se autonomizaram das ações, em suas diferentes acepções, que as produziram, como se o mundo fosse naturalmente essas coisas e não outras ou não pudessem ser outras. Ora, o mundo das "coisas feitas" resulta do mundo das coisas possíveis, umas tendo se tornado existentes (no sentido de que a ação atribui existência às coisas), outras tendo permanecido meros possíveis, meras virtualidades que não chegaram a ver o dia. O mundo das coisas "feitas" é o da ação, podendo ser visto numa perspectiva determinada, na dos seus efeitos, na das suas conseqüências, dos seus resultados, na medida em que esses vieram a se concretizar.

No nível da ação, nem toda linguagem se expressa em palavras. Wittgenstein nos dá o exemplo, a propósito da questão de como obedecer a uma regra ou de seguir uma ordem, de como pode um explorador estrangeiro, tendo chegado a uma terra desconhecida, dizer que essas pessoas dão ordens, as recebem, as compreendem, se rebelam contra elas. Nesse contexto, ele escreve que "a maneira de agir humana comum é um sistema de referência por meio do qual nós interpretamos uma linguagem desconhecida".[19] Com efeito, a ação apresenta-se como linguagem, independentemente de que conheçamos as palavras e sentenças da língua em questão. O que ela mostra aparece como tendo significado para aqueles que assim agem e se comunicam como para aqueles que a observam.

Podemos abordar a ação conforme vários enfoques. Primeiro, trata-se de ações passadas vigentes em crenças, valores, concepções instituições e presentes. Isso significa dizer que as crenças, costumes e instituições são formas de ação, embora se apresentem ao nosso olhar como se fossem coisas dadas, mesmo "naturais". A questão é, então, a da "perspectiva", a de leitura do dado, tomando-o seja segundo o seu caráter de algo já realizado, concretizado, seja o considerando na perspectiva do seu processo de realização, de sua gênese. Segundo, a ação pode ser, em conseqüência, tomada na perspectiva daquele processo que torna algo existente, algo cuja "existência" se dava no nível da possibilidade e, agora, se apresenta enquanto "existência" real, atual. Terceiro, a ação pode, portanto, via outra mudança de perspectiva, ser vista como o processo atual de transformação de coisas feitas em coisas outras que estão sendo feitas, isto é, a transformação das relações de coisas presentes em outras coisas segundo os processos seja das crenças, costumes e instituições que estão se alterando continuamente, seja em função de projetos de transformação do estado de coisas atual.

Há, assim, necessidade de remontarmos das ações, em seus efeitos, às ações, em suas atividades (meios, instrumentos), às ações em seus projetos, intenções, onde situamos igualmente a representação coletiva que uma sociedade se faz de si mesma. Trata-se, portanto, da análise, diria metafisicamente necessária, do conceito de ação, pois ela permite resgatar a dimensão "agente" do "mundo", dimensão essa que altera mesmo aquilo que conhecemos como sendo "natural" (pense-se, como já mencionado, na passagem da reprodução humana por relações sexuais à fecundação in vitro e, agora, como sendo possível, via clonagem. Diz-se nesses casos, da mesma maneira, a "natureza", o "mundo"?). A ação é, sob essa ótica, dita diferentemente em diversos contextos, segundo diversos usos proposicionais. O que me interessa, porém, ressaltar é que essas diferentes gramáticas compartilham uma mesma estrutura formal, a que está presente no conceito de ação, nas diversas acepções que indivíduos, povos, sociedades e Estados atribuem àquilo que é feito. Cabe, particularmente, pôr em relevo uma certa matriz do fazer que está presente no imaginário, na representação coletiva de cada época, apresentando como possíveis determinados projetos e propósitos, determinados meios e instrumentos.

Proposições descritivas, ao abordarem a ação, expõem-na em seus diferentes elementos constitutivos, entre os quais os valores que presidem a escolha do que vai ocorrer. O modo mediante o qual uma sociedade ou comunidade se representa é essencial do ponto de vista do que existe e deve existir, do que possui um valor e do que merece existência. Ocorre, então, que a própria descrição, como forma de pensamento de uma determinada sociedade, o que faz acordo entre os seus membros no que diz respeito ao conhecimento, está implicada naquilo que descreve, fazendo parte desta própria forma de vida, sendo aquela de suas partes que mais visivelmente adota uma forma proposicional, o que denominamos correntemente de pensamento. Estabelece-se, assim, a passagem das proposições que descrevem as coisas do mundo, às proposições que descrevem as ações humanas na perspectiva daquilo que foi feito, daquilo que foi "naturalizado", e às proposições que enunciam como as coisas devem ser, realçando os critérios de toda escolha, embutida que está no modo mediante o qual uma sociedade se pensa ou se representa. A análise das proposições descritivas nos leva, então, à consideração das regras existentes na perspectiva de sua gênese, do seu processo de dação de forma, de determinadas possibilidades da ação que se realizaram enquanto outras permaneceram virtuais, meros possíveis, de possibilidades presentes que apontam para outros processos de atualização. Cabe a pergunta de por quê essa possibilidade e não outra, de por quê esse mundo e não outro veio a existir e segundo quais modalidades de dever-ser. Ou seja, a passagem das proposições descritivas às normativas nos conduz à análise da posição da existência enquanto fruto da escolha humana, ao que determinadas sociedades denominam de liberdade, quando confrontadas ao problema da criação de algo novo no mundo das coisas, o que torna possível analisá-las da perspectiva de "coisas feitas".

Abre-se caminho para a consideração do parâmetro, da medida, das proposições normativas. Essa questão pode ser entendida de duas maneiras: cada conjunto de proposições normativas, segundo os usos que delas são feitos, dos propósitos de sua utilização, tem o seu próprio, e diria particular, parâmetro de juízo, aquela norma ou conjunto de normas que determinam, em seu contexto determinado, o que é uma "boa" ação. O problema, no entanto, consiste em que diferentes formas de vida, diferentes jogos de linguagem, vão fornecer, cada um, regras de conduta, que vão determinar o que é o "bom" comportamento, entendido, portanto, no sentido do comportamento "adequado" às regras do seu uso, o dever da ação. Sob essa ótica, todo parâmetro estaria contextualizado, o que seria equivalente a dizer de validade particular. Agora, se todo "parâmetro", toda "medida", é "particular", pertencente a uma forma de vida valorativamente comparável a outras formas de vida, podemos cair no relativismo moral. Para que isso não aconteça, seria necessário um parâmetro de juízo não particular. Ou seja, um parâmetro que, em sua particularidade, pudesse formular critérios de validade universal, colocando o problema da pretensão à universalidade de uma forma de vida particular. É logicamente possível o que sentimos como moralmente indispensável?

O dado[20] com o qual nos confrontamos são formas de vida, o que significa dizer um conjunto que entrelaça as coisas dadas pelo mundo natural com as atividades mediante as quais estas coisas são postas pela ação humana. Logo, o que aparece como dado é articulado por ações instrumentais de produção de coisas e por ações que atribuem valores ao que é feito e ao que deve ser elogiado ou condenado do ponto de vista do comportamento das pessoas, das instituições e das regras que regem as relações humanas em geral.

O problema consiste em que, em cada linguagem, ocorre uma bipolaridade, pois ela estabelece, segundo seus critérios próprios, o que é autorizado ou não, admissível ou não, verdadeiro ou falso, certo ou errado, bom ou mau, justo ou injusto. Nesse amplo sentido, toda linguagem seria bipolar, embora não no sentido restrito segundo o qual a proposição, para ser proposição, deveria ser verdadeira ou falsa, este sendo apenas um uso específico da linguagem. Wittgenstein nos adverte, com o conceito de "jogos de linguagem",[21] que este se articula na "linguagem" (*Sprache*), na "fala", e na ação, nas "atividades" (*Tätigkeiten*), o que é uma outra forma de dizer que os "jogos de linguagem" se articulam por tipos de linguagem, entre os quais o da ação propriamente dita e o de sua fala, entendida como proposições que a enunciam. Isso significa que o conceito de linguagem não está restrito à linguagem falada, àquela que se apresenta imediatamente sob uma forma proposicional. Logo, podemos aplicar esse conceito de linguagem a outras formas de atividade humana, como a ação, que ocorre segundo formas proposicionais, sendo uma forma de regra de linguagem, embora não necessariamente através de signos escritos ou falados.

O conceito de ação é um conceito particularmente próprio para expressar que uma coisa seja uma "coisa feita". Quando, portanto, pensamos coisas do mundo, as podemos pensar como constituídas por "projetos", "intenções", "atividades", "meios", "instrumentos", "obras", "coisas realizadas", "efeitos no mundo". Podemos pensá-las como inscritas em formas de vida, na "eticidade",[22] o que as articula segundo "valores", "normas" e "regras", que são tidas, de uma ou outra maneira, por válidas no interior de cada um destes contextos e, mesmo, como podendo ser articuladas pelos princípios os melhores. Ou seja, nessa perspectiva, toda apresentação da ação em seus momentos constitutivos defrontar-se-á com o problema dos valores que a constituem, com o que se considera como "humano", com o que temos por "natureza humana". Toda descrição não é, então, livre de valores ou moralmente neutra.

O conceito de mal, por sua vez, será uma forma de dizer a "relação" da ação com as suas "coisas". Contudo, haveria de distinguir, no interior do conceito de mal oriundo da ação, do "mal prático", entre o mal que cai dentro de uma determinada perspectiva digamos "normal" da ação e da natureza humanas, podendo ser dito segundo proposições práticas que dão conta da "natureza" da coisa dita, havendo como que uma adequação entre a proposição e a coisa dita, e o mal no sentido da vontade "maligna", pois essa forma de ação estabelece um outro agenciamento entre os termos da ação considerada em situações normais, o que vai colocar a necessidade de uma reelaboração das proposições que dêem conta desse outro fenômeno, dessa outra forma de apresentação histórico-política da ação. Quero dizer com isto que essa outra "forma" de apresentação histórico-política da ação mostra uma outra "relação", um outro agenciamento dos termos da ação humana que remete à pergunta: o que "é" o homem se, em determinadas circunstâncias, pode "agir" dessa "forma"?

A malignidade da vontade remete a um caso *sui generis*, pois, nele, um "termo", um "elemento" da ação, digamos, o que produz a "escolha", volta-se contra os seus outros "elementos" ou "partes", como se a "mente" tomasse uma "decisão" pela morte do corpo. A formulação de Kant[23] de que uma pessoa que escolhe a morte de outra se escolhe como morta mostra bem como determinadas escolhas se voltam contra aquela própria pessoa que, assim, (se) escolheu. Da mesma maneira, do ponto de vista coletivo, Estados totalitários, casos limites de regimes políticos assentados na malignidade da vontade, ao escolherem a "morte violenta" como meio sistemático de exercício do poder, voltam-se contra seus próprios membros, contra seus próprios cidadãos, instaurando a "morte" como forma mesma de dominação, o que é uma forma de dizer que tais Estados, em vez de preservarem a vida, voltam-se contra seu próprio corpo.

A malignidade da vontade obriga-nos, então, a pensar diferentemente a ação. Nesse sentido, ela nos faz "ver" diferentemente a "natureza humana". Aquilo que consideramos como sendo a "natureza humana" é o que tomamos enquanto tal sob as condições "normais" do agir e da vida humana. Seguindo Aristóteles, a "natureza" humana é aquilo que tomamos como o mais "freqüente" na perspectiva de nosso olhar das coisas. Sob essa ótica, temos uma determinada consideração da "maldade", mesmo em suas formas extremas possíveis, que é dada pelas condições dessa "normalidade", dessa "naturalidade". Poder-se-ia dizer que a recusa de se pensar o mal, a malignidade da vontade, deve-se a que estamos "presos" nos limites de uma gramática do ver que insisti em considerar o dado – novo – como sendo o "mesmo", como se, dentro dessa mesma gramática, pudéssemos ver algo radicalmente outro como se fosse um outro "aspecto" do mesmo. Será que não necessitaríamos de uma outra "gramática" do pensar e, a partir dela, do estabelecimento de suas relações com as regras e concepções até então vigentes de se dizer a natureza humana?

Convém ressaltar que há, aqui, dois problemas de ordem teórica: 1) o problema de diferentes concepções e perspectivas filosóficas e o de suas validades respectivas. Diria que a colocação filosófica do conceito de mal pode conduzir a uma concepção filosófica que abra, por assim dizer, outras concepções, levando-as à consideração de outras noções da existência, do ser, do bem e do dever, podendo conduzir a uma outra forma de dizer as coisas do mundo como coisas existentes; 2) o problema teórico correlato, o de confrontação de diferentes gramáticas "morais", o que remete aos critérios mediante os quais julgamos.

Nesse caso, o que chamei anteriormente de questão do estabelecimento de critérios morais universais, pode ser lido agora na perspectiva de uma gramática filosófica mais abrangente que, ao dar conta de diferentes fenômenos, ao reelaborar os conceitos de ser, de existência e de proposição normativa, coloca igualmente o juízo moral não somente numa comparação entre diferentes abordagens, mas, também, em termos de "superioridade" de uma concepção em relação a outras, como há teorias científicas mais abrangentes e mais explicativas em relação às anteriores. Ou ainda, em termos hegelianos, trata-se da acepção da "elevação" na *Aufhebung* (suspensão), o que significa, como o observa McTaggart,[24] que o método hegeliano preserva, conserva, as determinações do pensamento em suas esferas respectivas de validade.

Construamos o seguinte aforismo: "Na ação, o pensamento expressa-se perceptivelmente." O que procuramos dizer com esse aforismo? Queremos significar com essa formulação que a ação possui uma estrutura proposicional que pode apresentar-se, como dado, na ordem da percepção, de tal maneira que é como se o pensamento se expressasse na "experiência". Isto implica, então, que, de uma certa maneira, podemos analisar ações como analisamos proposições, e que estas se dão na imediação do mundo, como lendo nas coisas a sua linguagem, como lemos os desejos de uma criança, determinados movimentos do corpo, ou ainda, como um explorador lia no século XIX o comportamento de uma tribo até então desconhecida, com todos os problemas, aliás, evidentes, de uma tal leitura. Daí não se segue, contudo, que toda ação seja proposicional, da mesma maneira que nem toda junção de palavras constitui uma proposição. Quero dizer com isso que há formas de ação que não apresentam uma estrutura proposicional e, portanto, exigem do pensamento que ele se abra ao que não lhe é aparentado.

Pense-se, por exemplo, no modo mediante o qual Freud "descreve" o funcionamento do inconsciente.[25] E refiro-me ao inconsciente enquanto algo "real" que "existe" por seu ato de apreensão. Ora, se tomarmos o funcionamento real do inconsciente, encontrar-nos-emos com exigências conflitivas entre si, com desejos que se chocam como se fossem forças físico-naturais, começando a adquirir um "arcabouço proposicional" na medida em que se estruturam nas diferentes instâncias que constituem a personalidade psíquica. Para os efeitos presentes de nossa análise, não é relevante que adotemos a primeira ou a segunda tópica, pois ambas são formulações conceituais, elaboradas para darem conta de um fenômeno não-proposicional, que só proposicionalmente pode ser captado. Ou seja, o "inconsciente" é dito "existir" na perspectiva da proposição, embora seja "real" numa perspectiva extralingüística. Algo passa a "existir" por ser enunciado, de tal maneira que devemos distinguir entre "realidade" e "existência", ou ainda, entre coisas "reais" e coisas "existentes", embora possam, bem entendido, coincidir.

É curioso que o próprio problema do juízo, proposicional por excelência, reencontre-se aqui, seja numa perspectiva "prática", seja numa perspectiva "teórica", com os deslocamentos daí resultantes no que diz respeito aos termos teórico e prático. "Prática", pois há pulsões e desejos que se "realizam" e outros não, há pulsões e desejos que são "satisfeitos" e outros não, há pulsões e desejos agradáveis e outros desagradáveis. O que me importa ressaltar nessas expressões é o caráter bipolar dos desejos e pulsões no momento de sua "expressão prática", que se assemelha, precisamente, à bipolaridade das proposições. Diria mesmo que, quando se apresentam praticamente, os desejos e pulsões adquirem uma estrutura proposicional, são "proposicionalmente expressivos". "Teórica", pois apresentam-se igualmente na perspectiva segundo a qual há pulsões e desejos que "devem" ser satisfeitos e outros não, há pulsões e desejos que são tidos por "bons" enquanto outros são tidos por "maus", de tal maneira que se introduz explicitamente a questão do juízo adotando a forma do juízo moral, independentemente das considerações do que concretamente seja considerado "bom" ou "mau". O relevante é a estrutura formal do juízo, da proposição que aqui se faz presente.

A propósito da ação, caberia fazer a distinção entre dois níveis igualmente proposicionais, porém distintos na mesma "coisa", quais sejam: a estrutura proposicional da ação em geral quando segue padrões regrados, sendo uma regra de linguagem, e a estrutura proposicional de um de seus elementos ou partes, que tem o estatuto particular de ser uma espécie de "medida" dessa regra de linguagem, seu elemento "formador" por assim dizer. Trata-se, portanto, de uma distinção interna ao conceito de ação. Esse elemento "formador" da ação apresenta-se diretamente como tendo uma estrutura especificamente proposicional, contribuindo decisivamente para o modo mediante o qual a ação se configura, através do qual ela ganha forma, alterando a forma do mundo, sustentando, conservando ou transformando as relações de coisas existentes. Podemos nos referir aqui ao papel que desempenham concepções de mundo, representações coletivas, o "espírito do tempo", a idéia que uma pessoa tem de si. Para além de suas diferenças, importa-me assinalar que se trata de "regras de linguagem", que dão forma à ação e, nesse sentido, são como a culminação de sua estrutura proposicional. O modo, por exemplo, mediante o qual uma sociedade "se representa" no sentido durkheimiano,[26] é o modo através do qual ela se dá forma, se pensa, se configura diferentemente, conservando sua forma de existência ou dando-se outras. Poder-se-ia mesmo dizer cartesianamente que as "representações coletivas", as "concepções de mundo" e o "espírito" atuam como a mente sobre o corpo, não como um piloto no seu navio, mas como algo indissociavelmente ligado àquilo que ele diz e conduz, o corpo sendo a sociedade e a mente a sua dicção de si.

Atentemos para o fato de que a representação ou concepção que a sociedade tem de si é o produto de uma multiplicidade de dicções, de várias concepções e representações, cujo somatório constitui a representação vigente numa determinada época, o "espírito do tempo". Isso significa que estamos diante de diferentes sistemas proposicionais que, cada um, procurará primar sobre os outros, estabelecendo os seus critérios de análise, de avaliação e de verificação. Isto quer dizer igualmente que a estrutura proposicional da ação em geral será infletida ou conformada de tal ou qual maneira. Insisto neste ponto, porque ele é fundamental para que apreendamos o modo de constituição político das sociedades contemporâneas, baseadas que são nos diferentes discursos através dos quais elas se enunciam e as pessoas, de acordo com esses modos, se comportam. Em outras palavras, as "concepções de mundo", a "representação coletiva" e o "espírito" são uma *mise en forme* da própria ação segundo sua estrutura proposicional, são uma *mise en forme* da sociedade, uma forma que pauta o comportamento das pessoas, uma "medida" que no transcurso do tempo adota vários "padrões".

Toda representação que uma sociedade faz de si mesma e os valores mediante os quais ela se estrutura expõem uma luta entre distintos padrões de medida, entre diferentes concepções, com o resultado de que ações são diferentemente enformadas segundo a adesão suscitada pelos diferentes discursos. Daí surgem embates entre concepções que se apresentam como "verdadeiras" em contraposição a outras consideradas "falsas", o que implica uma alteração das formas de vida ou um outro predomínio de princípios próprios do *ethos*, da vida ética. Marx,[27] por exemplo, procurou assentar sua própria concepção do mundo em critérios por ele considerados como verdadeiros. Dessa maneira, ele terminou por influenciar o modo mesmo de ação política nas sociedades capitalistas, pois essa "concepção" terminou por apossar-se da "mente" das pessoas, dos "militantes", dando lugar a uma incidência sobre o modo de organização das relações sociais, as revoluções ou suas tentativas no século XX sendo, nesse sentido, suas manifestações. Cabe, no entanto, a pergunta do que pode bem significar uma concepção "falsa" no domínio político-social, à qual se contraponha a regra do "verdadeiro"? É o caso, para ele, da concepção "burguesa" que encobre, pelo seu dizer e por suas instituições e regras, o seu modo de exploração e dominação.

Detenhamo-nos, no entanto, na idéia de "encobrimento" e de "velamento" de relações verdadeiras. Ela nos permite ver o modo de funcionamento de uma regra de linguagem que situa nas relações econômicas, na *physis* dessa sociedade, a estrutura propriamente "proposicional" sobre a qual se erige um outro dizer, o do sistema proposicional das instituições jurídicas, religiosas e políticas[28] que "encobrem", "velam", essas relações. Vemos particularmente aqui como podemos ter dois "sistemas proposicionais" da ação, como se fossem duas regras de linguagem, e os critérios, segundo essa concepção marxista, que nos permitem determinar o "verdadeiro" e o "falso". A posição de Marx visa a mostrar que a verdadeira linguagem reside na "estrutura econômica", ou seja, na "linguagem socioeconômica", da qual dependem todas as outras linguagens, a linguagem jurídica, política, religiosa sendo meramente suas formas de expressão. Isto é, o que chamamos de elemento formador da ação, o nível do pensamento e das representações, é determinado pelas condições socioeconômicas, salvo no que diz respeito à nova concepção que, nas figuras do militante e do partido político, pode atuar sobre esse "corpo", o capitalismo, gerando as condições de sua própria transformação.

O conceito de "fetichismo da mercadoria"[29] é, nesse sentido, particularmente revelador. Ele mostra como o jogo do capitalismo, que se tece nas relações socioeconômicas, é a verdadeira base que dá forma ao que as pessoas dizem e pensam. As suas representações são, assim, marcadas por essa linguagem que fornece as regras nas quais os indivíduos vão jogar. E vão jogar de uma forma que refrata e desvia o olhar que cada um tem de si e da sociedade à qual pertence. As relações entre indivíduos, por exemplo, aparecem como uma relação contratual entre iguais, aqueles que trocam mercadorias ou mesmo a sua força de trabalho via sua remuneração por salário. Porém, ao fazê-lo, não se dão conta de que sua ação é só aparentemente livre, na medida em que estão coagidos a agirem desta maneira, dadas as relações socioeconômicas estruturadoras dessa sociedade. O que aparece como uma relação entre iguais, de feitio contratual, é, na verdade, uma relação entre desiguais, a relação entre os que vendem a força de trabalho e os que a exploram. No entanto, isso não aparece aos agentes deste processo, pois eles são dominados pelo fetiche da mercadoria que torna aparentemente desiguais, iguais. Logo, o senso comum dessa sociedade, a sua forma de representação de si, cai nas ciladas dessa pretensa igualdade.

Contudo, as representações e o pensamento não são meros reflexos da linguagem socioeconômica e reivindicam para si a função de formadores do corpo, do modo mesmo de constituição das relações políticas, jurídicas, sociais e econômicas. A cilada da igualdade volta-se para e contra a linguagem social que a refratou, dando forma à ação que procura incidir sobre a desigualdade, em particular a desigualdade social. Arma-se uma outra cilada, a dos princípios da igualdade contra essa relação de "igualdade" entre mercadorias, procurando desvendar o fetiche e atuar sobre ele. O pensamento da igualdade dá forma a um tipo de ação que incide sobre as relações socioeconômicas e não mais com elas se contenta. As idéias reivindicam novamente seu direito de serem orientadoras da ação. O conceito de democracia, assentado nas idéias de igualdade e liberdade, é uma expressão de como o discurso, produzido a partir da linguagem econômica, reage sobre este regime político e procura apresentar suas próprias formas de justificação, não aquelas do jogo de espelhos próprio do fetiche.

Numa sociedade organizada por discursos, por confrontos de posições políticas e de mundo, o jogo de espelhos tende a ser ainda mais acentuado do que numa sociedade tradicional, pois a exigência de cobrança é ainda maior. O sistema de ver faz com que cada indivíduo se espelhe no outro, apresentando uma exigência de que os comportamentos, em particular políticos, se pautem por determinados critérios que são os pontos de referência em torno dos quais uma sociedade democrática se organiza. Abre-se espaço onde se instaura a cobrança dos cidadãos, o espaço entre o dizer e o feito, entre as instituições e os seus princípios, entre o comportamento daqueles que detêm o poder de mando num dado Estado e os parâmetros considerados os da representação política democrática ou republicana. Lá surgem considerações de adequação entre o dito e o feito, entre as instituições e os seus princípios, entre os políticos e o que, de acordo com esses princípios, deles se espera.

É a partir dessas considerações que as linguagens política, da fala e do comportamento podem ser julgadas em termos de "verdade" e "falsidade", como quando, em disputas eleitorais, os políticos dizem uma coisa e fazem, quando governo, outra. Nesse caso, "verdade" ou "falsidade" se assentam na seguinte acepção: dizer uma coisa e fazer a mesma significa dizer a verdade, dizer uma coisa e fazer o contrário significa um dizer falso. A ação política pode, então, contradizer-se, contradição que se instaura entre a linguagem do comportamento, da atividade política, e o seu dizer explícito em determinadas proposições que são as do discurso político. A função de cenas públicas desenvolvidas, em que o papel da mídia escrita, falada e televisiva é livre e independente, consiste em formar os cidadãos para esse tipo de exercício de intervenção política, de aprendizado das coisas da palavra e do que se diz na ação, de onde nasce a exigência de uma coerência entre ambos, o que é uma forma de cobrança da "verdade" a ser feita. Ou ainda, a dissociação entre o dizer e o fazer, entre duas formas proposicionais, remete, na verdade, a uma só relação proposicional, fazendo intervir o princípio de não-contradição, o que se traduz pelos valores de moralidade pública afirmados na vida cotidiana. Acrescente-se a isto que os valores morais e religiosos recortam, proposicionalmente, o dizer algo existente como valorativamente "bom" ou "mau" segundo a perspectiva deste dizer. A "realidade" é, dessa maneira, "recortada", o seu recorte sendo dado por determinadas concepções e regras que postulam algo como existente e digno de ser apreciado ou de ser menosprezado. Ela é, portanto, tributária desta forma representativa, que é a forma mesma mediante a qual a sociedade se apresenta a si, representando-se.

O ponto consiste em suscitar a questão de em qual medida aquilo que designamos pelo conceito de "vontade maligna" apresenta uma estrutura proposicional nos dois níveis acima indicados, ou seja, o da ação em geral e no da forma específica de sua enunciação através da fala e de proposições escritas. Permeada pela violência, a ação que visa ao mal não apresenta uma estrutura proposicional, na medida em que é precisamente o exercício da violência que prescinde de um discurso implícito ou explícito, que não carece de uma lógica, podendo palavras organizadas em sentenças acompanhá-lo ou não. Sendo assim, falar de uma "lógica" desse tipo de violência é apenas uma expressão verbal, pois carece de sentido falar de algo que carece de lógica como tendo uma lógica. A busca da morte, extraindo-a de seu processo natural próprio, passa a ser o mote desse tipo de ação "não-política", pois, como vimos, a acepção de política deve ser preservada para aqueles tipos de ação, valores e instituições que, em sua diversidade mesma, regram a "vida" e não se caracterizam por provocarem a sua destruição.

A questão do acompanhamento de tais ações por determinadas formas do dizer não configura, em nosso entender, que se possa a eles atribuir um aspecto propriamente proposicional, pois carecemos, precisamente, da possibilidade de sua verificação, de sua adequação ao que foi proposto, a partir do ponto de partida, assumido como devendo ser regrado, de uma vida politicamente organizada. Quero dizer com isso que o acompanhamento "proposicional" da violência totalitária é somente um reflexo, um instrumento utilizado para perseguir, via exercício da morte, a desestruturação da vida social e institucional, ou melhor, para manter "vivo" o movimento de eliminação. No caso do totalitarismo nazista, a máquina de destruição funcionava mais abertamente no que diz respeito àquilo que era tomado como "regra", os ditames do Führer (líder) funcionando claramente como o critério de medida dos que deveriam ser considerados como condenáveis, elimináveis, judeus, ciganos, homossexuais, comunistas e, logo, os que se seguiriam a essa lista. No caso da violência totalitária comunista, de tipo soviético ou cambojano, apresenta-se um certo aspecto "proposicional", na medida em que essa forma de dominação apresentava toda uma justificativa em termos de redenção da humanidade, de libertação da exploração, entre outros exemplos de encenação do que se fazia. Só se pode, portanto, dizer esse "aspecto proposicional" como equívoco, pois esse discurso tinha a mera função de velar uma prática, de apresentar com palavras algo que carecia de estrutura proposicional.

O conceito de mal, elaborado nessa perspectiva política, visa a dar conta de um determinado projeto de poder, de uma determinada forma de ação, que se situa numa ótica discursiva na medida em que apresenta sentenças que pretensamente justificam o que está sendo feito. Quero dizer com isto que esse tipo de ação violenta não é um mero exercício arbitrário da violência, mas de uma violência usada com um propósito determinado e esse propósito determinado vem acompanhado de uma espécie particular de discurso, que se impõe pela força, não sendo objeto de discussão, avaliação e verificação, não sendo, neste sentido, proposicional. Ou seja, ao situar-se num determinado tipo de projeto "não-estatal", "não-societário", ou melhor, "não-proposicional" nas diferentes acepções sociais e políticas do termo, esse tipo de ação é produto de uma escolha, de uma deliberação e, portanto, não pode ser apresentado sob a forma de uma pulsão ou desejo "naturais". Isto significa que esse tipo de ação tem um propósito determinado, que se situa numa dimensão não-natural não-impulsiva da ação.

O propósito é, assim, fruto de uma "escolha", fazendo intervir, de certa maneira, um "uso da razão" não proposicional. O que poderia ser visto como um paradoxo consiste em que uma forma racional de escolha, que, enquanto tal, seria proposicional, procura eliminar o "proposicional" da razão, o "proposicional" da ação, inviabilizando, precisamente, que possamos, por intermédio do princípio de não-contradição assentado em formas de vida, determinar uma ação, uma fala, como "boa" ou "má", "justa" ou "injusta", "verdadeira" ou "falsa. Uma tal ação visa, então, pôr algo radicalmente outro no lugar do "existente", no lugar do que a proposição atribui como "existente", a supressão do existente posto proposicionalmente. Não é dos menores exemplos desse tipo de dominação a profunda subversão que sofre o significado mesmo da palavra existência, em particular, do ponto de vista da "existência" das instituições jurídicas, da "existência" psíquica de cada um, inclusive da "existência" física de todos.

O acordo propriamente político, aquele que está instituído nas diferentes formas de vida, pressupõe comportamentos proposicionais, ações que expressem e se constituam por linguagens, por mais diferentes que estas sejam. Há, portanto, um acordo que concerne ao uso da linguagem, e não somente um acordo sobre o que cada um, sociedade ou comunidade, possa dizer, o que vai nos dar as diferentes acepções particulares do que cada agrupamento humano vai considerar, segundo as épocas, como "verdadeiro" ou "falso", "bom" ou "mau", "justo" ou "injusto", o que diz respeito a usos determinados da proposição. O acordo sobre formas de vida pode ser extremamente variado, porém todas essas formas de vida, para que vida haja, devem ter um núcleo comum: o uso da linguagem ou, o que é a mesma coisa, comportamentos e ações proposicionais. O acordo sobre a linguagem implica, então, um acordo sobre formas de vida. Isso nos remete à distinção já estabelecida entre formas de ação, enquanto formas da linguagem, e um tipo de ação, cuja finalidade consiste precisamente em destruir a ação ela mesma enquanto linguagem, visando a abolir, precisamente, sua estrutura proposicional. Chamemo-la "ação diabólica" ou "vontade maligna" no sentido de ação não-proposicional cuja meta consiste em suprimir a ação enquanto linguagem.

Aquilo que a ação diz, podemos determinar através de proposições que dão conta desse "dizer" como sendo bom ou mau, certo ou errado, justo ou injusto, mesmo verdadeiro ou falso. Temos aqui como duas "espécies" de proposição, uma diz respeito à estrutura proposicional da ação, a outra, concerne tanto à nossa exposição dessa mostração da ação, a exibição de sua linguagem, como a descrição do que é dito. Acrescente-se, portanto, uma terceira espécie de proposição, a propriamente moral, porque a descrição do que é dito pela ação remete ao problema do estatuto ético das proposições, qual seja, o da justificação do que é dito assim como do modo de exposição da linguagem da ação. Do ponto de vista ético, pode-se colocar a questão de que toda ação "proposicional" veicula um conceito de natureza humana que, de múltiplas maneiras, mostra-se por intermédio dos mais variados "princípios", "proposições fundamentais", enquanto a ação de estrutura não-proposicional parte precisamente da desconsideração e/ou "perversão" dessas múltiplas acepções do humano. Em conseqüência, nem toda ação é proposicional, pois ela pode mostrar-se igualmente como não-proposicional, isto é, ela pode mostrar-se aquém ou além da bipolaridade proposicional, revelando-se, pelo tipo de violência utilizado, contra qualquer tipo de "linguagem", contra todo tipo de estrutura proposicional da ação. O conceito filosófico de mal, e não apenas sua acepção moral como quando dizemos de uma ação ou de um comportamento que ele seja "mau", visa precisamente a exibir a ação como não-proposicional, onde se coloca, então, o que pode aparecer como um paradoxo, o de proposições que mostram e/ou dizem algo não-proposicional.

Dessa maneira, não se julga uma ação apenas pela sua exibição em discursos ou em documentos escritos, mas por aquilo que ela mesma *diz* no transcurso do que é feito, mesmo que o feito o seja em silêncio ou dele não tenhamos documentos escritos. Exemplo: a discussão sobre se o massacre dos armênios pelos turcos foi ou não um genocídio. A posição defendida por um professor do "Collège de France"[30] de que o ocorrido não pode ser qualificado de genocídio pela ausência de um documento que comprove um projeto ou intenção é, nesse sentido, bastante reveladora. O problema não reside no que é amplamente reconhecido (amputação massiva sofrida por uma população), mas na ausência de um documento que comprove "uma decisão de exterminação tomada por um governo, no caso o governo otomano (para além da decisão de deportação) e posta em funcionamento de forma sistemática".[31] Cabe, então, a pergunta da relevância dessa argumentação, visto que a análise desse fenômeno histórico deve voltar-se para o que foi feito e para o seu como, e, no "como", incluir a sua organização, a mobilização dos meios e instrumentos do Estado, a disponibilização dos recursos, a sistemática da matança etc. A "vontade deliberada" de um Estado em impetrar um genocídio pode encontrar-se ou encontra-se no modo mesmo mediante o qual implementa as suas ações, sem que o começo dessas ações seja necessariamente um documento escrito. E se Hitler tivesse destruído todos os documentos e fotos, o genocídio judeu por isso cessaria de ser um genocídio? Ações também falam por si mesmas.

## Fatos e valores

O conceito wittgensteiniano de gramática[32] permite ver como o conjunto de regras que o constitui apresenta-se a nós enquanto indivíduos que devemos fazer o aprendizado destas formas de vida. Formas de vida essas que são anteriores a nós, que nos precedem e vão nos suceder enquanto seres naturais e, durante o período próprio de nossas vidas, vão nos determinar como indivíduos sociais, como pertencentes a uma gramática determinada que nos fornece as categorias, os valores e os princípios a partir dos quais conhecemos, pensamos, agimos e julgamos. Há gramáticas "reais", dadas, que, por assim dizer, preexistem às pessoas individualmente consideradas. O ponto reside em que ações são "gramaticais", o que significa dizer que perfazem regras, levam a cabo determinados desempenhos dentro de determinadas formas de vida, que independem das pessoas individualmente consideradas. Se nós aprendemos a gramática pela linguagem, isto quer dizer que a gramática faz parte de nosso ser social, de tal maneira que poderíamos igualmente dizer tanto que o homem é um animal social quanto um animal gramatical. O problema, no entanto, é bem o que significa gramatical se isso quer dizer somente a inserção valorativamente neutra dos homens em diferentes conjuntos de regras equivalentes ou se esses jogos de linguagem dados não remetem também ao problema do relativismo. Isto é, de que maneira podemos comparar diferentes jogos de linguagem enquanto diferentes formas de vida, tornando possível um juízo sobre elas. Porém quais podem ser as condições de um julgar que procura abarcar diferentes formas de vida, que procura emitir um juízo comparativo e "universalmente" válido entre elas, se julgar significa desde sempre o compromisso com uma determinada gramática, expressão ela mesma de uma forma de vida ou sendo essa forma de vida?

Em outras palavras, se Wittgenstein, por um lado, mantém a distinção entre "fatos" e "valores", por outro lado, ele termina por problematizar essa distinção *malgré lui* na medida em que confere à gramática um caráter "real". Nessa perspectiva, ela não é apenas uma forma de abordagem teórica das coisas, os modos mediante os quais as vemos e enfocamos por determinados usos proposicionais, mas ela é também uma "forma de vida", um modo prático de ser das coisas, um modo prático que aprendemos gradativamente em nosso ser no mundo e do qual somos tributários. A questão que se recoloca é precisamente, então, a do nosso "ser gramatical", visto que, no transcurso do tempo, observamos uma sucessão de gramáticas determinadas, uma sucessão-continuidade-alternância de diferentes jogos de linguagem, de diferentes formas de vida, mas também de rupturas que podem indicar a possibilidade de que não se jogue mais, de que o jogo da vida acabou. Pode surgir um "jogo" fora do jogo, um "jogo da morte", que inviabilizaria qualquer jogo, um jogo que se anularia como jogo e que, portanto, não é um jogo, sem cessar, contudo, de ser "real". Por que não a "existência" de um não-jogo que inviabilize qualquer jogo? Abismo dos jogos possíveis, que poderia significar formas não gramaticais de realidade? Ou será que o conceito de gramática é tributário de uma certa regularidade da vida social e, logo, da natureza "política" do homem, só sendo efetivo sob essas condições?

Proposições morais são tanto as que chamamos propriamente de proposições quando unimos/desunimos conceitos pelos usos dos verbos ser e dever, quanto regras de vida que expõem como os valores estão consubstanciados numa determinada "vida ética", de onde se depreendem as acepções particulares do dever, do elogiável e do condenável. Logo, numa inferência prática, estabelece-se um laço não somente entre conceitos e proposições no sentido mais restrito, mas também entre comportamentos e ações. O problema, então, será o de como podemos justificar determinadas atitudes, condutas, regras e instituições. Expressões de ordem, por exemplo, podem tanto remeter a uma hierarquia política, a uma lei na acepção jurídica como a uma regra propriamente moral. Hegel procurou mostrar, graças ao conceito de vida ética, como essas diversas acepções do dever possuem um núcleo semântico comum, enraizado nos modos mediante os quais os homens, sob determinadas condições particulares, tornam dignos de valor as regras e princípios sobre os quais assentam a sua sociabilidade e as suas relações políticas. Inferências práticas resultam, portanto, em ações que se justificam ou não segundo os parâmetros "éticos" reitores de um determinado agrupamento humano, sociedade ou comunidade. Sob esta ótica, uma ordem e uma lei se justificam por sua inscrição num parâmetro "ético" dado. As "razões" da ação, por assim dizer, são dadas pelas regras nas quais se inscrevem. Por exemplo, quando descrevemos uma ação ou comportamento, descrevemos um jogo de linguagem que apresenta as razões de sua justificação.

Se a descrição faz parte das formas de vida, se ela é um modo mediante o qual uma sociedade compartilha determinados critérios de dizer o que é existente, se ela faz, portanto, parte do pensamento que uma sociedade tem de si mesma, a descrição de jogos normativos de linguagem está implicada naquilo mesmo que ela descreve. A descrição dos critérios de juízos morais tais como eles ocorrem numa situação determinada ou numa dada sociedade termina por expor isto ao qual ela pertence, e isto ao que ela pertence é uma forma de vida valorativamente estruturada, com padrões de medida particulares. No momento em que descrevemos padrões de medida, descrevemos regras de comportamento com os valores que aí se fazem presentes, valores que podem ser mais ou menos explicitados, mais ou menos justificados no interior desse conjunto de regras.

Contudo, o domínio da moralidade, o domínio da eticidade, mostra, como vimos, uma tendência da razão a apoiar os seus juízos em exigências de tipo "absoluto", "incondicionado" ou de "validade universal", segundo a comunidade ou sociedade em questão. Numa comunidade de tipo religioso, os valores morais são apresentados como de validade absoluta, pois residem num texto ou textos tomados por sagrados, de origem divina. Aqui, a exigência de moralidade se traduz por uma adesão incondicionada a um conjunto de crenças com pretensão de ter validade absoluta. Numa sociedade contemporânea, que tenha feito o luto da fundamentação religiosa, a exigência do absoluto se traduz em processos racionais de justificação de ações, regras, costumes e crenças. E essa exigência tornada racional vem a ser a nova maneira mediante a qual essa sociedade se pensa e representa.

As crenças são um tipo de adesão às regras, valores e princípios que estruturam uma sociedade ou comunidade. Elas expõem, portanto, uma adesão aos padrões de medida estruturadores de relações humanas. Trata-se de uma forma de ação que se mostra em sua estrutura propriamente proposicional quando é explicitada em um conjunto de proposições, axiomas ou dogmas, dependendo de como estes são concebidos e representados. Crenças podem também expor uma linguagem que não necessariamente se traduza numa codificação escrita, o que se faz presente em ritos religiosos genericamente considerados. Nessa perspectiva, crenças são proposições sedimentadas em atos de assentimento que podem ser reflexivos ou não, tudo dependendo da sociedade ou comunidade em questão, dos princípios e regras que as fundamentam. O conceito de crença permite-nos, então, preencher o hiato que pode nascer entre uma proposição e um comportamento. Ou seja, essa relação entre o "dito" e o "feito" torna-se uma distinção apenas *de dicto*, podendo, equivocadamente, nos conduzir à idéia de que há, de um lado, a proposição e, de outro, a ação. Pode ocorrer tanto o velamento da ação como seu desvelamento, todo processo de sua verificação ou não entre o que é dito e o que é feito é parte constitutiva da própria ação, do seu propósito, dos seus usos e dos valores e princípios que representa.

Vejamos, mais detidamente, alguns casos de estrutura proposicional da ação:

1) *gestos e movimentos faciais*. Gestos e movimentos faciais podem manifestar uma estrutura proposicional, quando, por exemplo, uma criança aponta com o dedo que quer comer algo ou comprar aquele brinquedo. Na falta do uso da palavra, ela segue uma linguagem corpórea, dizendo o seguinte: quero comer aquele chocolate ou comprar aquele lego. Da mesma maneira, determinados movimentos faciais expressam agrado ou desagrado frente a determinados comportamentos, significando uma aquiescência ou uma repulsa. Pode ocorrer que um gesto ou movimento do corpo sejam simples reações a agradáveis ou desagradáveis sensações físicas, uma fala do corpo "regrada" pelo desejo, como pode igualmente ocorrer que seja uma reação a algo inconsciente, que não passa necessariamente pela proposição e nem é obrigatoriamente uma linguagem;

2) *comportamentos morais*. Comportamentos morais, por sua vez, são regidos por proposições comandadas pelo uso do verbo dever, embora esse verbo tenha igualmente usos não morais (devo ir ao cinema hoje à noite; deve chover amanhã) ou por proposições que usam o verbo ser acoplado a um adjetivo que qualifica uma pessoa ou ação, normalmente os adjetivos de bom e mau, justo e injusto. Trata-se, assim, de ações cujos parâmetros são dados por aquilo que se entende por dever, por obrigação, por "bem" e pelo que é tido por virtude. Há, nesse sentido, crenças morais que são o sustentáculo do que é feito, sem que as pessoas que assim agem tenham uma consciência reflexiva ou, o que é a mesma coisa, que analisem o conteúdo do que é tido por bom ou o sentido dessas proposições que se traduzem em ações determinadas. Isso, inclusive, é o que faz com que a análise dessas crenças, dessas proposições, possa se traduzir, num segundo momento, por mudanças de comportamentos ou de padrões éticos.

Crenças reflexivas são crenças racionalizadas, isto é, que passaram pelo crivo da razão e, dela, doravante dependem. Crenças que passaram por esse processo racional, não são mais as mesmas crenças. A análise, no caso, pode ter a virtude de mostrar que formas de comportamento estão baseadas em usos equívocos da palavra bom ou em formas de justificação desses comportamentos/proposições que não possuem nenhuma base teórica, sendo dogmáticas e/ou impostas pela força. Ou ainda, numa conjunção do caráter dogmático e do da força, como presente naquela máxima de Pascal:[33] nunca pergunte pela origem de uma lei. Ressalte-se, nesta formulação pascaliana, que ela se refere, sobretudo, a regras jurídicas e não especificamente morais que, para ele, possuem um sentido religioso. Para os fins da presente análise, basta assinalar que o esquema de funcionamento da regra jurídica, neste caso, é bastante semelhante ao da regra moral;

3) *comportamentos religiosos.* Comportamentos religiosos apresentam diretamente uma estrutura proposicional na medida em que são ditos verdadeiros em função de um livro ou livros tidos por sagrados, e que não são colocados, no que diz respeito à sua verdade, ao alcance dos juízos humanos, sob pena de serem considerados ímpios ou heréticos. Os comportamentos de pessoas que seguem esses parâmetros são, propriamente, ditados por proposições que estipulam o que deve ou não ser feito. O uso do verbo dever e a significação dos conceitos de bem e de mal apresentam-se aqui como fundamentados, pois se conflito há, ele se situa na forma de compreensão de como podem ser superadas tentações e transgressões, aquilo que provém do desejo e do corpo humanos. Contudo, tanto a solução do conflito como suas formas de encaminhamento já se encontram dadas nesse universo por si só compreensivo. A ação, na acepção religiosa do termo, encontra-se situada nesse universo de significação, e é ele que estrutura e determina o movimento dos corpos e mentes humanos. Mesmo no caso de religiões não monoteístas, que não possuem um texto sagrado, não ocorre nenhuma alteração neste quadro formal, pois o comportamento dos membros de tais tribos segue regras que se expressam em ritos, em relações de parentesco e em crenças que balizam o comportamento "proposicional" de cada um;

4) *ações políticas.* Interessa-me ressaltar a linguagem da ação, pois esta se faz não somente pela força própria do jogo de poder, mas também por "dizeres" que procuram equacionar e/ou regrar os conflitos e contradições existentes. A convivência política torna-se possível graças ao Estado que, pelo monopólio da violência, regra as condições de vida, afastando a ameaça cotidiana da morte, a que nasce do convívio humano e de suas discórdias naturais. Mas, ela também se faz possível por "dizeres", por "argumentos", por "máximas" da ação, que

orientam as vontades e os projetos de cada um, seja no sentido individual, seja no social e político. E aqui preenchem uma função central determinados argumentos que traduzem determinadas concepções da natureza, cujo eixo básico consiste em apresentar uma visão abrangente ou incondicionada do homem. É o caso da dicção de fundo normativo da natureza humana, também denominada de "direitos universais ou naturais do homem", como se o ser do homem fosse "naturalmente" este conjunto de direitos. O que está em jogo é, na verdade, uma forma de justificação de proposições morais.

Voltemos, então, à seguinte questão: até que ponto toda forma de ação "política" é "proposicionalmente" estruturada? Tomemos quatro casos: uso da força pelo soberano na acepção hobbesiana do termo, monarquia de direito divino, democracia no sentido contemporâneo da palavra e dominação totalitária.

No caso do uso da força no estabelecimento do "pacto" e no exercício da soberania, ele se encontra justificado pelos próprios axiomas que procuram preservar a "paz pública", isto é, o corpo e as propriedades de cada um. Atente-se para o fato de que se trata de um exemplo teórico de um autor que já apresenta a justificação de suas proposições em termos de verdade. O que devemos, no entanto, sublinhar, são os usos políticos da força que podem ser proposicionalmente estruturados, sem que isto remeta, por exemplo, a uma justificação em termos morais, mas tão-somente em termos de uma justificação da ação vinculada ao modo de se entender a vida e o seu movimento. Haveria, nesse sentido, uma gramática do viver que determina o curso das ações humanas e cabe à filosofia expor e explicitar as formas políticas e naturais de sua dicção.

No caso da monarquia de direito divino, estamos diante de uma forma de relação política "proposicionalmente" determinada, em termos de verdade revelada, pois essa forma de relação comunitária entre os homens é estruturada por uma forma de dizer o espaço das relações ético-político-religiosas como fundado numa ordenação divina do político e do mundial, e essa ordenação é minuciosamente organizada por regras que enunciam o seu sentido e formulam a sua verdade. O uso da força é, então, justificado/legitimado por essa ação proposicionalmente concebida, de tal maneira que faz parte da estrutura mesma desta forma de ação.

No caso da democracia no sentido contemporâneo do termo, trata-se de uma forma de relação política que se mostra proposicionalmente, pois ela funda-se no modo mesmo de seu dizer e de suas formas de justificação como universais e verdadeiras. Se tomarmos, por exemplo, a doutrina dos direitos universais do homem como uma espécie de metarregra fundante das regras políticas, observaremos que a democracia apresenta-se como a forma do seu dizer. A sua pretensão consiste em que as lutas políticas se encausem, se ordenem, segundo uma comum partilha pelos oponentes dos mesmos "princípios", "proposições fundamentais", *Grundsätze.* Ou seja, a democracia apresenta-se "proposicionalmente" como a "verdadeira" forma das relações políticas humanas, a que seria capaz de fornecer a justificação, em termos universais, dos seus fundamentos.

No caso da dominação totalitária, a ação ela mesma apresenta-se de uma forma não-proposicional, baseada exclusivamente no uso da violência, embora, como vimos, tanto o regime nazista quanto o comunista tenham apresentado sentenças que "justificavam" o que estava sendo feito (em graus diferentes nesses dois regimes "políticos", na medida em que o regime comunista guardou uma pretensão "universal", a redenção da humanidade por exemplo, enquanto o nazista mostrou imediatamente o seu caráter particular – a raça ariana). Contudo, essa forma de "justificação" não permeia propriamente a estruturação mesma da ação que tem outros móbiles e motivos, outras formas de atuação, que "falam" diferentemente no seu não-dizer proposicional. Essas suas formas ideológicas de expressão são meras formas de encobrimento de uma ação que se funda somente na violência e, neste sentido, são "injustificáveis". Queremos dizer com isso que uma distinção do regime totalitário em relação a outros regimes consiste em que ele expõe uma ordenação não proposicional da ação. Nessa perspectiva, pode ser lido o discurso nazista quando se coloca contra a "democracia", contra os "direitos humanos", como um "discurso" cujo sustentáculo é a supressão mesma das condições da ação livre, ou seja, da estrutura proposicional da ação que permite tudo verificar em termos de "verdade/falsidade" e/ou "bem/mal" e/ou "liberdade/não-liberdade". Sob essa ótica também podemos ler o discurso comunista quando se volta contra os "direitos burgueses" e inviabiliza, pelo mesmo movimento, toda discussão livre dos "fundamentos" sobre os quais se assenta, em última instância o uso puro da violência como meio de dominação.

Isso significa que as proposições práticas na acepção de proposições estruturantes da ação, proposições que exprimem a lógica do que é feito, tanto do ponto de vista individual quanto coletivo, podem tornar-se objeto de um tratamento teórico. Ou seja, pode-se fazer uma leitura descritiva do prático entendida como leitura da ação, das linguagens que a estruturam, o que permitiria abordar, sob uma outra luz, a relação entre o teórico e o prático, ou ainda, entre a metafísica e a ética. Quero dizer com isso que se deveria tomar o teórico em duas acepções: uma, no sentido em que dizemos um discurso teórico enquanto diferenciado ou contrastante em relação ao prático, o que se traduz pela distinção entre proposições práticas, relativas à ação, e proposições teóricas, relativas ao conhecimento descritivo dos objetos cognoscíveis, sejam empíricos, sejam inteligíveis como os objetos matemáticos; a outra, no sentido em que se pode falar de um discurso teórico que engloba, como seu objeto de conhecimento, as formas diferenciadas do discurso "teórico" na acepção acima e o discurso prático, a exposição dessas diferentes formas específicas de conhecer com seus objetos determinados e seus próprios critérios de verdade e suas próprias condições.

Por último, isso nos permite retomar a relação entre metafísica e ética numa outra chave de leitura, qual seja, a que consiste em considerar a metafísica como aquele tipo de conhecimento que nos expõe as formas do conhecimento prático, o seu conceito de fundamentação/legitimação, as proposições com as quais trabalha e seus conceitos principais (dever e bem). Nesta acepção, coloca-se diferentemente o problema das relações entre ética e metafísica em termos fundacionais, embora se possa, numa outra perspectiva ainda, recolocar o problema de que a metafísica ao expor, por exemplo, problemas, equivocidades ou anfibologias do conhecimento prático, estaria, pela mostração do que está aqui em questão, "fundando" diferentemente o conhecimento prático.

Essa colocação do problema deve necessariamente levar em conta que o terreno da ação moral é o domínio em que algo pode ser feito segundo uma determinação universal, ou seja, o terreno do juízo em que se diz de algo que "deve ou não ser", que "é bom ou mau". Isso significa que o conhecimento metafísico do domínio prático tem de enfrentar necessariamente a questão da universalização da ação, da validade universal do que é feito, sob o risco de invalidar o próprio domínio da ética na equivalência entre ações e costumes particulares, como se o confronto das particularidades fosse nada mais do que uma comparação, que nos inviabilizaria dizer que uma ação, um costume, "vale" mais do que o outro, "é melhor". Se se inviabiliza o juízo ético, compromete-se, não apenas o conhecimento prático enquanto conhecimento que visa ao universal, mas a própria convivência política em padrões outros do que o mero confronto de forças. Deve-se, portanto, ter em vista duas dimensões da relação entre metafísica e ética: a da "descrição" das formas do conhecimento prático e a da "validação", "justificação", das ações particulares e dos costumes por intermédio do estabelecimento das condições de validade universal do juízo prático.

# 3. POLÍTICA E PENSAMENTO

Nossa sociedade contemporânea, globalizada pelos meios de comunicação, acostumou-nos, por demasia, com a idéia de que todos os comportamentos humanos são regidos por móbiles materiais, como se os indivíduos sempre buscassem o contentamento de seus desejos via bens materiais. É como se esses indivíduos não se dessem mais conta de que, ao agirem dessa maneira, estão simplesmente sendo conduzidos por uma idéia, e não por um impulso natural. A plasticidade da natureza humana no transcurso da história mostra bem o papel das idéias, das ações, das instituições, na constituição daquilo que denominamos de humano. Se tivéssemos que perguntar o que é humano, as respostas seriam talvez tão variadas como nossos interlocutores.

Se há algo aqui de natural é que idéias sejam expressões mais elaboradas de comportamentos, sem que se possa inferir que sejam sempre as mesmas idéias, em sua particularidade, que conduzam a ação. Ou seja, formalmente, idéias são constitutivas e constituintes de ações, embora, materialmente, sejam diferentes. Outros comportamentos e sociedades são regidos por outras idéias. Perde-se por esse hábito moderno de tudo atribuir a desejos ou à sua realização em bens materiais, por esse senso comum moderno de valorizar objetos mercantis, a perspectiva em que esse tipo de comportamento, esse tipo de ação, se enquadra, a saber, o de ser, como qualquer comportamento, orientado por idéias, o que significa dizer que outras idéias produzirão outros comportamentos, engendrando efeitos distintos no mundo.

Pense-se, historicamente, no mundo medieval, guiado pela idéia de que o essencial do comportamento do homem residia na salvação de sua alma. Sendo essa a idéia reitora, tudo aquilo que consideramos como satisfação material ou busca de bens estava determinado por essa idéia central, da qual dependia, na escala coletiva e comunitária, a perda ou a salvação da natureza humana.[1] Pode-se pegar esse mesmo exemplo e transplantá-lo para nossa cultura contemporânea naquelas sociedades (ou em setores dessas) que têm em valores religiosos e morais um padrão de conduta. Se se cria uma expectativa de que determinados comportamentos se orientarão numa determinada direção, traduzindo-se pela satisfação de interesses materiais por intermédio da compra de determinados bens, para cujo contentamento há empresários que produzem determinadas mercadorias,[2] procurando, por sua vez, a sua própria satisfação material, pode perfeitamente ocorrer uma quebra dessas expectativas, pois as pessoas não agem somente por interesses materiais. Elas observam imperativos religiosos e/ou morais que direcionam sua ação para outros caminhos, que podem se traduzir tanto pela compra de bens inesperados, como pela compra de bem nenhum, porque o mote de sua ação pode ser a solidariedade no acompanhamento do outro, a generosidade ou outro valor.

Inclusive uma sociedade voltada para o prazer, não é necessariamente uma sociedade consumista ou previsível na compra de determinadas mercadorias. Podemos perfeitamente imaginar uma sociedade de tipo libertino, em que os prazeres sexuais sejam os que direcionam o comportamento das pessoas. Se a satisfação sexual for prioritária, não há necessidade de todo um aparato consumista voltado para a aquisição de bens. Se o gozo do corpo for a idéia central orientadora da ação, estaremos diante de um outro tipo de comportamento, organizador de uma outra forma de sociedade. Seja em um ideal ascético ou libertino, as ações, embora diferentemente orientadas, se traduzem coincidentemente pela pouca atenção atribuída à compra de bens materiais ou à noção de utilidade a eles vinculada.

De um lado, é justo dizer que idéias políticas nascem de necessidades práticas, que podem incluir desde o fortalecimento e o desenvolvimento de determinados grupos econômicos, até a luta propriamente dita pelo poder, passando pelas mais diferentes associações, de sindicatos a ONGs. De outro lado, é forçoso reconhecer que inclusive essa atuação passa pela elaboração de idéias, pelo seu confronto armado ou democrático dependendo da sociedade e do período histórico. Idéias são poderosos geradores de novos comportamentos, alterando a fisionomia das sociedades e da história. Pense-se, por exemplo, na Reforma protestante, graças às idéias de Lutero, na doutrina dos direitos humanos ou nas lutas emancipatórias das mulheres. Nesse sentido, pode-se dizer que o mundo atual é resultado do pensamento humano, do modo mediante o qual as ações humanas foram enformadas por determinadas idéias. "A disposição existente das forças políticas depende, pelo menos, tanto de idéias quanto da percepção dos homens de seus interesses".[3]

## IDÉIAS E DEVER

Imperativos morais e religiosos dependem, portanto, da representação que comunidades e sociedades se fazem de si mesmas, postulando determinados comportamentos como obrigatórios e outros como proibidos. Dessa maneira, certas ações são dignas de elogio e outras de condenação, podendo, conforme as comunidades e sociedades, ser objeto de punições, como é o caso da heresia em relações humanas regradas por concepções religiosas. Isso significa que os conceitos que intervém em cada um desses conjuntos de imperativos, produzirão noções distintas de dever, não se podendo, *a priori*, determinar que certos conceitos, como o de liberdade, estarão necessariamente presentes em todos os imperativos. Comportamentos estipulados por deveres religiosos que se ancoram em verdades reveladas ou ações políticas que seguem imperativos teológico-políticos prescindem, precisamente, da noção de livre escolha.

A noção de dever não envolve necessariamente a de liberdade ou de livre-arbítrio, pois ela pode estar baseada em outras formas de representação coletiva, em outros parâmetros de conduta, que postulam o que deve ser feito segundo critérios que residem nos costumes ou em determinadas concepções. Quando nos referíamos à ótica de leitura do mundo enquanto prática, assinalávamos que proposições, visões das coisas, são constitutivas da ação, fazendo parte de sua estrutura. O dever pode, portanto, comparecer como uma obrigação que se apresenta "naturalmente" às pessoas, segundo os contextos em que está inserido.

Gabriel Tarde[4] sublinha, a propósito dos puritanos e jansenistas, como as suas respectivas noções de dever não se fundavam na noção de livre-arbítrio. Em almas subjugadas por uma noção divina de dever, o livre-arbítrio não pode preencher a função de fundamentação deste mesmo dever, não podendo ser uma pedra angular da moral. As pessoas agem em função daquilo que as suas respectivas comunidades lhes prescrevem e a justificação destas prescrições não provém de uma análise, por exemplo, das formas do ato livre. O dever concreto se lhes aparece como fazendo parte de sua própria vida, as regras pertencendo a esta forma mesma de existência. Somente quando saímos desta forma de vida, é que nos perguntamos pela sua forma de justificação, como o dever nela se assenta. Ora, se nos indagarmos por uma explicação das regras, leis, contratos, sanções e penas, poderemos tanto recorrer a uma teoria determinista – de tipo natural, político ou religioso – quanto a uma baseada no conceito de liberdade, as duas perspectivas sendo igualmente plausíveis.

Tomemos, na esteira de Tarde,[5] o conceito de dever como uma espécie particular de juízo de finalidade. Tem-se, aqui, uma determinada obrigação considerada enquanto fim mesmo da ação, a qual não é objeto de dúvida ou justificação. Dada essa meta, considerem-se os meios adequados à sua realização, o que implica um conhecimento dos instrumentos aptos para a consecução de tal fim. Ou ainda, estamos, na esfera prática, diante de um caso de subsunção de algo particular sob uma universalidade dada, só que, aqui, ela passa pela escolha do meio mais adequado dessa "subsunção prática". Tomemos, agora, o caso de uma finalidade religiosa. Essa é dada como mandamento, como prescrição de valor absoluto, que se impõe externamente ao indivíduo – um dever heterônomo se adotarmos a perspectiva de uma forma de vida baseada na liberdade –, cabendo às pessoas que pertencem a essa comunidade encontrar os meios mais adequados para alcançarem este fim. O que se tem como escolha é a opção pelos meios para a obtenção desse fim, um ato desse tipo não podendo ser propriamente chamado de livre.

Todas as nossas ações seguiriam, nesta perspectiva, um silogismo prático de tipo teleológico, do qual a maior pode ser um desejo, um fim qualquer proposto, e a menor uma crença, um juízo feito sobre o melhor meio para alcançar este fim. Exemplo: quero comer pão, o melhor meio de satisfazer esse desejo é trabalhar; logo, eu *devo* trabalhar. Este seria o germe do dever. Não precisaríamos, portanto, do conceito de liberdade, porém do conceito dos meios mais apropriados para a obtenção de um fim, meios esses que são oriundos de um juízo que os estabelece. Em vez da liberdade, temos a crença nos melhores meios para a obtenção do fim perseguido, o que nos oferece a escolha enquanto baseada na crença e não na liberdade. Temos, em função da sociedade onde vivemos, uma tendência a tudo justificar em função da liberdade como valor tomado, de uma ou outra maneira, como de validade incondicionada, esquecendo-nos que, historicamente, o conceito de liberdade é válido no interior de determinadas sociedades em função da representação coletiva que essas sociedades se fazem de si mesmas. No domínio do mundo animal, por exemplo, cachorros frente a dois ossos ou dois diferentes tipos de comida também escolhem, sem que, por isso, seus atos sejam denominados de livres.

A noção de dever, em suas várias acepções, exerce uma poderosa influência na vida política, pois funciona como orientação da ação.[6] Inclusive sociedades democráticas se estruturam segundo determinados parâmetros de comportamento que constituem a sua cena pública. Ações que perseguem objetivos de realização da ética na política obedecem a esses parâmetros, atuando decisivamente sobre o dever-ser de uma sociedade, na verdade, o constituindo. Comunidades religiosas conhecem de longa data a eficácia dessa noção de obrigatoriedade, aliás bem palpável na vida de cada um. Deveres são claramente delimitados, sendo a condição mesma da pessoa ser membro de uma comunidade. Os deveres são particulares, de tal maneira que regras estipulam concretamente o comportamento de cada indivíduo. Qualquer infração a essas regras é tanto objeto de um processo psicológico de culpabilização, quanto objetivo de sanção. No limite, a pessoa é, inclusive, alijada da comunidade. Se a comunidade religiosa está estruturada em um Estado, a pena da infração é o encarceramento ou, mesmo, a morte.

Vejamos, então, três exemplos de diferentes particularizações da noção de dever. E, para isso, não recorreremos ao conceito de liberdade, embora este vá se recolocar numa sociedade que procura fundar-se na democracia e nos direitos humanos.

• *O convento.* Num convento, como o de Port-Royal, no século XVII, as mulheres que o fortaleceram e desenvolveram, agiam com uma vontade inquebrantável. Enfrentaram a hierarquia eclesiástica e o poder temporal de Luís XIV. Nem a força as fazia recuar. E elas agiam dessa maneira, não porque seguissem uma vontade particular ou porque assim o tivessem decidido por um ato livre, mas por estarem persuadidas de que Deus, através delas, agia. O seu espaço de atuação configurava-se estritamente segundo a noção de dever, teologicamente fundado, sem que interviessem, para nada, noções como a de liberdade ou de ato livre. Noções essas que, para elas, seriam nada mais do que abstrações carentes de realidade. A sua noção de dever era de origem divina, de tal maneira que seus atos se conformavam a esta finalidade maior. A sua escolha era uma escolha dos meios para alcançar este fim, e não hesitavam em fazê-lo, pois estavam imbuídas de que agiam pela glória de Deus. Em sentido estrito, poder-se-ia dizer que Deus nelas operava, a escolha era Dele. Ou ainda, em suas ações, elas se escolhiam em Deus. O silogismo prático de Port-Royal prescinde, portanto, do conceito de liberdade.

• *O desejante.* Não há porque espantar-se com a ausência de liberdade. Vivemos numa sociedade tão convencida do valor desta última que ela veio a fazer parte de nosso senso comum. Se atentarmos, porém, para o modo de ser desejante dc homem, veremos que também podemos prescindir do conceito de liberdade ou, em todo caso, a sua ausência não nos estranhará. Um indivíduo, compreendido como ser desejante, é alguém que coloca como fim último de sua ação a realização de seu desejo. Não importa, nesse caso, que o seu desejo seja sempre mutante, pois é próprio dele adotar várias facetas. A percepção dos meios, intimamente vinculada ao prazer a ser obtido, consiste na escolha dos instrumentos que propiciam alcançar um determinado fim. A noção de homem embutida nesta concepção é a de um feixe de desejos, determinando todos os seus atos. Cada um escolhe, dentre os meios disponíveis, os que são os mais adequados para a consecução de seus fins. Sob essa ótica, boas serão aquelas coisas que propiciam a realização do desejo, más, aquelas que o obstaculizam. A realização do desejo aparece como um dever e permeia a própria visão das coisas, orientadora do comportamento de cada um. Temos, portanto, uma escolha de meios desejantes, ela mesma determinada pelo desejo.

• *O militante.* O militante que se crê em possessão de uma verdade que o transcende tampouco precisa da liberdade para justificar a sua ação. Pense-se na máxima longamente vigente nos partidos comunistas de que "o partido tem sempre razão". Essa visão das coisas tornou-se constitutiva do modo que estes indivíduos viam o mundo, nele atuavam e assim se justificavam. Neste sentido, é lógico que a tradição partidária marxista viesse a considerar a liberdade como burguesa, não sendo um conceito capaz de fundar a ação ou a moral. Na medida em que a história tem uma vetorialização dada por um conjunto de causas, de natureza socioeconômica, que lhe imprime uma finalidade determinada, a ação partidária adequa-se a, e é determinada por, este conjunto de causas. O militante assume o seu dever enquanto dado por uma determinada compreensão político-partidária, dever esse tido por verdadeiro. A sua verdade, evidentemente, é decorrente deste determinismo socioeconômico, no qual a sua ação se enquadra. A escolha reduz-se a seguir o ditado pelo partido, que se coloca como um instrumento de leitura dos desígnios apresentados pela objetividade do mundo. Se essa concepção apresenta-se como "materialista", contrastando com a "religiosa", esse diferente nome não altera os termos da questão por apresentar a mesma estrutura formal: uma defesa do determinismo e uma recusa da liberdade como fundadora da moral.

Na verdade, poder-se-ia dizer que a noção de liberdade corresponde a determinadas formas de representação coletiva e, no interior destas, preenche a função de fundar certas formas de ação moral e política. Ou seja, não haveria, nesta perspectiva, uma relação de mútua implicação entre os conceitos de dever e de liberdade. Podem-se estabelecer determinadas conjunções possíveis entre o dever e a moral, segundo a concepção que cada sociedade ou comunidade tenham de si mesmas. Os critérios de moralidade e de justificação dependem dessas formas de representação coletiva. Sob esta ótica, a liberdade torna-se interior a uma determinada forma de representação coletiva, uma sociedade dela se reivindicando e não podendo, nesse caso, pretender à universalidade. Na verdade, apenas sociedades organizadas segundo idéias da liberdade teriam a pretensão de fundar o dever nessas idéias.

Acontece que, paradoxalmente, a idéia de liberdade, em sua abstração, coloca-se como princípio, como a maior de um silogismo prático, função essa exercida com dificuldades, dado o seu grau de generalidade. Somente uma sociedade baseada neste tipo de discurso, em formas do dizer enquanto formas de justificação de ações, comportamentos e regras, pode almejar fundar a responsabilidade na liberdade e não num dever então considerado como heterônomo. E ela o faz fundando o dever na liberdade, o que, na verdade, significa cair num círculo vicioso que se pretendia virtuoso, qual seja, o de pressupor o que se pretendia provar. Como, de fato, fundar a responsabilidade da ação na liberdade se esta já é de antemão considerada como o fim último da ação e da sociedade como um todo? Como fundar a responsabilidade na liberdade se esta já estrutura a representação coletiva vigente, o que seria o equivalente a provar o que já é admitido como válido enquanto premissa maior desta representação coletiva?

Precisemos nossa *démarche* mediante o recurso ao conceito de imitação, pois ele permite-nos abordar de uma outra maneira o modo de atuação dos homens. Retomemos a formulação de Gabriel Tarde, em particular seus conceitos de "lógica social" e de "teleologia social". No processo de lógica social, temos o acordo intelectual, o que denominamos de religião e ciência. No processo de teleologia social, temos o acordo voluntário, que denominamos de moral ou de legislação.[7] Religião como imitação, ciência como imitação, logo conhecimento como imitação. Moral e legislação como imitação, logo não estando fundadas na liberdade. Ou, a própria liberdade seria, em certas sociedades, aquilo que deveria ser imitado.

No acordo intelectual, seguimos os passos estabelecidos, seja na religiosidade através da imitação própria da prece, dos cultos, dos rituais, seja na ciência mediante imitação dos conhecimentos existentes e dos métodos e critérios de sua obtenção, o que inclui, evidentemente, o aprendizado de coisas novas. No acordo voluntário, seguimos os padrões de moralidade e as regras jurídicas, aprendendo com a sua imitação, tanto para modificá-los como para transformá-los. A unanimidade dos espíritos confere coesão e unidade ao corpo social, sustentado por formas de imitação. Ações imitativas, quando os modelos são "virtuosos", fortalecem os laços sociais e políticos. Em caso contrário, os desestruturam.

Em sociedades assentadas no conceito de liberdade, o processo de imitação torna-se mais complexo. É ainda mais necessário que a imitação seja feita a partir de *exemplos* reconhecidos por todos, visto que é difícil imitar abstratamente a liberdade, além de sua própria significação ser equívoca. Se não há mais deveres de fundamento religioso ou de passado imemorial, se as pessoas e partidos políticos procuram fundar a sua ação no conceito de liberdade, é tanto mais urgente que essa sociedade seja capaz de oferecer a seus cidadãos modelos e figuras a serem imitados, comportamentos exemplares que concretizem o que deve ser uma sociedade livre.

Sociedades democráticas assentam-se, portanto, em noções abstratas e equívocas do dever, o que (des)estrutura diferentemente o jogo político. Os deveres fundados, por exemplo, numa doutrina dos direitos humanos, apresentam não comportamentos específicos, máximas concretas da ação, porém conceitos de cunho universal e, por isso mesmo, vagos do ponto de vista da ação. Esta, por sua vez, visa sempre algo concreto. Se as idéias universais são bem exemplificadas, se aquilo que a sociedade se representa ser é apreendido por todos de uma forma particular e específica, os cidadãos conseguem se organizar e se comportar de acordo com esses exemplos e idéias gerais. A unidade de um povo depende daquilo que os seus membros compartilham, sua crença comum fortalecendo os laços sociais e comunitários. Ou seja, aquilo que compartilham coletivamente é maior e mais decisivo do que as rivalidades menores e egoístas que igualmente perpassam as relações sociais. Se as idéias gerais não apresentam uma eficácia particular, prática, elas começam a ser percebidas como carentes de valor, como incapazes de fundar uma sociedade que se pretende livre. Nesse caso, abre-se espaço para os processos de desestruturação política.

## AÇÃO POLÍTICA E IDÉIAS

A ação política se pauta pelo que uma época apresenta como suas idéias e concepções. Isto equivale a dizer que a ação política se estrutura por aquilo que constitui o pensamento que uma época tem de si mesma, pensamento esse que se traduz pelo conjunto de crenças, conhecimentos e valores que a constitui. Na ação política, uma sociedade põe essas crenças, conhecimentos e valores a serviço da sustentação, conservação, transformação ou alteração do estado de coisas vigente. As proposições aparecem assim articuladas em representações que as sociedades fazem de si, representações que podem apresentar-se no nível mais elaborado do que se toma como conhecimento científico, como religião ou como o senso comum imperante numa determinada época. O senso comum moral é, então, esse conjunto de proposições que faz ver determinados comportamentos, valores e regras como adequados para o estabelecimento de determinadas relações humanas. Toda proposição faz parte do pensamento que uma época tem de si.

Formas de apreensão e conhecimento do mundo são constituídas por proposições que fazem parte do senso comum de cada sociedade e de cada época. Diferentes conjuntos de proposições como que se destacam, são postos em relevo, segundo o tipo de conhecimento ou de relação com o mundo que é almejado. Assim, na religião o acordo de determinadas pessoas se faz em torno das crenças do absoluto que são tidas por incondicionalmente válidas; na moral, em torno do tipo de enfoque que deve pautar a conduta de cada uma; no conhecimento científico, em torno do que será considerado como constitutivo da natureza das coisas em seus mais variados domínios. Em todo caso, esses diferentes sistemas proposicionais apostos à realidade como forma de sua compreensão ou de balizamento para a ação são realçados segundo os diferentes propósitos de um indivíduo, de um conjunto de pessoas ou, mesmo, da maioria de uma sociedade. Todos eles, contudo, estão de tal maneira articulados entre si que formam o pensamento de uma época, em linguagem hegeliana, o "espírito do tempo".

O que denominamos de cultura ou civilização, são formas mediante as quais as sociedades e as diferentes épocas se apresentam a si, representam coisas representando-se a si mesmas. Aparece, então, de uma forma mais nítida, o modo de inserção dessas regras teóricas e práticas na vida mesma das pessoas, isto é, proposições são constitutivas do que vem a ser considerado como realidade. O que é "real" é o que uma cultura, uma civilização, põe como "existente" seja teórica, seja praticamente. A teia tecida por esse conjunto de proposições ao entrelaçar aquilo que encontra como sendo o mundo das coisas termina por constituir aquilo mesmo que será tido por existente. A teia é o nosso olhar mesmo do mundo, olhar que é constitutivo deste mesmo mundo. Quero dizer com isto que via "cultura", via "civilização", as proposições estão inseridas no que se considera como mundo. Sob essa ótica, não cabe dizer que proposições sejam distintas do mundo na medida em que o constituem, pertencem a ele, são formas mesmas de vida. As regras que seguimos, aquilo que pensamos e as intenções pelas quais concretizamos nossas convicções são formas histórico-culturais, constituem a linguagem mediante a qual dizemos nossa inserção (no)do mundo, desde sempre dada no ato de sua enunciação.

Nesse sentido, pode-se dizer que idéias e proposições são existentes, e histórico-culturalmente existentes. E existem, inclusive, como guias de nossas ações. As proposições, em alguns dos seus usos, só permitem que nos destaquemos do mundo quando, numa determinada ótica, realçamos uma certa posição com o intuito, por exemplo, de um determinado conhecimento das coisas. Encena-se, então, uma separação entre o dizer e o dito, como se o primeiro fosse da ordem de proposições separadas do mundo, e o mundo da ordem daquilo que se oferece ao pensamento. Ora, trata-se de uma operação intelectual, *de dicto*, que nos possibilita uma espécie de depuração do uso que fazemos de proposições, mas que, sob uma outra ótica, pertence àquilo mesmo que consideramos como mundo ou realidade. Pertence, portanto, no sentido de constitutiva dessa mesma realidade, porque o encenar a posição consiste em um ato que dá forma ao que é pensado, confere a ele um sentido que vem a fazer parte da mesma realidade.

Há diferentes formas de dizer idéias ou proposições como constitutivas da realidade, apresentando um conjunto de regras que são nossas formas mesmas de vida. Descartes[8] as considerava como "existentes" para grande espanto dos seus contemporâneos; Hegel[9] as considerava como o processo mesmo de constituição do "Espírito" que se faz historicamente existente e se coloca como a realidade alçada à compreensão e conceitualização de si; Wittgenstein[10] as considerava como "jogos de linguagem" constitutivos das formas mesmas de vida. Interessa-me ressaltar essa comum abordagem das idéias e proposições na perspectiva, embora diferenciada em cada um deles, de sua consideração como "existentes", na atribuição a elas do conceito de existência. Há o que se poderia bem chamar de uma filiação cartesiano-hegeliana, consistente em atribuir "existência" às idéias, o que pode se traduzir, hegelianamente, na atribuição de "existência" às diferentes formas do Espírito, formas existentes e constitutivas do mundo. Seguindo esta vertente hegeliana, acrescente-se que as regras são formas de vida, de tal maneira que o "real" encontra-se normativamente dado, e não apenas fatualmente. Se a realidade efetiva pode ser alçada ao nível da racionalidade,[11] é porque, nela, ocorreu todo um trabalho de elaboração das formas de vida dada, de suas regras imediatas em proveito de formas cada vez mais elaboradas e "universalizáveis", centradas em torno da idéia de liberdade. Os valores são, enquanto tais, constitutivos de nossa apreensão das coisas, o que se altera é o modo mediante o qual esses valores são conhecidos e pensados, ou seja, atribuímos validade a eles.

Pode-se, dessa maneira, estabelecer um paralelismo entre Hegel e o Wittgenstein das *Investigações filosóficas* e das *Bemerkungen* mediante o uso do conceito de "jogos de linguagem" como "formas de vida". Tomemos, com esse propósito, os conceitos de "jogos de linguagem" ou "regras do jogo" e de *Sittlichkeit*[12] [eticidade ou vida ética].

Mais particularmente, em *Widerspruchsfreiheit*,[13] Wittgenstein apresenta a figura de um jogo, de um jogo de xadrez, como sendo perpassada por um conjunto de regras. Ele sustenta que não se pode dissociar as figuras do peão, da torre, das regras do jogo, pois "... as regras do jogo determinam, elas, a figura: o peão *é* a soma das regras segundo as quais ele se movimenta (o tabuleiro é também uma figura), da mesma maneira que, na linguagem, as regras da linguagem determinam o [que é] lógico na palavra".[14] O uso do verbo ser cumpre, então, a função de identificar o peão com a soma de suas regras que preside seus movimentos. Essa figura só pode se mover segundo essas regras, que, por sua vez, expressam o conjunto de regras constitutivo desse jogo. Isso vale igualmente para uma forma de vida, cujas regras autorizam determinados movimentos e proíbem outros. Sendo assim, as pessoas que fazem parte desta forma de vida, deste "jogo", podem fazer determinadas coisas e não outras, ou seja, nelas se expressa igualmente um conjunto de regras. Cada pessoa ocupa uma posição determinada nesta trama das coisas, inclusive dramas e dilemas sendo produtos de escolhas difíceis, mesmo impossíveis, segundo regras determinadas. Independentemente de que no transcurso da história várias formas de vida se apresentaram, diferentes jogos foram jogados, alguns tendo durado mais tempo, outros menos, as pessoas sempre apareceram em cada um desses jogos como assumindo determinadas posições.

Podemos, nessa perspectiva, dar um passo além, qual seja, o de considerar a função de identificação do verbo ser como fazendo parte de uma função existencial, como quando consideramos que uma pessoa, no interior de uma forma de vida, é a expressão de determinadas regras que a identificam. Deveríamos, então, dizer que a pessoa "existe" segundo tais e quais regras, de tal modo que tenhamos conjuntamente as funções de identificação e existencial do verbo ser. A leitura é que as distinguiria segundo o enfoque escolhido. Nesse caso, podemos privilegiar ora o uso do verbo ser na sua função de identificação, ora na sua acepção de existência, tudo dependendo da abordagem.

Em Hegel, por sua vez, podemos efetuar duas operações distintas, ora ressaltando o uso do verbo ser na sua função de identificação, ora em sua acepção de existência para dizer o que é o homem. Por exemplo, da mesma maneira que o peão é a "soma das regras", o "sujeito" moral, é a "série de suas ações", ou seja, no jogo da "moralidade" identifica-se o indivíduo em sua acepção de sujeito moral à série de suas ações que, assim, o qualificam. Isso não implica, evidentemente, que o indivíduo "exista" como sujeito moral, senão na ilação de conceitos feita. Agora, se privilegiarmos o conceito de homem como "membro" da "eticidade", da "vida ética",[15] do conjunto de relações socioculturais, político-religiosas, o inscrevemos como existente nesta trama de relações. Podemos dizer que o "membro" da "vida ética" é e existe segundo este conjunto de relações e só pode ser concebido como fazendo parte dele. Isso quer dizer que ele é identificado a este conjunto dado de relações sociais, econômicas, religiosas, políticas, e que ele existe segundo este sistema de regras. E o uso conjunto do verbo ser nessas duas funções é tornado possível porque a função de identificação é condição da definição, entendida como o modo mediante o qual cada época se diz dizendo as coisas e as constituindo dessa maneira. E se as coisas são constituídas assim, elas passam a existir assim, pois esse dizer começa a fazer parte da existência mesma da coisa, enquanto existência posta.

Para além do propósito de Hegel nos *Princípios da filosofia do direito*, consistente em mostrar que o uso identificatório do verbo ser tornar-se, pelo processo do conceito, um uso existencial, o que não cabe, bem entendido, na perspectiva wittgensteiniana, que se move em outro pressuposto da existência, ambos consideram, no entanto, que não se pode pensar o indivíduo independentemente da figuração na qual se insere. Na "vida ética", o ser "membro de" significa ser um "condensado", uma "soma", das regras da "eticidade", o seu ser sendo dado por elas, cada um movimentando-se segundo as regras e normas da "eticidade", tal como esta se constitui em cada época determinada. Todo movimento fora dessas regras implica uma transgresão ou, dependendo do momento, uma transformação coletiva, como quando ocorre uma alteração radical dos costumes ou da política, uma mudança das formas de vida, da existência ética, tal como essa se dava até então. E o modo histórico de determinação de como se opera a identificação do homem segundo as formas pelas quais sociedades e comunidades se pensam é decisivo na perspectiva do engendramento ou não de uma nova forma de existência.

Cabe ressaltar, seja em Wittgenstein, seja em Hegel, que não há, no sentido do contratualismo moderno (pense-se em Rousseau, por exemplo), o indivíduo genérico, isolado de "regras do jogo" ou da "vida ética", agindo ele sempre segundo "regras (dadas) do jogo", conforme uma "eticidade" determinada. Ambos compartilham a posição de que a idéia de contrato social é tributária de uma concepção do homem como indivíduo atomizado, cujas relações se basseariam na separação e no isolamento. Isso, na verdade, poderia ser próprio de uma determinada concepção que destaca, numa sociedade particular, e sob certas condições, como as do mercado capitalista, os indivíduos de tal maneira. O que vige em todos os casos, mesmo naqueles em que os indivíduos aparecem dessa forma, é um conjunto de regras que os determina e condiciona, o que, noutra perspectiva, poderíamos denominar de "costumes", do "ethos", dos "padrões de comportamento", de uma época, sociedade ou de um Estado.

Interessa-me, sobretudo, ressaltar o que une, nessa perspectiva, esses dois filósofos, aliás tão díspares, na elaboração dos conceitos de "formas de vida" e de "eticidade". Para um, em sua consideração da figura como a soma de suas regras, o indivíduo ocupa uma posição nesse jogo de vida determinado, nesse conjunto de regras, que é descritivamente tomado, segundo o propósito da própria descrição, como valorativamente neutro. Para outro, o conceito de "vida ética" permite exibir regras que, concretizadas no indivíduo, expressam a idéia da liberdade, sendo, portanto, o produto de uma concretização das normas morais e jurídicas. Isto é tornado lingüisticamente possível pela noção de vir a ser da existência (e do ser) segundo diferentes usos que perfazem um percurso lógico, conferindo sentidos diferentes àquilo que é, àquilo que é tomado progressivamente por existente, de modo que esse percurso vem a ser identificado com a realização de um dever-ser que ocorre no nível mesmo do real, feito assim existente.

Poder-se-ia, inclusive, verter hegelianamente a expressão wittgensteiniana "as regras do jogo, elas, determinam essa figura", da seguinte maneira: "a vida ética, ela, determina essa figura". Utilizando uma certa homonímia, poder-se-ia igualmente tomar a "figura" no sentido hegeliano enquanto "cruzamento" das determinações conceituais e empíricas, onde confluem o vir a ser das regras humanas, baseadas na idéia da liberdade, e a história que progressivamente toma esta forma, a vida humana adotando essa configuração. No caso, resulta que o indivíduo é configurado, formado, pelas regras da "eticidade", da qual cada um é "membro", concretizando, nesta acepção, uma figura. A função de identificação do uso do verbo ser na sentença: *Der Bauer* ist *die Summe der Regeln* (o peão é a soma das regras), pode ser vertida de modo a expressar o verbo ser numa função existencial mediante a seguinte formulação: "O peão existe segundo tais regras." A função existencial do verbo ser poderia, assim, enunciar *o que é* o peão, de uma maneira análoga à que Hegel utiliza na cópula em proposições do tipo: "Cada um *é* membro da 'vida ética'" ou "*é* na 'vida ética'", marcando, então, o ser a figura dada pela forma do seu existir, pela sua existência, e essa sendo dada pelas "formas de vida" e pela "vida ética".

Se analisarmos a gramática da palavra intenção, tal como proposta por Wittgenstein nas *Investigações filosóficas*, obteremos o resultado de que ela é tida por "incorporada na situação, nos costumes humanos e nas instituições".[16] Confere-se sentido à intenção tal como essa encontra-se concretizada nos costumes e nas instituições, isto é, nos *Sitten*, tais como esses se apresentam em distintas formas de vida. Para que tenhamos acesso à gramática desta palavra, devemos conhecer o modo mediante o qual ela é utilizada segundo uma determinada forma de vida, o que passa pela análise lingüística de seu uso. Podemos, portanto, dizer que o "homem é a soma de regras" ou a "série de suas ações", tudo dependendo do nosso modo de olhar o mundo e de contemplarmos as regras do agir e do conhecer, tendo, de antemão, por reconhecido que todo homem é, desde sempre, em situação, segundo determinadas condições de vida às quais pertence. Logo, o que vai distinguir Wittgenstein de Hegel é que o primeiro, na formulação *Der Bauer* ist *die Summe der Regeln*, utiliza o verbo ser apenas em sua função de identificação ao unir os conceitos de "peão" e de "soma de regras", enquanto o segundo toma essa função de identificação como momento lógico de sua expressão existencial. Eis por que temos na *Sittlichkeit* [eticidade], a identificação hegeliana entre as funções de identificação e de expressão de existência do verbo ser – na "moralidade", o uso do verbo ser em expressões como "o homem é a série de suas ações" cumprindo uma função de identificação, enquanto na "vida ética", entendida como culminação, realização dos momentos anteriores, essa função vem a funcionar também como expressão de existência.

Idéias, pensamentos e proposições são formas constituintes da sociedade, formas que dão forma ao mundo. Ao contrário, por exemplo, da formulação marxista que via nelas meros reflexos dos processos econômicos, elas incidem diretamente nos processos de formação da sociedade, configurando as ações que instituem, precisamente, o que se torna, então, existente. Isso não significa, evidentemente, que essa forma de existência não expresse, desde uma outra perspectiva, os processos socioeconômicos da sociedade na medida em que toda forma de dizer pertence a uma forma de vida e, neste sentido, a "reflete". O ponto consiste aqui no aspecto "formador", "constituinte", instituinte, das idéias e proposições, o que, na esteira do pensamento social e filosófico-político, aparece em teorias como a de Durkheim[17] ou a de Castoriadis.[18] De acordo com o primeiro, toda sociedade opera segundo a "representação coletiva" que dela se faz, de tal maneira que a sua forma advém desta sua apresentação proposicional a si, na qual o "senso comum" se elabora. O "senso comum" é tão comum quanto aquilo que é compartilhado, o que é uma forma de dizer que o comum de uma época pode ser incomum para outra, tudo dependendo das representações coletivas nas quais se inserem. Compartilhando outro conjunto de proposições, outro será o senso "comum". De acordo com o segundo, esse processo dará lugar à elaboração do conceito de imaginário sociopolítico, visando a significar aquilo que institui historicamente a sociedade por intermédio da ação, essa ação vindo a determinar o modo mediante o qual se estruturam as relações políticas e humanas em geral.

Isso significa que as formas de dizer, coletiva e politicamente, atuam no mundo, produzem nele efeitos, conformam a própria estrutura da ação e, nesse caso, não são menos reais do que aquilo sobre o que atuam. Por outro lado, essas mesmas formas fazem parte da estrutura do mundo e, mais especificamente, conformam a ação política, sendo aquele elemento que aparece sob a forma de discursos e, mesmo, de organização do saber. Um exemplo particularmente eloqüente é dado pelo desenvolvimento científico de nossas sociedades contemporâneas, fato eminente do conhecimento em seus desdobramentos tecnológicos, que modificaram completamente a vida das pessoas, além de terem alterado as próprias leis que regem o processo econômico das nações. O mundo produzido por esta nova forma de conhecimento transforma não somente nossos modos de ver as coisas, mas a própria vida cotidiana, caracterizada pela presença maciça de computadores, internet, televisão etc. A nossa relação com as coisas não é mais a mesma, alterando, inclusive, aquilo que consideramos como público e privado. Se se fala tanto em política científica e tecnológica é porque ela veio a ter uma incidência central no desenvolvimento da sociedade contemporânea, modificando não apenas os hábitos universitários, a sua forma de existência, mas a cultura como um todo.

O senso comum é, portanto, constituído por um conjunto de proposições que se forma e configura historicamente. O sentido de cada proposição, de cada nome, é dado por sua inscrição na "representação coletiva" à qual pertence, no uso que indivíduos, grupos sociais, empresas, sindicatos e partidos fazem do conjunto de nomes e coisas que se encontram à sua disposição. Isso não é mais ou menos estranho do que o uso que "selvagens"[19] fazem de "nomes" para articulá-los com determinadas designações de coisas orgânicas, humanas e de relações de parentesco. Nosso olhar contemporâneo está acostumado a separar, por exemplo, o que é próprio de um conhecimento proveniente da botânica e um conhecimento sociológico. Ora, essa separação, sob esta ótica, significa somente um modo mediante o qual nossas sociedades se representam, conhecendo desta forma e se apropriando, correspondentemente, de "seu" mundo.

Prolongando a análise durkheimiana, Lévi-Strauss sustenta que não é suficiente identificar cada animal, planta ou pedra evocados nos mitos e rituais (aliás, o que pode bem significar aqui a identificação operada por um pesquisador situado fora desta forma de vida, deste jogo de linguagem determinado), mas é igualmente necessário saber "o papel que cada cultura lhes atribui no seio de um sistema de significações".[20] A significação de um nome, de uma proposição, é dada pela cultura, por sua inserção num conjunto de comportamentos. Um nome ou proposição, fora deste – ou de outro – sistema cultural de significações, não tem sentido. Ou ainda, "os termos não têm nunca significação intrínseca; a sua significação é de 'posição', função da história e do contexto cultural de um lado, e, de outro, da estrutura do sistema onde eles são chamados a figurar".[21] Ou seja, a significação dos termos é dada pela posição que eles ocupam num sistema proposicional, cultural e historicamente determinado. Tantas serão as estruturas, diferentes serão as posições em que cada nome ganhará significação, estabelecendo, dessa maneira, uma equivalência entre diferentes "pensamentos", resultante de distintas formas de vida às quais pertencem e dão forma.

Sob essa ótica, ressalte-se, por outro lado, o parentesco das formulações de Lévi-Strauss com as de Wittgenstein. Lévi-Strauss, inclusive, assemelha o homem a um jogador que, como num jogo de cartas, parte deste como um dado da história e da civilização, jogo em que tomará parte e no qual está inscrito desde o seu nascimento. Cada pessoa, necessariamente, joga um jogo da vida. Há, assim, diferentes jogos da vida no transcurso da história e das civilizações, cada indivíduo, no desenrolar de sua vida, jogando, contingentemente, segundo a época e local de seu nascimento, uma partida determinada. O que implica que cada um, a partir de um jogo determinado, jogará diferentemente, mas segundo as regras que são comuns a todos esses participantes.[22] O conceito lévi-straussiano de totemismo, mais precisamente, recorta o que Wittgenstein denomina de "formas de vida". Com efeito, o totemismo é uma linguagem que não se contenta com estabelecer compatibilização e incompatibilização entre os signos, mas, também, prescreve ou proíbe condutas determinadas.[23]

## O EXISTENTE NUMA PERSPECTIVA PRÁTICA

Vimos que a gramática do verbo existir é diferentemente dada segundo se trata de proposições descritivas ou práticas. Num domínio determinado, essas duas gramáticas do verbo existir se recortam na medida em que ambas descrevem o que é, o que é dado, o que se apresenta, embora o façam com propósitos distintos, uma para dizer o "existente", as leis que regem os fenômenos, as proposições que os enunciam, a outra, com o intuito de intervir nesse processo, engendrando algo novo, um novo existente, a partir de uma determinada idéia, projeto ou "dever". Quero dizer com isto que o "existente" não tem para cada uma delas a mesma posição, isto é, a "posição da coisa" não é a mesma.

Em ambos os casos, a "posição" da coisa provém do tipo de existência que lhe é atribuído. Essa atribuição de existência pode provir, numa proposição, de um conceito que ocupa lingüisticamente a posição de um predicado, sendo, nesse uso, atribuído ao que se oferece, ao que se apresenta, como ocupando o lugar do sujeito, na proposição. Dessa maneira, trata-se de um tipo de existência que é atribuído à coisa, o que vai dar forma e significação ao que é, então, tomado como "objeto". Dito de outra maneira, o "real" torna-se, desse modo, "existente". A existência é aqui um outro nome da posição da coisa. Ocorre algo do tipo que Hegel denomina de a coisa "para mim", com o cuidado de não se subjetivar a coisa, mas tão-somente de indicar o modo do seu dizer, as condições de dizê-la, logo, as suas condições de "existência". E esta atribuição de existência, por sua vez, está inscrita num determinado sistema proposicional, configurando uma determinada forma de vida.

No caso das proposições práticas, o conceito de existência é tomado de uma outra maneira. À semelhança das proposições descritivas, as proposições práticas devem, como aquelas, partir de uma determinada descrição das coisas, de um dado conhecimento do que se inscreve como objeto de uma ação. Porém ao que visam as proposições práticas é uma outra forma de dar existência às coisas, o que significa alterá-las segundo um determinado projeto ou propósito. O enfoque muda, pois deslocamos o conhecimento da descrição das coisas dadas, este destaque "teórico" do mundo", para um outro enfoque, o das condições mediante as quais agimos e conferimos existência às diferentes etapas deste agir. Nele, uma outra forma de existência é acrescentada à coisa dada, desde a perspectiva do projeto, porém seguindo os parâmetros do conhecimento teórico que lhe confere, por sua vez, um tipo determinado de existência, a sua existência proposicional. O "fazer" altera o que lhe é dado, conferindo ao que é, uma nova posição, leia-se uma nova natureza. A coisa é posta pelo fazer, pela ação, e, nesta medida, vem a existir.

Tomemos o exemplo aristotélico da estátua. De que maneira dizemos que uma estátua "existe"? A estátua "existe" em diferentes níveis, desde o fazer do escultor que toma em uma acepção específica a "existência" do bronze, até a obra acabada, passando por suas diferentes etapas intermediárias. Deve-se considerar o conhecimento que nos permite dizer a natureza/existência deste metal, a sua ocorrência, a sua textura, a sua resistência, os instrumentos cuja "existência" é central para que o escultor possa superar a resistência do material, e a "existência" do seu projeto/idéias, isto que ele almeja traduzir na imediação das coisas. Temos, assim, diferentes maneiras de se dizer a existência, cada uma delas correspondendo ao modo mediante o qual conhecemos o "real", o vemos segundo diferentes perspectivas, e nele intervimos. No fazer do escultor, realçamos, segundo a etapa do processo, ou o enfoque que queiramos privilegiar, um aspecto, um enfoque das coisas. Dizemos, então, que a estátua "existe", pois ela é a nova "posição" adquirida pelo "bronze" ou a nova "posição" adquirida pelo projeto/idéia, tudo dependendo da abordagem que adotarmos. A "posição" corresponde, dessa maneira, a algo novo que veio a ser, algo que não "existia", ou melhor, que "existia" diferentemente segundo uma outra "posição", em uma outra "perspectiva", no caso o modo de ser do "bronze", dos "instrumentos", do "escultor" e dos seus "projetos/idéias".

Tomemos um outro exemplo: de que modo dizemos que um casamento "existe"? Um casamento é um contrato específico entre as pessoas, que, segundo as épocas ou sociedades, pode (ou podia) ser ou não dissolvido. Esse contrato, também segundo as épocas ou sociedades, é (ou era) instituído segundo determinados rituais provenientes seja do Estado, seja da Igreja, seja de ambos. As suas regras são (e eram) diferentemente percebidas e vividas conforme estes diferentes modos de instituição. Assim, uma relação de tipo específico entre pessoas de sexos diferentes, segundo um propósito particular de comunhão corpórea, de sentimentos e patrimonial, ganha existência de acordo com a forma de contrato que a institui, conforme o seu conjunto de regras. O casamento passa a existir pela observação de determinadas condições e de certos rituais, fazendo com que a relação entre duas pessoas passe a existir diferentemente. Desde uma determinada perspectiva, Paulo "existe", Maria "existe", porém a partir do momento que estabelecem uma relação contratual de casamento, eles passam a "existir" diferentemente. Isto pressupõe, nas sociedades contemporâneas, a "existência" do Estado, ou seja, de um conjunto de regras, politicamente instituído, que estabelece esse ritual de passagem à "existência" dessas duas pessoas. Nesse caso, a "existência" do casamento depende da "existência" de um conjunto de regras que estipula as suas condições de validade. Em outra cultura, a união entre duas pessoas de sexo diferente poderia ter outra significação, ser diferentemente dita e instituída. Ou seja, o engendramento dessa nova relação, deste algo novo que passa a "existir", é regrado pelas regras "existentes" e por seus modos de instituição.

Numa perspectiva teórica, descrevemos um casamento e as suas condições de validade segundo regras, atribuindo, em cada momento diferente, o conceito de existência ao que ocorre: as regras "existentes", as vontades de Paulo e Maria (a "existência" dos seus projetos/idéias), o casamento "existente". Toda outra união fora dessas regras não adquire a significação de ser um casamento, o que seria o caso se um dos cônjuges já fosse casado, o que estabeleceria uma situação de bigamia, não válida segundo essas regras. Numa perspectiva prática, temos um outro enfoque da existência, uma outra gramática, pois vemos a vontade em ação, a "produção de uma existência" determinada, a vontade engendrando um outro tipo de existente, ou novas relações de existência. As vontades "existentes" de Paulo e de Maria decidem (passagem à outra existência) contrair um outro tipo de relação (relação de existência possível que se torna existência em ato) conforme as regras "existentes". Dessa diferente relação de coisas instituídas, do agenciamento dessas diferentes posições, dessas coisas "postas", coisas "feitas", surge uma nova existência, um casamento (e o que este implica: família, patrimônio, filhos etc.)

Vejamos um exemplo propriamente político, o de uma "Constituição" no sentido moderno do termo. Observa-se, nesse processo, um outro modo de dizer e estabelecer a gramática do verbo existir, pois a sua acepção resulta do modo mediante o qual as instituições políticas "existentes" são vistas, compreendidas e consideradas como suscetíveis de serem transformadas. E dizemos intencionalmente modo de dizer e estabelecer, pois, segundo a abordagem, estaremos diante de um modo "lógico" de se dizer algo ou de um modo de "ser" da própria coisa, segundo o realce que dermos a cada uma dessas abordagens.

Para que vejamos com maior precisão a maneira pela qual atribui-se existência a uma Constituição, façamos a distinção entre dois tipos de Constituição, uma, que põe um novo tipo de existência segundo regras já estabelecidas e acordadas (exemplo: Assembléia Constituinte Brasileira de 1988), a outra, que engendra um outro tipo de existência, não seguindo as regras estabelecidas e, portanto, produzindo no mundo algo totalmente novo (exemplo: Assembléia Constituinte de 1789 e, também, as Constituições francesas de 1791 e 1793 como decorrentes desse novo ato de instituição). Quero dizer com isso que, numa determinada perspectiva, dizemos de ambos os processos que eles deram lugar a uma nova Constituição, resultando num novo relacionamento entre os diferentes agentes e atores políticos, sociais, econômicos e religiosos, engendrando, então, um novo "existente". No entanto, segundo uma outra perspectiva, o tipo de existência de ambos não é o mesmo.

No caso da Assembléia Constituinte Brasileira, ela teve lugar segundo regras estabelecidas que agenciaram diferentemente as relações políticas, sociais e econômicas existentes, realizando e/ou criando projetos e expectativas que entraram no domínio da existência possível e, alguns, no domínio da existência atual, realizada. Coloca-se, inclusive, a questão da aderência dessa Constituição ao nosso *ethos*, aos nossos costumes, à nossa forma de ser, pois, já ensinava Aristóteles, uma constituição não é um mero pedaço de papel, mas ela deve ao mesmo tempo colar e se despegar dos costumes. Colar, porque essa é a condição de sua eficácia, de que ela exista, de que ela seja a expressão de relações políticas efetivas entre os seus membros. Hegel dizia, a esse respeito, que não se pode "importar" uma Constituição, pois ela não vem a existir ao não se incorporar aos costumes, ao *ethos* existente, não cumprindo o seu papel de ordenamento das relações de poder existentes. Despegar, porque ela não pode estar voltada para o que é um problema imediato, para o que aparece como questões cotidianas, mas deve orientar-se para as relações futuras entre os indivíduos desta geração e para as subseqüentes, se se almeja ter um Estado. No seu despegamento, consiste a sua validade.

Agora, no caso da Assembléia Francesa de 1789 e, depois, das Constituições de 1791 e 1793, o que ganha existência provém de um outro tipo de relação entre os atores políticos, não fundado e não inscrito nas relações e regras dadas. O seu alvo aparece progressivamente como a instituição de novas relações políticas e humanas, ancoradas em outros princípios, que vão ter a função de guiar e/ou ordenar as ações políticas e as relações humanas daí decorrentes. Ou seja, os partícipes desse processo estabelecem, criam, novas regras na medida em que estão agindo, jogando. Eles recorrem, assim, a críticas das idéias dominantes, apropriando-se das novas idéias recentes (Rousseau e, de maneira geral, os libertinos e os enciclopedistas) e elaborando outras ainda novas, que correspondem às necessidades do processo político (por exemplo, a proposta de Sieyès de uma "Assembléia nacional" no lugar dos Parlamentos do Reino, que correspondiam à estratificação social em ordens e estamentos). Idéias guiando ações e ações formadas por idéias mudam as formas de vida na medida em que são politicamente instituídas, e isto conforme regras que vão se esboçando e concretizando nesse percurso de instituição. Eis por que a sua gramática é diferente, pois esta nova instituição não obedece às regras "existentes", pelo contrário, as destrói segundo a "idéia de uma nova existência possível", e confere valor a idéias, palavras e discursos, dando-lhes, então, sentido de acordo com os propósitos e intenções dos novos agentes políticos.

Coloca-se o problema da compatibilização entre diferentes "Constituições", expressões que são de determinadas "formas de vida", que autorizam determinadas ações e comportamentos, proibindo outros. Problema tanto mais agudo que, em momentos de passagem de uma forma de Constituição à outra, particularmente em situações revolucionárias, as mesmas pessoas, as mesmas organizações sociais e políticas ou as novas que então se criam, defrontam-se com a questão de como agir. O que é permitido por um conjunto de regras, não o é por outro. Tanto a obediência a regras quanto a desobediência apresentam o mesmo problema de justificação das regras e, por esse intermédio, o de como devem as pessoas agir. Historicamente, estamos diante de um processo que explicita, nas formas existentes, o que podemos chamar de "função política da contradição". Não se trata de uma mera sucessão ou justaposição de diferentes formas de vida ou de jogos de linguagem, mas de jogos que se sucedem, onde o último na ordem temporal pretende fazer valer os seus direitos de ser o melhor. No entanto, onde podem bem fazer residir esses valores senão na ordem de uma justificação, que procura avançar um discurso mais bem fundamentado ou argumentos melhor apresentados e/ou justificados. Estabelece-se uma relação de contraditoriedade entre comportamentos proposicionais de tipo diferente senão antagônicos, onde a existência de um implica a anulação do outro. A "contradição" aparece, então, como um conceito relacional entre dois comportamentos, de tal maneira, como no exemplo considerado, que, a partir dela, surge um novo processo de instituição de regras que, assim, ganha significação. Ou seja, a contradição surge porque esses dois conjuntos de regras não são compatíveis entre si, de onde a necessidade de um critério que possa resolver o problema de posições – logo de proposições – contraditórias entre si.

Sob as condições do Antigo Regime, o seu conjunto de regras e as suas formas de dizer estavam de longa data assegurados por costumes, leis e comportamentos cuja validade era apresentada como remontando a uma origem divina.

Não se tratava apenas de uma organização social estruturada segundo ordens sociais, tendo como ápice a figura do rei, mas de uma forma de encarar a vida, de concepções que pretendiam remontar aos textos sagrados e encontraram, inclusive, na Igreja, a intérprete e fiadora desta origem. As formas de seu dizer e a apresentação proposicional de sua existência encontrar-se-iam, assim, ao abrigo do tempo. Por outro lado, a ação que procurava politicamente se afirmar aproveitava-se, evidentemente, da dissolução dos costumes, dos laços políticos e da discussão racional de tais idéias, o que já era um signo de seu desmoronamento. E ela o fez recorrendo a novas concepções e regras de vida, cuja justificação não era mais a mesma, a razão sendo erigida em novo tribunal.[24] A nova ação procura se afirmar, mas não encontrava guarida nas regras existentes. Ela pôde contrapor ao existente a idéia do dever, da natureza humana, da igualdade e da nação, mas essas idéias, naquele momento, só "existiam" para esses agentes como fazendo parte de um mundo possível, próprio do pensamento de uma ação que clamava por sua realização. Na perspectiva das regras do Antigo Regime, o novo comportamento político "proposicional" não teria "sentido", na medida em que caia fora das regras e usos instituídos. A rigor, ainda segundo essa perspectiva, o discurso revolucionário, este conjunto de proposições, não faria sentido, o sentido das proposições sendo ainda dado pelas regras que continuavam a ordenar as relações políticas próprias da monarquia de direito divino. Na perspectiva da ação revolucionária, as novas proposições não só adquirem sentido pelo ato que as institui, como têm a pretensão de estabelecer as condições de validade universal de toda ação política, de toda proposição, mediante a reelaboração da doutrina dos direitos humanos. A ação política diz em sua linguagem os novos direitos que são, então, elaborados, o que passa por uma reconsideração, leia-se, uma fundamentação, da verdadeira natureza humana.

Segue-se uma regra ou mesmo começa-se a seguir uma regra não apenas enquanto algo já existente, mas como seu processo de formação. Se ela já é existente, a ação pauta-se por um parâmetro dado e o seu dizer adequa-se a esta linguagem concretizada nos costumes e instituições vigentes. Se a ação pauta-se pelo processo de formação de regras, o seu parâmetro situa-se nas suas formas do dizer e naqueles comportamentos que estão se demarcando das regras existentes em função de novas, as que são postuladas pelo novo discurso. Assim, seguem-se usos particulares da proposição, baseados no que, por este discurso, aparece como justificado. O processo de gestação de novas regras obedece a um comportamento que reitera sempre a mesma fala, apresentando a sua específica forma de justificação, e caracterizando-se pela negação das regras existentes e dos discursos que as sustentam. A significação prática da noção de regra como se dando a partir de casos determinados, que são enlaçados e relacionados, permite, precisamente, apreender o modo pelo qual uma regra se constitui ou uma já existente se transforma, sempre através de casos determinados, de sua sucessão e de seu entrelaçamento. A reiteração sistemática dos casos que se voltam contra os costumes, leis e instituições vigentes, se bem-sucedida, consegue politicamente se impor sobre as regras anteriores.

Pode-se, portanto, dizer que as regras do "novo" regime político são "contraditórias" em relação às do "antigo", pois as suas posições respectivas, se existentes no mesmo momento, se anulam. Sob uma outra ótica, entretanto, poder-se-ia falar de dois jogos políticos, valorativamente equivalentes, que se sucederam no tempo, como se, tendo jogado basquete, passo, agora, a jogar futebol, sem que possa dizer que jogar basquete seja contraditório em relação a jogar futebol, tratando-se, tão-só, de dois diferentes jogos. Não seria adequado, então, falar de contradição, pois temos um novo jogo que não cabe nas regras do anterior, um jogo que contempla novos casos, engendrando, para isto, novas regras, fazendo "existir" uma nova forma de vida. Ou seja, temos duas formas de vida, dois conjuntos de regras políticas com seus respectivos modos de fundamentação, comparativamente equivalentes, de mesmo valor se enfocados como dois tipos de forma de vida possíveis. Os diferentes agentes, de um e outro jogo, de uma e outra forma de vida, atribuem diferentes acepções a palavras, idéias e discursos como os de "natureza humana" e "direito natural", que têm, segundo cada um desses usos, diferentes conotações, ambas perfeitamente adequadas às regras desses jogos. Logo, não há aqui contradição entre palavras, acepções ou proposições, pois elas obedecem a diferentes usos e propósitos, cada um seguindo diferentes regras.

No entanto, à diferença dos jogos de basquete e futebol que podem coexistir simultaneamente dentro de uma mesma forma de vida, os jogos do antigo e novo regime engajam um compromisso com o modo mesmo de organização da vida, de preservação da morte, sendo mutuamente incompatíveis. Mais bem, entre eles, joga-se um jogo de vida e morte, a existência de um implicando a supressão do outro. Historicamente, essas diferentes formas de vida se afrontaram politicamente, militarmente e ideologicamente, tendo havido momentos em que não se sabia segundo quais regras se jogava. Jogo estranho este, pois, em determinado momento, como numa guerra, ele foi carente de regras. Formas de existência atuais e possíveis se enfrentavam, sem que se soubesse segundo quais "regras existentes" se jogava. As regras "existentes" mostravam-se fracas, não conseguindo mais se impor, enquanto as novas, por sua vez, situavam-se neste "esboço" que procurava se afirmar. Jogava-se, na verdade, o jogo político – potencialmente, senão efetivamente, mortífero – de se fazer regras do jogo.

Contudo, pode-se falar de um tal jogo como jogo na medida em que implica regras? Poder-se-ia, talvez, falar aqui, utilizando a terminologia de Austin,[25] de "jogos performativos", que se estabelecem no nível propriamente discursivo e em suas repercusões práticas, uma espécie de "jogo" fazedor de jogos, estabelecendo novas formas de vida. O discurso "performa" pela ação o que é então feito, à maneira de um dever-ser discursivo que se impõe praticamente ao guiar as ações em seu trabalho de instituição de novas regras. Estabelece-se a exigência de "medidas" sem um "padrão existente de medida", tudo dependendo, para o "performativo" tornar-se "existente" como novo padrão de conduta, que ele suscite adesão, que as pessoas acreditem no novo jogo, como sendo melhor do que o anterior. Quando Sieyès propôs a moção, em junho de 1789, de que os Parlamentos do Reino se constituíssem em Assembléia Nacional, à iniciativa da Assembléia do Terceiro Estado, se essa sua moção não tivesse suscitado adesão, as coisas teriam, nesse particular, permanecido politicamente ordenadas segundo os três Estados do reino. Se as regras do Antigo Regime estivessem plenamente vigentes, a crença das pessoas as sustentando, ele teria, provavelmente, acabado preso ou num manicômio, nesse último caso por sua proposta ser insensata.

Ora, foi precisamente o contrário que aconteceu, tendo precipitado o processo de desmoronamento das instituições em vigor, culminando no regicídio como decapitação da cabeça/pilar dessas regras então existentes, que tinham perdido a sua vigência. Diferentes concepções se afrontaram procurando fazer vigorar, fazer existir, velhas ou novas regras, velhos ou novos padrões de medida, que fossem a garantia da nova existência, da nova coisa feita. Esse novo afrontamento coloca-se, assim, em termos de valores, como enfrentamento de diferentes concepções e proposições, as quais, segundo o lado que se as olha, são consideradas como "verdadeiras" ou "falsas", "boas" ou "más", "justas" ou "injustas", fazendo intervir o princípio de não-contradição.

A contradição torna-se real, instala-se no nível dos fatos, das ações que se afrontam. Como rastreá-la? Pode-se falar de "contradição" na medida em que temos dois procedimentos mutuamente incompatíveis entre si, sem que o parâmetro de medida adotado por um possa vir a ser adotado pelo outro e vice-versa. O princípio de não-contradição atua segundo determinadas noções de ser ou de existência, a partir das quais podemos estabelecer o que é ou não compatível entre elas. Se assim não fosse, o princípio de não-contradição atuaria no vazio por carecer de algo existente que lhe desse sustentação. Ou ainda, cairíamos numa espécie de petição de princípio, pois falaríamos de contradição pressupondo um princípio que vem a ser, seja objeto de prova possível, seja descartado por não poder dar conta daquilo que não pode ser valorativamente posto em relação. A contradição é um conceito relacional que envolve uma relação de algo com algo, de tal maneira que se estabelece um vínculo dos termos que lhes confere significação, o que é uma outra forma de dizer que um é, por exemplo, verdadeiro e o outro, falso, ou ainda, na versão ética, que um é bom ou justo, e o outro, mau ou injusto.

O princípio de não-contradição se estabelece lá onde de proposições diferentes podemos dizer que uma é verdadeira e a outra, que lhe é contraditória, falsa. Fazemos intervir a contraditoriedade entre proposições segundo a atribuição da relação verdade/falsidade. Ocorre, entretanto, no caso político em questão, que não temos a "regra", o "critério", dessa atribuição, pois, entre os dois conjuntos de regras, temos dois usos completamente distintos: um, que até então regia a vida política, social, econômica e religiosa dos membros dessa comunidade e outro, que obedece a outros propósitos, o uso que se funda, por enquanto, numa existência possível, que se apresenta sob a forma de concepções, idéias e proposições que reivindicam para si o estatuto de "verdadeiras", "boas", "justas", "universais", e contraditoriamente atribuem à outra, o estatuto de "falsas", "más", "injustas" e "particulares". Trata-se da mesma atribuição, porém com signos contrários, se fazendo da perspectiva contrária.

Acontece, então, que estamos diante de uma "contraditoriedade" de formas de vida, de "formas de ser", que fazem como que implodir as regras vigentes. Não estamos situados somente na perspectiva do modo de conhecer dois conjuntos de proposições. Poderíamos, quiçá, descartar a "contradição", dizendo que essas proposições "em relação" carecem de sentido por serem mal construídas. Isso não apaga, no entanto, um problema "real" ao qual atribuímos um modo de existência, e esse modo de existência comporta uma dimensão valorativa, presente em expressões do tipo: bom/mau, justo/injusto e, mesmo, verdadeiro/falso. A questão consiste em dar conta deste uso reconhecendo, ao mesmo tempo, em uma outra perspectiva, que, descritivamente, trata-se de duas formas de vida, de dois conjuntos de regras, cada um válido a seu modo, como um jogo difere do outro. Pode, portanto, ocorrer que o princípio de não-contradição não se aplique à contraposição entre uma forma de vida de tipo proposicional, para além de suas variações, e uma ação não-proposicional que vise, precisamente, a aniquilar a linguagem prática. Coloca-se, como vimos, igualmente, o problema da compatibilização entre si entre formas de vida valorativamente contrapostas. Neste último caso, descarta-se a contradição, dizendo que cada conjunto de proposições só faz sentido no interior de sua gramática, e aqui o princípio de não-contradição vigora completamente. Entretanto, por outro lado, há como uma exigência de validade universal, e não apenas regional, quando pensamos, ou seja, quando procuramos dar conta de algo existente por intermédio da aplicação do princípio de não-contradição. Isto é, procuramos dizer que pode haver contradição entre esses conjuntos, de certa maneira, equivalentes, de igual valor, e incomensuráveis, o dizer a contradição estando sustentado num princípio universal, o princípio de não-contradição, que se fundaria num modo de conhecer e de ser relativo à ação humana e às formas de vida que esta se dá. Estamos, portanto, diante da tarefa de estabelecer, como logicamente possível, a justificação de casos, praticamente instaurados, que não apenas não caem dentro do que eram as regras existentes, mas têm igualmente a pretensão de elaborar a regra para qualquer forma de vida, isto é, um "padrão de vida/medida universal". O problema consiste não somente em compararmos descritivamente duas gramáticas tidas por possivelmente existentes e, segundo as circunstâncias, ao mesmo tempo, às quais, em suas "relações", não podemos aplicar o princípio de não-contradição e, *a fortiori*, o princípio do terceiro-excluído, mas nas condições existenciais de estabelecimento de *uma* gramática que pretende, do ponto de vista das formas de vida, ser *a* gramática da vida justa e boa.

Esse deslocamento do enfoque permite-nos recolocar a questão das relações entre regra e normalidade. Trata-se de uma questão cuja acuidade é manifesta tanto para a compreensão da política e do modo de instituição das relações humanas via determinadas formas proposicionais e não-proposicionais da ação, quanto para aquilo mesmo que podemos considerar como uma "descrição" dos usos da linguagem. Os critérios que nos permitem conhecer e, mesmo, querer determinadas regras, dependem das gramáticas nas quais estão inseridos. Logo, se o fundamento dos critérios reside nas gramáticas, e como não pode haver, segundo a formulação de Wittgenstein, uma "gramática das gramáticas", critérios que pairariam acima das gramáticas necessariamente particulares, coloca-se precisamente o problema do em que se assentam os critérios, se com eles quisermos estabelecer uma medida valorativa de escolha de regras ou de projetos de regras. Neste sentido, Hacker assinala que os *criterial grounds* [fundamentos oriundos de critérios] wittgensteinianos são em si mesmos indeterminados, pois podemos dizer que não há uma gramática das gramáticas. Contudo, por outro lado, há casos aos quais não se aplica com exatidão uma determinada regra, de tal maneira que se recoloca, de uma outra maneira, a questão da justificação do caso e a do como se engendra – "criteriosamente" – um novo conjunto de regras, uma nova forma de vida. Ou seja, "as regras oriundas de critérios incorporadas na prática lingüística da comunidade humana são talhadas para condições normais".[26]

Em nossa perspectiva, há precisamente casos produzidos pela ação humana segundo as mais diferentes linguagens (e mesmo na ausência delas), que fogem dos parâmetros em que as regras têm sentido por se inscreverem em usos normais, dados por determinadas regularidades da vida humana. Não se trata somente de casos que não se adequam a regras no seu uso normal, mas, ao envolverem as próprias regras nos usos que delas são feitos, põem a nu o problema dos fundamentos nos quais se assentam. Uma espécie de *fuite en avant* desse problema consistiria em dizer que as coisas são assim, porque a natureza humana é assim,[27] quando, na verdade, o problema reside no modo mesmo de entendermos a natureza humana. A filosofia exporia as condições de exercício normal de regras e de usos de termos, sentenças e proposições, porém fica aqui em aberto a questão, propriamente filosófica, das condições e ações que rompem com o uso normal de termos e proposições, quanto de exercício de regras, não sendo suficiente dizer que sejam sem sentido, se o sem sentido toma conta das coisas sensatamente consideradas e tenta se impor como uma nova "normalidade", uma nova "regularidade".

Costumes e instituições são regras morais, religiosas ou políticas, que se sustentam enquanto os membros dessas comunidades ou sociedades continuarem coletivamente seguindo essas regras. Os usos são mantidos enquanto essas comunidades e sociedades se os representarem como válidos, enquanto essas práticas lingüísticas estiverem ancoradas no modo mediante o qual essas pessoas pensam – e se apresentam – essas formas determinadas de "natureza", de "existência", comunitária e societária. Numa monarquia de direito divino, essas regras são ditas válidas ou, no caso, verdadeiras, por se assentarem em práticas tidas por imemoriais, baseadas numa determinada concepção do político enquanto fundada numa visão religiosa do mundo e das instituições de poder em particular. Numa visão moderna, tenderíamos a dizer que se trata de uma "ficção" teológico-política,[28] porém o problema reside precisamente em que a "ficção" é existente, que ela solda e dá coesão às relações humanas, de tal maneira que a ação adere a esta formulação que confere consistência e eficácia à sua própria estrutura lingüística. Convém notar a passagem do uso "lingüístico" das palavras e proposições, que nos dá a acepção de uma regra de linguagem, a uma outra acepção dela decorrente, qual seja, ao uso "regrado" que se expressa em costumes e instituições. Passa-se, então, à noção de uso na acepção ampla de ações reiteradas segundo determinados signos e valores, à acepção propriamente "institucional" desses usos, aos quais se acrescenta a significação de regras jurídicas, políticas e institucionais no sentido amplo da palavra.

A formulação wittgensteiniana de "Seguir uma regra",[29] que ocorre em usos tão distintos como fazer um relatório, dar uma ordem ou jogar uma partida de xadrez, remete, precisamente, aos usos, costumes e instituições [*Gepflogenheiten, Gebräuche, Institutionen*]. A forma mediante a qual se chega à significação dos usos, costumes e instituições permite ressaltar a significação atribuída a ações, a práticas lingüísticas, que se encaixam em contextos regrados os mais díspares, contanto que apareçam, graças aos costumes, como "normais". O conceito de regra, numa tal perspectiva, tem um núcleo significativo que o torna válido para os mais diferentes contextos de linguagem, valendo, assim, tanto para uma monarquia de direito divino quanto para uma sociedade democrática contemporânea. As significações das regras, dos costumes e das instituições referem-se, portanto, a práticas de linguagem no sentido amplo da palavra, as que ocorrem nas diferentes formas de vida. Entretanto, o que pode bem significar, do ponto de vista do uso assim conferido ao conceito de regra, o núcleo comum, desta maneira tornado presente, de costumes e instituições na monarquia de direito divino e em sociedades democráticas contemporâneas?

Num sentido, como vimos, a resposta é: a significação de regras, costumes e instituições, tal como formulada, visa somente a determinar o que é logicamente comum à extrema variabilidade de regras, costumes e instituições, que possuem, evidentemente, para além desta acepção comum, as suas significações próprias, correspondentes aos seus significados particulares e historicamente contextualizados. Porém, em outra acepção, vimos que o processo histórico-político de transformação de regras mostra casos em que regras não mais vigoram, em que a normalidade é dissolvida. A questão que pode ser suscitada é a de se não há também uma contextualização da formulação "lógica" das regras, costumes e instituições. Ou seja, como se obtém a significação do uso lógico das noções de regras, costumes e instituições. Se assim é, haveria de remeter ao contexto político, histórico e cultural dessa enunciação, com a subseqüente indagação da validade do procedimento que "generaliza" um uso determinado a vários contextos culturalmente e lingüisticamente muito distintos. Isto é especificamente o caso de situações onde se esboçam, onde se formam regras sem nenhum contexto regrado que lhes forneça os critérios deste processo de elaboração e criação de regras, salvo os "performativos", aqueles que se fazem na própria ação, e de situações de escolha por formas de vontade maligna, onde desaparece a estrutura proposicional da ação.

## A MEDIDA "FICCIONAL" DA DEMOCRACIA

Regras servem aos mais variados propósitos. Elas estipulam as relações de parentesco, a organização de trânsito, o sacro dos monarcas de direito divino. Em todos esses casos, uma regra expressa o conjunto de regras do qual faz parte, e o faz revelando o seu modo de ser e os seus princípios estruturadores, regulando diferentes esferas da vida humana. Essas regras são nada mais do que a maneira mediante a qual essas diferentes formas de vida se fazem presentes. O núcleo comum do conceito de regra recorta uma ampla gama de autorizações e proibições, permitindo ou não determinados movimentos e ações, essas veiculando os valores e princípios norteadores de distintas formas de ordenação das relações humanas. Está, portanto, em questão o que se entende por "natureza humana".

Vivemos num tipo de sociedade cujas múltiplas formas de regulamentação nos fornecem a sensação e a impressão de que as coisas são assim e, inclusive, deveriam ser assim, pois são "necessárias", "úteis" e "boas" para os propósitos que cumprem. Muitas vezes, chegamos a ter dificuldades em conceber uma outra forma de organização, como se essa fosse mesmo "natural". Estamos aqui tentados a recorrer a Pascal,[30] quando diz que essa conduta é uma forma de "diversão", a "diversão" de pessoas que, desse modo, se ocupam da vida não pensando na morte, fazendo como se esta não existisse; tal é a preocupação com os detalhes que organizam a nossa vida cotidiana. Quando pensamos nas regras de trânsito de uma sociedade organizada em torno da indústria automobilística e as pomos em relação com o sacro de um rei da monarquia de direito divino, não deixamos de suscitar questões sobre o que essas diferentes regras têm em comum e como elas se vinculam com princípios igualmente diferentes.

Em ambos os casos, "padrões de normalidade" são seguidos. No entanto, se os pusermos em relação, veremos que resultam de processos sociais, econômicos e políticos tão distintos que suas diferentes formas de vida mostram-se incompatíveis entre si, dadas as ações "relacionalmente contraditórias" que os instituíram. Provavelmente, se essas "sociedades" e essa "comunidade" tivessem se conhecido simultaneamente, tenderiam os seus juízos respectivos sobre a outra a considerações de comportamentos "bizarros", quase tão distantes dos nossos em relação a, por exemplo, sociedades "primitivas" com os seus pensamentos correspondentes.[31] O membro de uma comunidade organizada em torno da idéia da monarquia de direito divino poderia, inclusive, considerar a noção de "cidadania" como intimamente vinculada à propriedade de um veículo automotor, tudo dependendo da posição de observação por ele adotada!

Se observarmos aquilo que se entende por natureza humama no transcurso da história, constataremos que ela se altera, podendo mesmo afetar as propriedades essenciais do seu conceito, na medida em que ocorrem transformações mais ou menos abruptas dos parâmetros de comportamento e padrões de medida social. As transformações sofridas por aquilo que se entende por natureza humana são, elas mesmas, expressões das mudanças de comportamento, de regras. Isso se traduz pelo fato de que os membros das mais diferentes comunidades humanas, no transcurso da história, não mais entendiam da mesma forma o que era tido por "normal" e, em consequência, por humanamente natural. Foram essas transformações que imprimiram, de acordo com o exemplo dado, via imitações[32] sucessivas, uma nova figura às diferentes culturas. As diferentes culturas, por sua vez, em suas mútuas relações, foram expondo diferentes facetas de povos diversos, e cuja simbiose, por assim dizer, veio a nos fornecer um certo padrão de medida, que consideramos como sendo a humanidade. E é de posse deste padrão de medida que viemos a julgar diferentes indivíduos, grupos sociais ou comunidades, internas ou externas àquelas em que vivemos. Quero com isso dizer que o que consideramos como natureza humana[33] provém desse padrão de medida que baliza o seu dizer e as suas condições.

Ou ainda, podemos dizer que as representações coletivas que conferem identidade a cada povo, estabelecendo no seu interior os padrões da identidade pessoal de cada um, permeiam, pelas formas de vida que implicam, o que consideramos como a humanidade deste povo e, dessa maneira, o que será tido por natureza humana. Num certo sentido, pode-se dizer que o central não consiste em reconhecer que todo homem tem certos instintos básicos – até aí pouco evoluímos no conhecimento da natureza humana, pois nos daria um certo denominador comum que nos aproximaria de outras espécies animais –, mas no como esses instintos básicos são trabalhados, elaborados, pelas diferentes instâncias psíquicas, sociais e culturais. Ou seja, o que consideramos como sendo a natureza humana mostra sua plasticidade em diferentes povos ou épocas históricas. Aquilo que viemos a considerar como "história universal"[34] ou um outro nome que preencha a mesma função, é nada mais do que uma consideração da humanidade, de um certo padrão de medida, que veio a se impor mediante a preponderância e/ou dominação de determinados povos via propagação e consolidação de determinados valores e princípios.

Exemplos e comportamentos são imitados, os membros dessas comunidades começam a aderir ao que é dito e exposto nas novas condutas, mudando a face do que é considerado como humano, o que, em outras palavras, se chama também de mudança de cultura ou de civilização. Os comportamentos alteram-se segundo a adesão que as novas idéias e condutas suscitam, trabalhando, diferentemente, aquilo que tendemos a considerar as pulsões e instintos básicos dos homens. Gabriel Tarde dá como exemplo a rapidez de transformação dos normandos que, no século X, de lobos-do-mar se fizeram pacíficos pastores, ou a conversão dos bretãos para o cristianismo no século VII, ou ainda dos gauleses, que se fizeram romanos sob César. Mostra-se em todos esses casos "o grau de plasticidade dos instintos humanos reputados como os mais indomáveis em virtude de sua antigüidade".[35]

A história do cristianismo mostra bem como o que consideramos ser a natureza humana sofreu uma enorme modificação, em consequência do processo mediante o qual essa religião veio a apossar-se da mente dos indivíduos. A nova religião tomou conta do Império Romano, apresentando uma nova concepção da vida e da morte, pela nova vinculação entre ambas. No dizer de Paulo,[36] o novo comportamento apresentava-se como um escândalo à racionalidade romana, algo que escapava dos seus parâmetros de medida e, em um outro sentido, exercia uma poderosa influência sobre os escravos e, depois, sobre os cidadãos romanos. A vida articulava-se diferentemente com a morte, fazia com que as pessoas tomadas por essas novas idéias não tivessem medo de morrer, enfrentavam circos, gladiadores e leões, forjando, por essa exemplaridade, um novo comportamento, um novo tipo de ação, que veio a ser identificado à natureza humana. Os mártires morriam para preservar a sua consciência, criando uma nova representação coletiva que se tornou o que, hoje, consideramos como sendo a civilização ocidental. É o "concurso sugestivo dos exemplos",[37] a criação de ordens, monastérios e conventos, que foram estabelecendo novas regras que deram corpo ao trabalho dos indivíduos que agiam em função de suas novas concepções. Foram essas novas formas de vida que vieram a determinar o agir, o comportamento, a consciência e o pensamento de franchas cada vez maiores da civilização. A nova configuração assim criada tornou-se o padrão de medida das novas regras devendo reger a vida de todos, graças à introdução dos seus novos valores, discriminando diferentemente o bem e o mal.

As grandes religiões operaram esse grande trabalho de refundição das almas, dos comportamentos, das regras, vindo, inclusive, a determinar o que se considera como verdadeiro ou falso, justo ou injusto, bom ou mau, certo ou errado. Seria, portanto, um equívoco sustentarmos a posição de que religiões são somente formas de superstição ou de ilusão. A sua vitalidade mostra, ao contário, como ela se enraíza neste trabalho de elaboração dos instintos primários. Afirmar, como Marx,[38] que a religião é o ópio dos povos consiste em cair numa cilada, a de sustentar que haveria uma verdadeira natureza humana situada para além das crenças religiosas, desconsiderando que o próprio homem é o vir a ser de suas representações coletivas, que o permeiam e formam, conferindo identidade a cada membro dessas comunidades ou sociedades. As religiões talvez sejam as formas mais bem-sucedidas de representações coletivas, visto a sua duração, leia-se a sua perenidade, no transcurso de diferentes culturas.

Gabriel Tarde observa, nesse sentido, que as religiões aparecem como necessárias às renovações morais dos indivíduos, aos estabelecimentos intelectuais duráveis, às convicções estáveis de que os indivíduos carecem. Esses agiriam impulsionados pelos exemplos, pelas imitações de determinados comportamentos e falas. Ou ainda, religiosos, pseudo-religiosos e quase-religiosos – acrescentaríamos políticos no sentido religioso contemporâneo, teológico-político – constituíram movimentos renovadores, que se colocaram como padrão imitativo para os indivíduos que os seguiam. Exemplos: conventos do Tibete, os conventos astecas, o Pórtico, Port-Royal, as escolas dos cínicos, os seminários católicos, a Genebra de Calvino ou a Florença de Savonarola, os quakers e as grandes sociedades secretas.[39] Gabriel Tarde chega, inclusive, a afirmar que uma "segunda natureza" se forma em cada associado, obra coletiva do todos os outros e de si mesmo, "fruto dessa ardente colaboração".[40] E num certo sentido, esta "segunda natureza" é mais propriamente sua, pois é resultado de sua escolha e não algo dado com o qual já se havia confrontado.

Em conseqüência, seguir uma regra ou contradizê-la quer dizer, do ponto de vista da significação, exibir um tipo de comportamento, um tipo de ação que segue o que foi institucionalizado, seja do ponto de vista de sua conformidade, de sua afirmação, seja do ponto de vista de sua desconformidade, de sua negação. Ou seja, exibe-se a estrutura significativa da regra mediante uma prática, prática evidentemente pública, pois uma prática "privada" seria o equivalente a considerar pensar uma regra como significando a mesma coisa que segui-la. Ocorre, entretanto, em sociedades democráticas, baseadas explicitamente em constituições que postulam, proposicionalmente, o que é autorizado ou proibido, que o espaço de interpretação da regra é muito mais amplo do que em comunidades como a de direito divino, dando inclusive lugar a instituições encarregadas de dirimir os conflitos de interpretação como são as instâncias jurídicas. Sociedades democráticas são estruturadas segundo textos escritos, chamados constituições, que com maior ou menor generalidade, maior ou menor abstração, ordenam as relações humanas que as instauraram. Acontece aqui algo relativamente inusitado, qual seja, a "politéia" ao dar-se nestes textos, não necessariamente reflete-se neles.

Na "politéia",[41] no sentido antigo da palavra, ocorre uma conjunção mais estreita entre a particularidade dos costumes, do *ethos* de um povo, e as relações mais genéricas, voltadas para o futuro, que deverão reger a vida dos cidadãos ou dos membros dessas constituições. Nas contemporâneas sociedades democráticas, esses laços são mais distendidos, pois a vinculação entre os princípios e as regras particulares é, muitas vezes, muito tênue, o comportamento de cada um estando, sobretudo, voltado para os assuntos privados, para os negócios, e para o modo de regulação destes. A economia capitalista contemporânea afrouxa os laços familiares, religiosos, os de costumes mais antigos, senão imemoriais, trazendo-os, todos, para os seus critérios de valor mercantil, para o que, freqüentemente, se expressa em valores e na possessão de bens materialmente mensuráveis. Esse movimento termina como se impondo e tomando o lugar do que era o *ethos* antigo, com a conseqüência de que os princípios norteadores do Estado ficam, muitas vezes, pairando sobre a vida dos cidadãos, não tendo eficácia.

A esse respeito, convém assinalar a distinção estabelecida por Wittgenstein[42] entre seguir uma regra e interpretá-la, pois, dependendo da acepção de "interpretação", pode-se ter um procedimento que procure não seguir uma regra e sim instituir uma outra. A interpretação pode fazer parte da regra do jogo, como quando, numa sociedade democrática, existe um poder, o judiciário, cuja tarefa consiste em interpretar as regras do ponto de vista do ordenamento das relações jurídicas aplicadas aos mais diferentes níveis da vida humana. Pode também ocorrer, em situações de ruptura institucional, onde as instituições do Estado não mais cumprem suas funções, que a "interpretação", tal como aparece na ação política, sendo a expresão de um novo discurso, não mais segue as regras existentes, postas, neste sentido, em questão. Ocorre algo como o "jogo da interpretação", que é, na verdade, o jogo de instauração de uma nova regra no interior de um determinado jogo de regras políticas, não alterando substancialmente a sua estrutura, ou o jogo de instauração de um novo regime político, com todo o seu novo conjunto de regras. Ou seja, se há um procedimento, segundo regras, de modificação de regras, as transformações acontecem ordenadamente no interior de uma mesma forma de vida. Se esses procedimentos inexistem, surgem situações de "anormalidades", onde as regras "dadas" não mais vigoram e "novas" regras são, ao mesmo tempo, esboçadas pelas ações que não mais sustentam as regras anteriores.

A democracia é, portanto, uma forma de vida política que se assenta na regra da igualdade do ponto de vista das disputas pelo poder. Tendemos hoje a dizer, sobretudo depois das experiências totalitárias nazista e comunista, que ela é, segundo a perspectiva, o melhor ou o menos mau dos regimes políticos. Tal asserção baseia-se no fato dela ter instaurado um modo "pacífico" de resolução dos conflitos políticos, tendo produzido, nos países capitalistas avançados, uma situação de bem-estar material para a maioria de sua população. Nada disso impede, no entanto, a análise mais atenta do modo mediante o qual opera essa "regra de igualdade" entre todos os indivíduos e grupos sociais. Ao pensarmos a democracia, pensamos sempre na "regra de igualdade" que permeia todas as suas instituições políticas. Logo, se substituirmos a "regra de igualdade", não mais estaremos pensando nesse jogo. No entanto, como se estabelece esse jogo e qual é o estatuto específico, a significação dessa "regra de igualdade"? Formalmente, temos que a, b, c, ... n, onde cada uma dessas letras está no lugar de indivíduos ou grupos sociais, são iguais entre si, ou seja, a=b=c ... = n.

A "regra de igualdade" aparece como tendo uma acepção política que, dependendo do seu emprego, ganha uma conotação social mais ou menos acentuada. Ela pode funcionar num sentido estritamente político, como quando estabelecemos a igualdade dos partidos políticos na disputa pelo poder, assegurando à minoria, àqueles que perderam uma eleição, os mesmos direitos de uso da palavra, de livre manifestação, de modo que seja facultado à minoria de hoje ser a maioria de amanhã. Ela pode funcionar num sentido mais social, quando a preocupação da ação política volta-se para a redução das enormes disparidades socioeconômicas entre as classes e grupos sociais. Tudo depende do sentido que é atribuído à regra de igualdade segundo os propósitos da ação política. Assim, as acepções da "regra de igualdade" são tributárias do uso que dela é feito. Logo, se digo que exprimo a igualdade do objeto mediante a igualdade do sinal, posso dizer com isto tanto que objetos diferentes são iguais em suas diferenças, quanto são iguais pela dissolução das diferenças.

No primeiro caso, posso preservar a diferença de cada um, de tal maneira que o sinal de igualdade só pode se estabelecer a partir da consideração da diferença. Logo, chega-se àquilo que Aristóteles considerava como "justiça distributiva"[43], conforme a qual desiguais devem ser tratados desigualmente. Esse uso relacional do conceito de igualdade leva em consideração as diferenças das pessoas que entram, assim, em uma relação de igualdade, o que é uma outra forma de dizer que as desigualdades de posição, sociais, são consideradas quando do estabelecimento da relação de igualdade. A "injustiça" nasceria do tratamento igualitário conferido a desiguais. A política de inclusão de minorias ou de grupos marginalizados nos processos de inclusão social e política, de "cidadania ativa", estariam, precisamente, baseados nesta máxima.

No segundo caso, temos a relação estabelecida entre duas pessoas como as igualizando, independentemente de outras diferenças. É o que Aristóteles denominava de "justiça comutativa",[44] praticamente operante nas diferentes formas do direito penal e civil, onde o dano é reparado por um juízo que procura restabelecer uma igualdade rompida mediante pena e/ou indenização. A sua máxima é "iguais devem ser tratados igualmente", ou mesmo, "desiguais são tratados igualmente", dependendo da infração ou delito cometido.

O que, no entanto, não deixa de ser curioso é que sociedades democráticas contemporâneas, na articulação entre esses dois princípios de justiça, logo, entre esses dois usos do sinal de igualdade, tendem a conceder primazia ao sentido comutativo da igualdade quando privilegiam a igualdade política enquanto igualdade de indivíduos, independentemente de outras considerações, o que aparece na máxima cada indivíduo um voto. Ocorre, portanto, uma tensão entre as acepções comutativa e distributiva da igualdade no momento em que há, como mencionamos, políticas ativas de inserção social e política, como as que foram aplicadas nos EUA, mas, também, em outros países, com os negros e as mulheres. Genericamente, o que está em questão é o tratamento da diferença, porém este só ganha sentido quando qualificado no interior de uma determinada forma de vida, onde ganha significação, a qual será fundamental do ponto de vista de reparações sociais que possam vir a ser implementadas.

O uso do sinal de igualdade, inserido que está, enquanto regra, numa certa forma de vida, determina, segundo a acepção daí proveniente, quais movimentos irão ocorrer. Há uma outra característica dominante das sociedades democráticas contemporâneas, na qual prevalece o sentido "comutativo" da igualdade em todas as esferas da vida, como se as pessoas fossem simplesmente iguais, o que não deixa de ser lingüisticamente curioso, pois é como se fizéssemos da igualdade um adjetivo que qualificaria absolutamente o homem, não mais funcionando como termo relacional. O resultado disso é que as "diferenças" se apagariam. Assim, se se seguisse essa vertente, desapareceriam relações de tipo hierárquico, que fazem normalmente parte das formas de vida, como as que existem entre pais e filhos, médicos e pacientes, professores e alunos. Agora, se essas relações desaparecem em proveito deste uso indiscriminado da igualdade, é claro que já estaríamos num outro conjunto de regras, que não se identificaria com outros jogos democráticos. O problema consiste em tornar ou não iguais objetos diferentes, que conservariam a sua função de diferentes (relações familiares hierárquicas dentro de relações políticas baseadas no conceito de igualdade; o mesmo valendo para outras esferas da vida humana que se caracterizam pela hierarquia: conhecimento, vida profissional etc.). Agora, se para ter a igualdade dos objetos necessito do sinal de igualdade operando como identificação, como redutor de diferenças na acepção genérica do termo, ocorre, precisamente, o processo inverso, produtor das maiores confusões políticas, que são as de tudo entender pelo sinal de igualdade. Nessa função de identificação, o sinal de igualdade seria, na verdade, elevado à posição de princípio, constituindo a "proposição fundamental" dessa forma de vida ao aplicar um redutor de igualdade – confundindo-se, então, o sinal de igualdade com uma igualização, por ele, de objetos diferentes e, assim, eliminando a especificidade destes.

A democracia moderna, como assinalado, está baseada em "formas do dizer", em comportamentos proposicionais que se assentam em "proposições fundamentais", que estabelecem os marcos de atuação de todos, o que se faz presente em constituições e, mais particularmente ainda, nos seus preâmbulos introdutórios, que têm a significação própria de "princípios". Esses "princípios" fornecem a idéia de que os "homens nascem livres" e "iguais em direitos". Aparentemente, essas formulações são provenientes de proposições de existência de estatuto descritivo, como se na proposição "os homens nascem livres" estivéssemos dizendo a existência dos homens no sentido "biológico" do termo: uma acepção biológica da existência. Na verdade, trata-se de uma "existência" *sui generis*, postulada por esta proposição e instituída por uma forma de ação que a estabeleceu como regra. Para justificar a regra, a sua apresentação ganhou a forma de uma proposição "existencial" descritiva. Da mesma maneira, a consideração de que os homens são "iguais em direitos" passa por "proposições" que têm a pretensão de dizer "existencialmente" uma mesma natureza, uma mesma "essência", como se um conceito essencialmente relacional como o de igualdade pudesse funcionar como um adjetivo a qualificar o ser do homem, independentemente do que se venha a considerar como direito. O problema consiste em que a "igualdade em direitos" assenta-se numa doutrina dos direitos humanos de pretensão universal e não em direitos concretos estabelecidos caso a caso, segundo condições concretas.

Ocorre aqui algo análogo ao que Owen observa a propósito do conceito platônico de igualdade. Segundo ele, os predicados tais como utilizados por Platão são freqüentemente incompletos, seguindo um certo tratamento equivocado dos gregos ao identificarem os termos relativos a simples adjetivos. É o caso precisamente do conceito de "igual" quando usado como se fosse um adjetivo que comparece num predicado, e cuja incompletude é, platonicamente, resolvida pela introdução do conceito de forma. Algo é dito igual a algo outro não pelas propriedades que essas coisas têm em comum, segundo a *relação* que assim se estabelece, mas por *participarem* da forma igualdade. A formulação platônica da participação teria a função de tornar um predicado de adjetivação em um predicado de relação, que só pode, estrito senso, ser preenchido por relativos. É como se um predicado incompleto devesse, numa única aplicação, comportar-se como se fosse completo,[45] e isso por participação na idéia. Logo, a predicação de termos relativos nada significa fora dessa relação.[46] Ora, a doutrina dos direitos humanos procura oferecer, à maneira platônica, o parâmetro de medida das noções utilizadas de igualdade, prescindindo, enquanto doutrina, dos casos que, eles, recorrem a ela por *participação*. Substitua-se, então, o conceito platônico de igualdade por doutrina dos direitos humanos.

A democracia assenta-se, na verdade, em proposições normativas que, em sua apresentação, aparecem como proposições descritivas que assumem essa forma de existência como se, através dela, uma "justificação" tivesse lugar. Essas proposições foram o resultado de uma forma de ação política que as instituiu de tal maneira. Essas proposições reclamam e suscitam adesão, de tal modo que, "por participação", logo pela ação que as compartilha, essas regras instituem-se graças à reiteração desses comportamentos individuais e institucionais. Por outro lado, sem essa "participação", em que a ação política se apropria de valores constitucionais por ela mesma postos, onde se jogam as diversas acepções de igualdade e liberdade, essas sociedades tornar-se-iam, em boa medida, um mero espaço de troca mercantil, de mera luta pela satisfação de interesses particulares, de luta de todos contra todos, cujo limite seria unicamente dado pela força e presença do Estado. Se essas formas de dizer desaparecem, se o ideal normativo não suscita mais adesão, o que pode conter os homens na partilha do poder senão a limitação recíproca da violência? Ou seja, a democracia descansa em instituições que reclamam continuamente a sua própria justificação e cujos critérios, em que pese à sua pretensão em contrário, são normativos e, como tais, devem ser apresentados e explicitados, não estando, portanto, enraizados em nenhuma "natureza humana".

Vejamos, mais precisamente, como se coloca o estatuto normativo no qual se baseia a democracia, algo que veio a se tornar tão natural para nós, constitutivo, inclusive, de nosso senso comum. Reza a *Declaração dos direitos do homem* de 26 de agosto de 1789: "Os representantes do povo francês, constituídos em Assembléia Nacional, considerando que a ignorância, o esquecimento ou o desprezo dos direitos do homem são as únicas causas das infelicidades públicas e da corrupção dos governos, resolveram expor, numa declaração solene, os direitos naturais, inalienáveis e sagrados do homem, com o intuito de que essa declaração, constantemente presente para todos os membros do corpo social, os lembre sempre de seus direitos e de seus deveres..."

Observe-se que os que se proclamam "representantes do povo francês" são os que assim se instituem por este ato de declaração. A ação política põe, como se destacando dela, um conjunto de proposições que aparece como resultando da ação, porém não pertencendo a ela. Resultando da ação, pois sendo o produto de uma instituição política, a Assembléia Nacional, que foi precisamente criada por esta forma de instituição política. Não pertencendo a ela, pois essa "Declaração" é apresentada como não fazendo parte da ação propriamente dita, enquanto proposição, na medida em que ela já possuía validade, independentemente dessa ação política. Ela agora ganha eficácia, porém já "existia" anteriormente, tendo sido "esquecida", "menosprezada". Ou ainda, foi a ignorância dos povos em relação ao verdadeiro conhecimento dessas proposições uma das causas da infelicidade pública, ignorância, evidentemente, forjada e implementada por aqueles que dela usufruíam.

Ressalte-se que essas proposições, que adotam a forma de uma "Declaração" política, tomam a figura de "Direitos naturais, inalienáveis e sagrados do homem". Naturais por terem seja o estatuto de coisas dadas – naturais nesse sentido, exigindo no nível das proposições uma descrição que se as aproprie, apropriação essa realizada pela ação política, aparecendo o "nascimento" como sua forma fatual –, seja o estatuto de coisas dadas de tipo platônico – as que se situam em um conjunto de idéias cuja validade paira para além ou aquém dos períodos históricos e de seus momentos de "esquecimento". Esses dois estados de coisas podem perfeitamente aparecer articulados, pois a ação política é o ato do seu descobrimento, que ocorre no nascimento dos homens, mas cuja percepção é freqüentemente obnubilada pelas relações sociais, familiares, políticas e religiosas nas quais ocorre. Contudo, o que esse nascimento veicula – e traz consigo – é um conjunto de direitos "inalienáveis e sagrados", tendo, portanto, uma validade universal e, nesse contexto particular de contraposição à religião, uma validade absoluta.

Logo, quem são os representantes do povo francês, senão aqueles que se instituíram enquanto tais, os que a palavra, pelo uso da força, tornou dominantes? A *Declaração* de 1789 baseia-se num discurso instituído por seus autores, que, performativamente, estão criando um novo tipo de relação política entre os homens. Observe-se, como já tínhamos assinalado, que, historicamente, uma Assembléia *Nacional* não existia, visto que os Parlamentos do Reino se reuniam, convocados pelo rei, em lugares distintos, seguindo as ordens do clero, da nobreza e do terceiro Estado. Estamos, portanto, diante de uma criação histórica,[47] algo que se constitui precisamente naquele momento. Qual é a função da *Declaração*? A de fungir, no nível das idéias, como justificação desta ação instituinte.

Coloca-se, então, a questão central de justificação deste ato instituinte. Onde buscar seus critérios e idéias? Algo deve ser inventado. Essa invenção foi chamada de "direitos do homem". A ação política fez os homens aderirem a essa idéia, passando cada vez mais a acreditar nela. Enquanto objeto de crença, essa idéia penetrava mais fundo no coração das pessoas e, à medida que se processava, mais gritantes tornavam-se as diferenças sociais existentes, de estamento, de privilégios. Opera-se um deslocamento do olhar, que começa a ver a situação anterior, o seu conjunto de regras, sob a ótica das novas proposições que estão se instituindo. A linguagem da *Declaração* vê a linguagem prática instituída pelas regras e comportamentos anteriores como objeto de um juízo moral e político. Essa nova crença começou a operar como se fosse um critério de juízo, de onde as asserções relativas à situação de então como "injustas", como provenientes da "escravidão" entre os homens.

No entanto, a nova doutrina não podia adotar a roupagem da crença, pois a religião instituída sustentava a doutrina do direito divino dos reis. Além disso, a nova época é progressivamente irreligiosa, libertina, apresentando-se como racional. Com efeito, se a nova ação instituinte se proclama racional, não é admissível que a crença – abominada – possa ser a sua justificativa. Ela deve, sim, recorrer a uma doutrina que se apresente como racional. Onde encontrá-la? Talvez, num esforço de elaboração de critérios universais. Ocorre, porém, que a ação necessita de respostas rápidas, que "peguem", que suscitem a adesão dos cidadãos. Kant, do outro lado do Reno, começa logo a efetuar esse trabalho, no que será seguido por Fichte e Hegel. Não era Sieyès chamado de o Kant francês, nesse seu esforço de elaboração?

Mas o tempo urge! Logo, a asserção: os "direitos humanos" existem, sempre, aliás, existiram. Acontece que foram "esquecidos", "desprezados". Onde, no entanto, eles "existem"? Como puderam permanecer por tanto tempo ocultos? Foi a "ignorância" que produziu um tal estado de esquecimento por séculos a fio, e poucos se deram conta do ocorrido. Bastaria olhar o mundo, os homens, a natureza. A tentação era grande de recorrer a uma visão imediata das coisas, não "deturpada" pela "superstição", pelos "maus" hábitos e costumes. Contudo, o que se via quando se olhavam as coisas do mundo? Diferenças sociais, de estamentos, que estabeleciam uma extrema diversidade entre os homens, tidos por membros de ordens sociais, por nascimento, com pouca margem de alteração desta situação. A realidade imediata, aquela com a qual os membros dessas comunidades conviviam durante séculos, era a da desigualdade social, jurídica e política. O seu *ethos* não era o da igualdade. De onde o recurso à "natureza" sob a forma de direitos "naturais", aliás "sagrados", tornava tão flagrante o seu confronto com o estado de coisas vigente e, ao mesmo tempo, colocava a questão de sua sustentação, pois na realidade imediata, tal como se apresentava, não podia residir. Esses direitos são, então, considerados como "inalienáveis", porém segundo quais critérios?

O esboço de resposta consta do "Artigo primeiro – Os homens nascem e permanecem livres e iguais em direitos. As distinções sociais são apenas fundadas sobre a utilidade comum". O recurso à natureza é flagrante: os homens 'nascem' livres, graças a um processo natural, que pode, como vimos, veicular um conjunto de proposições, de idéias, que não são afetadas nem pelas desigualdades naturais, como as de sexo, cor, tamanho, peso, cabelo. Não deixa de ser curioso que a natureza torne os homens livres, pois apenas alguns anos antes eles eram tidos por nascimento como pertencendo às ordens e estamentos sociais. De repente, o antigo discurso e suas regras são declarados falsos e o novo, verdadeiro. Ou seja, a força se institui como critério de verdade. Mais ainda, os homens nascem livres e iguais entre si, como se a igualdade inerisse aos homens como um predicado inere essencialmente a um sujeito. Cabe, porém, a pergunta: sendo a igualdade um termo relacional, segundo quais propriedades diremos que dois indivíduos são iguais?

A *Declaração* evita o escolho de dizer que os homens são, simplesmente, livres e iguais entre si ao afirmar que eles o são por nascimento. Ela procura restringir o alcance da igualdade como termo relacional ao postular a liberdade como seu critério e ao enraizá-la na natureza. Se ressaltasse somente o conceito de igualdade como termo relacional, poderia estabelecer qualquer propriedade como servindo de base à relação feita. Assim, por exemplo, os homens são iguais pela propriedade de serem caminhantes ou falantes, sem que com isso se consiga a justificação buscada. Poderia, também, escolher propriedades específicas como o uso de óculos: diria que os homens são iguais por portarem óculos – o que poderia me dar uma idéia de igualdade por miopia ou astigmatismo.

O conceito de liberdade, neste seu enraizamento natural, forneceria o critério do conceito de igualdade a partir do qual direitos seriam derivados. Isto seria equivalente a recorrer ao uso existencial do verbo ser, como se os homens existissem enquanto iguais. Mediante esse recurso, o artigo primeiro funcionaria como uma proposição descritiva apoiada neste uso existencial do verbo ser. Teríamos, assim, que os "homens são ou existem como livres por nascimento". Ou como se costuma dizer: "Os homens são livres", onde o verbo ser funciona como expressão de identidade, sem que daí se deduza uma função de existência que, na verdade, provém do seu uso na ação que a institui existencialmente. Mas, posso dizer que os homens existem "naturalmente" enquanto iguais? O que me impacta quando vejo o mundo, o que me é perceptivelmente dado, é que os homens são "diferentes", são "desiguais" biologicamente quanto ao sexo, à cor, ao tamanho, à altura ou quanto aos costumes familiares, de vestimenta, religiosos nos quais imediatamente se integram. Logo, a igualdade não pode ser um conceito cuja origem seja a percepção, a empiria. Da mesma maneira, não cabe dizer que os homens nascem livres, nem que nascem não livres, essa formulação não fazendo sentido num tal uso existencial, salvo o de sua elaboração num sistema proposicional normativamente constituído e justificado.

Contudo, a igualdade é freqüentemente tomada como algo evidente, quase inquestionável. Que os homens sejam existencialmente iguais, só pode ser uma forma de dizer as suas relações, implicando um modo de atribuição da existência, com seus critérios e proposições constitutivos. Digo os homens como iguais, como "existindo" relacionalmente como iguais, o que nos remete ao problema de como podemos justificar esse dizer, segundo quais princípios e regras. Ou seja, a igualdade é uma idéia da razão, da razão em seu uso prático, cuja função, na *Declaração*, é mais especificamente política. Na verdade, os homens se dão uma forma de relação política mediada por esta idéia. De onde provém, no entanto, esse padrão de medida?

Ele exige o recurso a um conjunto de proposições, historicamente criado, porém suscetível de formas de justificação cuja validade seja universal ou válida para uma comunidade dada. Universal, se fundamentada numa concepção genérica de homem ou em proposições que se aplicam indistintamente a qualquer indivíduo, o que é uma outra forma de dizer a natureza "racional" do homem. Para uma comunidade dada, se a sua validade for circunscrita por uma comunidade religiosa ou política, em cujo caso a validade dessas proposições é limitada pelo uso que delas é feito no interior dessas comunidades. Não se pode, portanto, recorrer à natureza como se esta fosse capaz de apresentar uma espécie de essência do homem, imutável em seus termos e presente em todas as épocas históricas, podendo ter sido corrompida ou deformada. Todo recurso à essência equivaleria seja à adjetivação da igualdade, seja à escolha de um termo relacional que remeteria à escolha gratuita dos termos relacionados. No caso inclusive, a gratuidade histórica, a da ação política, particularmente revolucionária.

O que se apresenta como social e politicamente dado, utilizando uma terminologia hegeliana,[48] é a relação senhor/escravo, que depende, evidentemente, do que se oferece como existente num determinado momento. Ou seja, aquilo com que nos defrontamos histórica, política e socialmente são as relações de dominação e exploração segundo determinadas regras econômicas, sociais, jurídicas e políticas. Isso, segundo a perspectiva adotada, pode nos indignar e impactar ou nada nos surpreender, em argumentos do tipo "as coisas sempre foram assim". A luta pela existência apresenta-se como luta pelo reconhecimento, no momento em que começa a ocorrer uma mudança no estado de coisas existentes, como quando a igualdade, enquanto idéia racional, começa a pautar as relações humanas, tornando possível a instauração de uma relação social e política orientada por ela. Nesse caso, o reconhecimento da igualdade como uma idéia justificada da razão aparece como devendo nortear "existencialmente" a vida humana. Isto implica um conceito mais ou menos do seguinte tipo: os homens são iguais no uso da razão, iguais num uso da razão voltado para a justificação universal de juízos e ações – o que remete à elaboração de condições e critérios que sustentam esse uso da razão.

Eis a função da educação enquanto formação de cidadãos, o que implica a formação de pessoas que tenham na cultura um valor, na escolha das melhores obras e valores produzidos pela cultura ocidental a idéia reitora de suas vidas. A razão é o seu uso, e o seu uso reiterado segundo determinados princípios e valores, esses que organizarão as diferentes formas de vida. Não se trata, evidentemente, de formação partidária, mas de educação para a cultura, para um uso da razão capaz de provar coisas, de demonstrar proposições, de afastar-se daquilo que se apresenta como dado ou natural. Capacidade de crítica, de usar proposições e, portanto, de elaborar idéias próprias. A democracia assenta-se em discursos, sendo um regime político voltado para a palavra e a justificação. A democracia pressupõe uma certa idéia do homem como ser racional e não somente a idéia de um ser voltado para a satisfação de suas necessidades materiais, leia-se aqui o seu incremento mediante o jogo de espelhos, de inveja e ambição, em relação aos outros homens. Se essa idéia "racional" de homem é substituída pela de um ser voltado para a mera satisfação de bens materiais, se a cultura torna-se uma palavra vazia, se a educação volta-se somente para a obtenção de melhores condições de ganho monetário, solapam-se os próprios fundamentos sobre os quais se assenta uma sociedade democrática.

Isso significa que o motor da ação, dos comportamentos, reside na linguagem falada, em sua forma de elaboração, e na adesão suscitada, a imitação de comportamentos, virtuosos ou não, sendo uma de suas vertentes. As sociedades ou os regimes políticos mais duráveis são, então, os que compartilham determinadas idéias mestras que lhes conferem as formas de existência correspondentes, cuja condição reside na educação dos seus membros. Sob essa ótica, o problema consiste em como conferir coesão a sociedades que, de um lado, são corroídas pelo capitalismo, que reduz todos os valores morais a valores de troca, a objetos aptos a satisfazerem necessidades materiais, e, de outro lado, por uma elite política e social que expõe em praça pública que só age por interesses particulares, egoístas, muitas vezes, esgarçando aos olhos de todos a sua falta de fibra, a sua falta de compromisso com o bem público. Se os seus discursos nem para ela têm valor, como podem eles suscitar a adesão de outros cidadãos?

Logo, o problema reside em determinar em que sentido, e sob quais aspectos, a, b, c, ... n são iguais. Na verdade, a não colocação dessa questão termina por acarretar uma confusão originária, qual seja, a de confundir uma "regra de igualdade política" com uma "regra de igualdade social ou econômica" ou uma "regra de igualdade sob todos os aspectos". O que seria apenas uma "regra do jogo" dada pelo sinal da "igualdade" (como há outros jogos baseados em outros símbolos, como o sinal da desigualdade, ordenando, por exemplo, o regime político da monarquia de direito divino), torna-se um "axioma", uma "proposição primeira", uma "proposição ponto de partida", cujo enunciado é: "todos os indivíduos nascem livres e são iguais em direitos". Ou seja, o que seria a regra de um jogo, apresenta-se como se fosse a regra do "melhor" de todos os jogos, o "verdadeiro" jogo, pois apoiado num "axioma", numa "proposição primeira", que funciona como ponto de partida de todas as outras proposições que dela derivam. Na verdade, a "regra de igualdade" não é, em si mesma, verdadeira nem falsa, porque é simplesmente um sinal que permite determinadas operações, por exemplo, a substituição dos termos ou conceitos empregados. Uma proposição, por sua vez, pode ser verdadeira ou falsa. Se ela diz algo concernente à natureza humana, por exemplo, no caso como livre e a mesma (igual) em todos os homens, ela enuncia algo que é tido por verdadeiro. A igualdade pode, então, ser vista seja como um sinal de igualdade (uma regra nesse sentido, que permite determinadas operações e desautoriza outras), seja como uma proposição relativa à natureza humana em geral, fundante de toda "boa" organização política e social.

Decorre dessa identificação entre uma regra de igualdade e um princípio, que postula a igualdade entre todos os homens como sendo própria da natureza humana em geral, a dedução possível – alguns inclusive a tomando como necessária – de proposições segundas, conforme as quais a igualdade deveria permear as relações familiares, profissionais etc. É como se essa dedução resultasse na seguinte conclusão: os homens são iguais em todos os domínios da vida humana. Isto é, da regra política da igualdade procede-se à seguinte inferência: os homens são iguais em todos os domínios da vida, o que se traduz pela idéia de que todos têm os mesmos direitos em todas as esferas, independentemente de outras determinações ou condições, como as que provém, por exemplo, do conhecimento, da capacitação profissional, da habilidade técnica, da autoridade parental etc. Isso significa que há diferentes jogos possíveis da democracia, jogos esses que se baseiam nas diferentes maneiras de se conceber a regra "política" da igualdade.

Poder-se-ia, então, dizer que uma forma de jogo se baseia na "regra da igualdade política" — que, estritamente falando, não carece logicamente de uma proposição do tipo "Todos os homens nascem livres e iguais". A democracia ateniense é, neste sentido, um exemplo histórico de como a regra política da igualdade valia para alguns indivíduos, considerados como pares ou cidadãos e não para outros, que constituíam os trabalhadores (escravos). Ou ainda, a democracia se assenta em determinadas regras igualmente válidas para os contendores que se disputam o poder. Assim, a regra de eleições periódicas, a igualdade de todos os partidos políticos na disputa, o direito das oposições continuarem na luta política de modo que possam, numa próxima eleição, chegar ao poder, direito assegurado aos vencedores de decidirem, pelo período estipulado, os destinos da nação e a limitação recíproca dos poderes de Estado.[49] Trata-se de um conjunto de regras que favorece a estabilidade do Estado, de tal modo que a participação política seja regrada e não descambe na violência.

Uma outra forma do jogo democrático consiste em identificar a regra da igualdade com um princípio, ou ainda, o que é no caso a mesma coisa, em identificar a democracia com a doutrina dos direitos humanos. Nasce aqui um outro jogo, virtualmente ilimitado em sua imprecisão, na medida em que postula que cada um (indivíduo ou grupo social) tem, independentemente de outras condições, circunstâncias ou critérios, os mesmos direitos de todos os demais. Isso se traduz inclusive pelo fato que cada um interpreta, como se juiz fosse, esses direitos, fazendo-os valer objetivamente segundo as relações de força vigentes em cada sociedade. E isso precisamente porque a "regra" é tomada como "proposição primeira", "ponto de partida", devendo orientar o campo político e, logo, os campos social, econômico, familiar, religioso e profissional.

Cabe ainda assinalar que esse problema de interpretação da regra não deixa de colocar uma questão de fundo, pois, a rigor, a expressão não deixa de ser paradoxal, visto que, num certo sentido, uma regra não se interpreta, segue-se-a ou não. Imagine-se uma situação em que, ao jogar, começássemos a interpretar as regras do jogo. Na verdade, não se jogaria mais, pois cada jogador não saberia qual regra seguir ou cada um seguiria uma determinada interpretação da regra, causando uma confusão generalizada. Ou, outra possibilidade, seria como um jogo estranho, *sui generis*, o jogo da interpretação da regra. Ora, esse estranho jogo tornou-se a forma de vida do século XX, um problema posto então como "existente", porque a regra da igualdade é tomada como sendo uma proposição primeira, que dá cabida às mais diferentes interpretações e, portanto, a formas de instituição do social. Assim, alguns a tomam como válida no domínio social, o que cria a possibilidade de outros "jogos" nesse confuso "jogo da interpretação", o "socialismo" sendo uma das suas vertentes. A confusão reside precisamente em que se toma, com variantes, uma regra por uma proposição primeira, no caso a da enunciação da "verdadeira" natureza humana em sua acepção "social".

# À GUISA DE CONCLUSÃO

Retomemos, brevemente, as principais articulações do livro com o propósito de demarcar o campo de uma metafísica prática. O pensamento do conceito de mal permitiu-nos resgatar um objeto que, inicialmente restrito à moral e à religião, mostra, por sua análise, pelas suas diferentes acepções e dizeres, como se coloca uma questão metafísica por excelência, relativa ao modo mediante o qual atribuímos ser e/ou existência às coisas, às idéias e às proposições. Por intermédio do conceito de mal não temos acesso apenas ao conceito de bem, mas aos conceitos de ser e existência.

Fizemos uma análise dos procedimentos de descrição das coisas ditas como más, mostrando que, algumas, são somente formas de dizer as coisas e comportamentos segundo uma determinada perspectiva, uma certa concepção do mundo, outras, remetendo, mais precisamente, às formas da ação, tanto em sua estrutura proposicional, quanto em sua ilogicidade. Isso permitiu-nos situar o mal dentro de um determinado sistema proposicional, de uma gramática, recolocando, dessa maneira, a questão de sua natureza. Esse procedimento viabiliza pensar como determinadas acepções do mal surgem ou desaparecem segundo as formas do seu dizer, uma mudança de gramática conferindo uma outra acepção ao que é dito mau. Eis por que saímos dos problemas que poderiam nascer de uma metafísica teórica, cujas vicissitudes poderiam ter nos conduzido a problemas semelhantes aos que se colocaram na tradição filosófica a propósito das provas da existência de Deus, rumo à análise do conceito de mal enquanto "mal prático", o que tornou possível uma outra apresentação dos conceitos de ser e de existência. Dessa maneira, pudemos pensar diferentemente a pertinência das categorias em proveito dos "existenciais", na perspectiva de um deslocamento do pensamento das coisas reais aos modos de ser do homem no mundo, à sua produção de si enquanto ser em ação, ação desde sempre inscrita numa determinada forma de vida.

Fizemos, assim, um duplo movimento: de um lado, evitamos um enfoque cosmológico do mal na esteira de uma metafísica teórica que desembocaria numa filosofia de cunho maniqueísta, baseada em dois princípios antagônicos de constituição do mundo; de outro lado, centramos a análise no conceito de mal prático, o que pressupõe uma apresentação da ação humana. A ação humana é, sempre, ação de um homem ou de homens, logo ação de sujeitos finitos, de substâncias individuais que atuam sobre si mesmas, sobre as outras e sobre as coisas em geral. No entanto, ao efetuarmos essa operação, o significado da substância se altera, pois ela vem a conotar a ação de homens, ou seja, a substância vem a significar o "ser capaz de ação". Observemos que a significação grega de "substância" remete para "aquilo que é", para o ser,[1] ou seja, a palavra grega *ousia*, enquanto nome formado a partir do verbo "ser" [*einai*], significa ser, ente: o existente. Logo, estamos diante da forma de existência que se dá o ser em ação, o homem, inserido em seu processo de constituição de si. Entra, portanto, em linha de consideração a estrutura da ação e, em particular, o que chamamos de estrutura proposicional da ação. Coube, assim, explicitar as diferentes formas da ação, a ação como "linguagem", com particular destaque para uma abordagem do mal prático de natureza não proposicional. Ou seja, a análise da ação humana conduz a uma reflexão sobre os diferentes modos da ação, proposicionais e não proposicionais, com os conceitos de ser e de existência que lhes são correlatos, ou melhor, constitutivos.

Na perspectiva do mal prático, produzido pela ação, o "caso" é a coisa feita. Isso significa que essa forma específica de "coisa feita" exprime a acepção de uma atividade instituinte de um tipo específico de relação entre os homens. Isto é, a "coisa feita", prática, é um modo da coisa feita em geral, podendo essa ser vista seja na perspectiva prática, seja na "teórica". Nesta última, por sua vez, um conjunto de proposições, construído com um propósito determinado, visar a um recorte da realidade, uma certa abordagem desta, o que permite destacar, pôr, algo como "existente". Ou seja, a coisa dada extralingüisticamente entra no espaço da proposição, tornando-se, então, "existente" pela proposição que a acolhe, e o faz segundo formas de vida e concepções correspondentes. Não é apenas em um sentido genérico que a proposição acolhe as coisas que lhe são exteriormente dadas, mas as recebe segundo uma determinada concepção, uma gramática específica, uma determinada "vida ética" ou "forma de vida". A coisa pensada como "existente" obedece, assim, às regras próprias da proposição e de seus diferentes enfoques, apresentando-se "descritivamente" segundo diversas gramáticas que pensam – e mesmo – instauram o dado.

A forma pela qual um objeto dado é teoricamente acolhido depende do modo de inscrição dessas proposições em comportamentos e, estes, de sua inscrição em culturas determinadas, em certas concepções de mundo. Isso faz com que aquilo que veio a ser considerado como "existente" dependa das crenças, dos pensamentos, dos comportamentos e das representações de uma época, de uma comunidade e de uma sociedade. Inclusive o que consideramos como "externo" ou "extralingüístico" é tributário dessas formas específicas de representação coletiva ou de formas de vida, o que equivale a dizer que o que para uma época é externo, não o é necessariamente para outra. Para uma, o externo é a coisa individual, Callias, para outra, Deus como ser supremo e criador de todas as coisas. O que vem a ser pensado tanto podem ser os objetos do que correntemente chamamos de experiência ou de coisas da vida cotidiana, quanto objetos metafísicos como Deus e a liberdade.

Privilegiamos, enquanto primeiro momento de nossa análise, o conceito de "coisa feita", e não o de "ação em geral", visto que ele nos permitiu realçar que as coisas "existentes no mundo" o são segundo visões determinadas, que dependem de diferentes gramáticas, de diferentes formas de vida, assinalando, ao mesmo tempo, que se trata de coisas do mundo. Sob essa ótica, pudemos, ao dizer as "coisas feitas", abrir o espaço das coisas dadas em perspectiva, num leque de significações teóricas e práticas, sem perder, no entanto, a vinculação ao real. De um lado, procuramos guardar o ato de pensar em sua conexão com coisas reais (proposições são, neste sentido, dizeres de coisas dadas), de outro, procuramos evitar um convencionalismo gramatical, que tudo transformaria numa questão de olhar ou de perspectiva, anulando o caráter de coisa dada e feita em proveito de um mero modo de ver, cujas traduções seriam o ceticismo e o relativismo moral.

A elucidação do conceito de "mal prático" viabilizou destacar uma relação específica do pensamento com determinados fatos, dados na história e na política humanas, permitindo, por outro lado, uma reelaboração das proposições que procuram dar conta das ações humanas. Por se tratar de fatos produzidos por certas ações, cujo caráter inaudito impacta o pensamento, viemos a nos defrontar com as formas mesmas de nosso dizer as coisas do mundo. No caso de outras formas do mal, a questão foi diferentemente colocada, pois boa parte dessas formulações provêm somente do seu modo de dizer: elas "entram" no mundo, por assim dizer, pela sua própria dicção, desaparecendo quando de outro enfoque teórico, que confere às mesmas coisas ditas outras formas de existência.

Toda cultura consiste num conjunto articulado de proposições que veicula crenças e conhecimentos dos mais diferentes tipos, alguns justificados, outros presuntivos, outros ainda falsos. No interior de cada cultura, temos a existência de subconjuntos de sistemas proposicionais, alguns atuais, outros possíveis, que prescrevem determinados comportamentos, seja para confirmar ou reiterar um estado de coisas vigente, seja visando à sua transformação. Às vezes, de tão acostumados que estamos com determinadas crenças, conhecimentos e comportamentos, não atentamos para o uso que fazemos de palavras nem para as concepções e formas de vida assim veiculadas. O uso de determinadas proposições ou sentenças torna-se tão corriqueiro que perdemos de vista o seu significado mais profundo, inscrito numa determinada "gramática" ou "eticidade".

Por exemplo, o verbo existir e o substantivo existência fazem parte de nossa linguagem ordinária, os empregamos todos os dias, freqüentemente várias vezes ao dia, sem que nos demos conta dos seus vários usos possíveis. Da mesma maneira, usamos a palavra mal em várias acepções, tanto significando comportamentos ou fatos normais quanto outros que fogem da normalidade. No uso corriqueiro da palavra mal, temos expressões do tipo "mal de Alzheimer", "má intenção", "você é mau", sem que atentemos para as suas diferenças de significado. No entanto, para além desses usos, temos outros que servem para qualificar certos comportamentos e ações diante dos quais como que recuamos aterrorizados. Basta uma leitura das páginas policiais dos jornais e de determinados programas televisivos para que tenhamos esse tipo de amostragem. Ora, nesses diferentes usos, corriqueiros ou não, defrontamo-nos com distintas significações das palavras "existência" e "mal". Uma análise dessas palavras nos faz ver diferentes coisas, apresentando-nos diferentes retratos da realidade. Assim, surgem, segundo a abordagem privilegiada, determinadas possibilidades da ação, aparentemente não inscritas em suas ocorrências ordinárias e, inclusive, virtualidades insuspeitas, inusitadas, da natureza humana.

Queremos dizer com isso que cada época secreta uma cultura de tipo proposicional, linguagens que nela se elaboram e aguardam sua explicitação. Elas nos oferecem retratos e imagens do mundo em que vivemos, das coisas com as quais estamos habituados, porém nos indicam também, conforme a leitura que façamos da realidade, outras formas de existência, outras formas de dizer e vislumbrar a ação, defrontando-nos com a tarefa de pensar o que nos parece não dizível, segundo os parâmetros gramaticais vigentes, consubstanciados em determinados jogos de linguagem e formas de vida. Como romper com a gramática vigente, existente, com as concepções de mundo que estruturam o nosso senso comum? O rompimento com essas diferentes gramáticas existentes é condição para que o indizível, o incompreensível, torne-se dizível e compreensível, para que o que era até então invisível se faça visível. Entretanto, não nos encontramos aqui, por um outro viés, com uma forma de enunciação do supra-sensível, do inteligível, com objetos de outro tipo? Não é essa uma das acepções da metafísica? Tarefa, evidentemente, nada simples, cujas dificuldades são muitas vezes as causas de "desvarios" desse tipo de pensamento, porém sem esses "desvarios" permaneceríamos, talvez, presos à gramática do existente e dos seus modos de dizer. À força de negar a metafísica, chegaríamos, com outro nome, a uma metafísica "perversa" por não se reconhecer como tal, logo por permanecer "colada" aos usos corriqueiros das proposições como se fossem os únicos possíveis.

Voltamos, assim, aos problemas aristotélicos de atribuição das categorias às coisas, com o seu critério correspondente de discriminação do que é considerado como existente, daquilo que é, então, tomado como padrão de existência. Para Aristóteles, sabemos, o padrão da existência é a substância individual, o indivíduo. Ou seja, a substância, no sentido estrito e primeiro, não é dita de um sujeito (Callias não pode ser dito de Sócrates), nem pode ser gênero ou espécie, senão num sentido derivado (homem, animal), nem está num sujeito, logo não é um predicado que *está no* sujeito (Sócrates não está na brancura). Se atentarmos para o que é chamado primeiro, isto é, a substância, teremos, num uso corriqueiro, a existência individual: Pedro ou meu cachorro Bobby. Ora, se perguntássemos para o membro de uma comunidade religiosa ortodoxa, mesmo contemporânea, o que é primeiro, o que é a substância, a resposta seria Deus, isto é, a substância no sentido mais imediato do termo, o existente enquanto tal, o sumamente existente, do qual os sentidos da existência de Pedro ou Bobby seriam derivados. Isso mostra, de certa maneira, que o argumento da existência individual, aparentemente tomado da vida cotidiana, não é um argumento primeiro de discriminação da existência, válido universalmente enquanto tal, porém um argumento gramatical, que confere àquilo que toma como dado, ou como mais imediato, o estatuto de primeiro e, neste sentido, de existente. Em outras palavras, a questão da existência sendo gramatical, a formulação aristotélica velaria no conceito de substância os modos de atribuir existência àquilo que é, em que pese a formulações correlatas que colocam aquilo que é segundo diferentes categorias. As perguntas lingüísticas que orientam a elaboração das categorias, que as conduzem, seriam, precisamente, a marca desta circunscrição da questão do ser, daquilo que é, do existente. Outras questões seriam de natureza a suscitar outras categorias ou, no vocabulário heideggeriano, outros "existenciais".

A pergunta pelo mal, por sua existência, oferece, assim, um outro caminho para o pensamento, permitindo vislumbrar outras questões. A elaboração de proposições construídas por intermédio do conceito de mal põe-nos diante do problema do estatuto próprio dessas proposições, o que é uma outra maneira de dizer que ela nos remete ao estatuto próprio das proposições metafísicas. Como, com efeito, dizer o ser do que "não é" enquanto forma mesma do "existente"?

As proposições construídas a partir deste novo conceito permitiram, então, recortar diferentemente o real, estabelecendo um outro enfoque a partir de parâmetros que viabilizariam uma outra leitura do que é assim tornado o caso, daquilo que é proposicionalmente posto como o caso. Surge, graças a esse novo recorte, e dando a ele sustentação, a necessidade de elaboração de um conceito de existência que permita dizer que o mal "existe". Trata-se da elaboração de proposições "existenciais" de um novo tipo, o que nos leva a uma indagação sobre o modo pelo qual atribuímos "existência" às coisas em geral. A nossa investigação procurou, nesse sentido, explorar as vicissitudes do conceito de existência enquanto conceito que medeia a nossa relação teórica e prática com o mundo. Sob essa ótica, por intermédio dessas "proposições existenciais", pode-se melhor vislumbrar o significado conferido à metafísica enquanto saber do modo mediante o qual as proposições de existência se constroem, recortando diferentes aspectos e níveis da realidade. Tarefa essa que, em nossa perspectiva, é explorada por um outro viés, o da atribuição de existência a atos qualificados como maus, ou ainda, o da qualificação do mal como forma de ser.

Dizer o mal e a forma de existência ou de ser que ele coloca como problema, assim como o modo pelo qual determinadas formas de ação se apresentam como "más", terminam por colocar questões propriamente "metafísicas", relativas à maneira pela qual o começo das coisas é dito, o "ser" ou a "existência" das coisas é enunciada. Ou seja, a questão do mal remete-nos ao modo de elaboração de proposições metafísicas. O caminho de resgate da metafísica passa por uma determinada maneira de atribuição de "existência" à "realidade", sendo uma forma de acesso a esse modo de atribuição da existência aquela que se constitui via pensamento do mal. O mal teria uma "posição" privilegiada na medida em que é uma forma de existência que surge numa determinada alteração ou transformação da realidade mediante a ação. Temos algo aqui do tipo de uma passagem do "existente" ao seu modo de dação "prática" e à sua dicção "teórica" ou "metafísica". Preserva-se, aqui, a reflexão sobre um objeto, seja extralingüístico, ou que se apresenta como tal (caso da concepção religiosa do mal); mantém-se, portanto, essa posição de exterioridade, de realidade, que se oferece ao pensamento para que esse, então, apresente a forma do seu dizer, as categorias de sua dicção, mediante uma reelaboração das formas de dicção vigentes a esse respeito e, mais geralmente, vigentes a propósito da "existência", daquilo que é dito "ser". O mal não pode colocar-se fora de seu modo "metafísico" de apresentação. A metafísica seria, por assim dizer, tributária dessa forma de apresentação da "existência" do mal.

Em que sentido pode-se, então, falar de uma "proposição metafísica" como dizendo nada? Será que, por séculos, os homens se ocuparam com quimeras, agora decretadas como mortas, mal construídas, ou, em todo caso, como coisas ou proposições com as quais um entendimento sadio não deveria se preocupar? O que é essa tentativa de dizer, de descrever, ou de conhecer processos de conhecimento, objetos, condições de acesso ao real, coisas que fogem de uma apreensão sensível ou perceptiva? Puro desvio de um pensamento que, bem centrado, não se lançaria neste tipo de diatribe? Que época "esclarecida" é essa que pode fazer assim o luto da metafísica?

# Notas

## INTRODUÇÃO

1. A introdução desse livro deveria ser mais apropriadamente dita "À guisa de introdução", para trazer à cena um episódio recente deste início do século XXI. Ela foi originalmente publicada na revista *Filosofia Política* (Rio de Janeiro, Jorge Zahar Editor, 2002, série III, n.4).

2. Hegel, G.W., *Grundlinien der Philosophie des Rechts*, prefácio (Frankfurt, Suhrkamp, 1970), doravante, *Filosofia do direito*.

3. A lista de filósofos seria imensa, porém podemos destacar as formulações de santo Agostinho, santo Tomás ou santo Anselmo.

4. Arnauld, A., *La logique ou L'Art de penser* (Paris, Vrin, 1993). Rosenfield, D.L., *Métaphysique et raison moderne* (Paris, Vrin, 1997. [Ed. bras.: *Descartes e as peripécias da razão*. São Paulo, Iluminuras, 1996]). Hume, por sua vez, retoma essa formulação numa ótica empirista em *Dialogues Concerning Natural Religion* (Indiana, Hackett Publishing Company, 1986).

5. Leibniz, G.W., *Essais de théodicée* (Paris, Garnier/Flammarion, 1969).

6. Collingwood, R.G., *Religion and Philosophy* (Bristol, Thoemmes Press, 1997, p.XV). Ele assinala que o fundamento da religião é o credo e que "todo credo é uma visão do Universo, uma teoria do homem e do mundo, uma teoria de Deus."

7. Pense-se aqui nas *Confissões* de santo Agostinho, onde os conflitos, existencialmente vivenciados, entre a razão e a fé partem de um terreno comum, que propicia o diálogo e, mesmo, a harmonia entre ambas. Assim, a alma agostiniana se vê, enfim, apaziguada no reconforto de Deus.

8. Encontramos uma formulação desse tipo em Hobbes, a respeito das relações entre o conatus e a razão. Cf. Hobbes, T., *Leviathan* (Londres, Penguin Books, 1968. Org. C.B. Macpherson). [Ed. bras. São Paulo, Abril, 1983. Trad. João Paulo Monteiro.]

9. Podemos pensar sobretudo em Hobbes, porém também em Locke ou Rousseau.

10. Analisei os atentados terroristas em uma série de artigos no *Estado de S. Paulo*, no *Correio Braziliense* e na *Folha de S. Paulo*, onde apresentei a linha argumentativa que retomo aqui em suas articulações essenciais.

11. Cf. Kant, *Metaphysik der Sitten* (Frankfurt, Suhrkamp, 1977). Há tradução da *Doutrina do direito* (São Paulo, Ícone, 1993).

12. Arendt, H., *Eichmann em Jerusalém. Um relato sobre a banalidade do mal* (São Paulo, Diagrama & Texto, 1983).

## 1. Dos modos de se dizer o mal

1. Leibniz, G.W., *Principes de la philosophie ou Monadologie* (Paris, PUF, 1986).

2. Cf. Wittgenstein, L. Retomo essa noção de "Massstab und Satzsystem", onde, criticando a sua própria noção tractariana de "proposição elementar", Wittgenstein introduz a noção de "sistema proposicional": "Um sistema proposicional é como um padrão de medida aposto à realidade." *Philosophische Bemerkungen* (Frankfurt, Suhrkamp, 1970, vol.II, p.317).

3. Heidegger, M., *Sein und Zeit* (Tübingen, Max Niemeyer, 1979, p.28). Als Bedeutung des Ausdrucks 'Phänomen' ist daher *festzuhalten*: das Sich-an-ihm-selbst-zeigende, das Offenbare."

4. Idem. "Os *phainomena*, fenômenos, são, então, o conjunto daquilo que está [à luz] do dia ou pode ser trazido à luz, o que os gregos, às vezes, simplesmente identificavam com *ta onta* (o sendo, o ente)." O "ente", logo veremos, é aquilo cuja consideração nos remeterá ao modo mesmo de entendermos aquilo que é ou existe, ou ainda, os distintos usos do verbo ser.

5. Aristóteles, "Categorias", in *The Complete Works of Aristotle. The Revised Oxford Translation.* (Princeton/Bollingen Series LXXXI, 2, 1995. Org. H. Barnes.); "Aristotle categories", in J.E. Moravcsik, *Aristotle. A Collection of Critical Essays* (Nova York, Doubleday, 1967. Notas e trad. J.L. Ackrill); *Organon. Categories.* (Paris, Vrin, 1969. Notas e trad. J. Tricot). Hume, D., *A Treatise of Human Nature* (Oxford, Clarendon Press, 1981). *Dialogues Concerning Natural Religion* (Indiana, Hackett, 1986). Strawson, P.F., *Individuals. An Essay in Descriptive Metaphysics* (Londres, Methuen, 1971).

6. Usaremos, em todo este trabalho, o conceito de mal prático para significar o mal relativo à ação ou mesmo às formas de sua dicção. Abandonaremos, portanto, a formulação leibniziana de "mal moral", pois esta veicula a significação de um conceito de bem ou de valor moral, que se tornará, precisamente, objeto de nossa indagação.

7. Gui, B., *Manuel de l'inquisiteur* (Paris, Belles Lettres, 1964).

8. J.L. Ackril (em Moravcsik, J.E., *Aristotle*, op.cit., p.99-100), observa justamente: "Os termos 'homônimo' e 'sinônimo', como definidos por Aristóteles nesse capítulo, aplicam-se não a palavras, mas a coisas"; ou "É importante reconhecer desde o início que as *categorias* não tratam primeiramente nem explicitamente de nomes, mas de coisas que nomes significam."

9. Aristóteles, *Categorias.* "When things have only a name in common and the definition (logos) of being which corresponds to the name is different, they are called *homonymous*"; (1a1) "When things have the name in common and the definition of being which corresponds to the name is the same, they are called *synonymous*".(5)

10. Hegel, G.W., *Phänomenologie des Geistes* (Frankfurt, Suhrkamp, 1979). [Ed. bras. Petrópolis, Vozes, 2000. Trad. Paulo Menezes.] "Independência e dependência da consciência de si". Cf. Maria de Lourdes Borges, dissertação de mestrado.

11. Descartes, R., *Discours de la méthode* (Paris, Vrin, 1987. Ed. anotada por Etienne Gilson.).

12. Santo Agostinho, "De libero arbitrio", in *Dialogues philosophiques* (Paris, Desclée, de Brouwer et cie, 1941. Org. e trad. F.J. Thonnard).

13. France, A., *Le jardin d'Épicure* (Paris, Calmann-Lévy, 1921, p.52).

14. Santo Agostinho, *Confessions.* (Paris, Pierre Horay, 1982, p.30. Trad. Louis de Mondadon).

15. Cf. *Categorias*, op.cit.

16. Cf. Ackrill, J.L. em Moravcsik, J.E., *Aristotle*, op.cit.

17. Benveniste, É. *Problèmes de linguistique générale* (Paris, Gallimard, vol.1, 1966).

18. Ackrill, J.L., in Moravcsik, J.E., *Aristotle*, op.cit, p.102.

19. Idem. "Categorias classificam coisas, não palavras."

20. Benveniste, É. *Problèmes de linguistique générale*, op.cit., p.65.

21. Ibid, p.66.

22. Cf. Ackrill, J.L. em Moravcsik, J.E., *Aristotle*, op.cit.

23. Cf. particularmente Silva, A.M., *Diccionario da lingua portuguesa* (Lisboa, Typographia Lacérdina, 1813); Freire, L., *Grande e novíssimo dicionário da língua portuguesa* (Rio de Janeiro, A Noite, 1940).

24. McTaggart, J.M.E., *The Nature of Existence* (Cambridge University Press, 1921).

25. Prefiro essa tradução de *Vorhandensein* como "ser-dado" e não como estar à mão, uma vez que se mantém o sentido da linguagem corrente, dando a ver algo que um neologismo um pouco estranho pode impedir.

26. Heidegger, M., *Sein und Zeit*, op.cit., p.44.

27. Hegel, G.W., "Moralität", in *Grundlinien der Philosophie des Rechts* (Frankfurt, Suhrkamp, 1970).

28. France, A., *Le jardin d'Épicure*, op.cit., p.68.

29. Sófocles, *Antigone* (Paris, Belles Lettres, 1955).

30. Cf. Sainte-Beuve, C.-A., *Port-Royal* (Paris, Hachette, 1922).

31. "A expressão '*jogo* de linguagem' deve salientar aqui que o falar da linguagem é parte de uma atividade ou de uma forma de vida". *Philosophische Untersuchungen* (Frankfurt, Suhrkamp, 1980, vol.I, p.23), doravante, *Investigações filosóficas*.

32. Cf. Owen, G.E.L., *Logic, Science and Dialectic* (Londres, Duckworth, 1986).

33. Descartes, R., *Méditations metaphysiques*, in *Oeuvres complètes* (Paris, Vrin, 1996. Édition Adam & Tannery). Cf. Rosenfield, D., *Métaphysique et raison moderne* (Paris, Vrin, 1997 [Ed. bras.: *Descartes e as peripécias da razão*. São Paulo, Iluminuras, 1996].).

34. "Eine Klasse von Regeln und Verboten grenzt an eine andere Klasse von Regeln und Verboten an, aber das Spiel grenzt nicht an das Nichtspiel an." Wittgenstein, L., "Widerspruchsfreiheit", *Philosophische Bemerkungen*, op.cit., vol.II, p.326.

35. Cf. a esse respeito a obra de Hannah Arendt, particularmente *O sistema totalitário* (Lisboa, Dom Quixote, 1978), e Neumann, F., *Behemoth* (Nova York, Harper & Row, 1944).

36. Pascal, B., *Pensées* (Paris, Garnier, 1964). Cf. também a conclusão de Rosenfield, D., *Métaphysique et raison moderne*, op.cit.

37. Wittgenstein, L., *Philosophische Bemerkungen*, op.cit., p.328.

38. Estou, evidentemente, num outro contexto e com um propósito completamente distinto, utilizando uma formulação célebre de Wittgenstein (proposição 1 do *Tractatus*). Passo, portanto, "O mundo é tudo o que é o caso" para "O mundo existe como sendo tudo o que é o caso", com o objetivo de que a função de identificação do verbo ser nesta primeira proposição pressuponha o mundo como existente, ou melhor, as coisas do mundo como dadas. Entretanto, cabe aqui a pergunta: o que essa proposição descreve como existente? Na verdade, ela não descreve coisas dadas, nem explica individualidades existentes, nem dá conta de uma experiência. O que é o caso é algo genericamente considerado, como um recorte que essa proposição opera naquilo que é tido como sendo o mundo. Entretanto, isso corresponde àquilo que é o mundo tal como existe ou trata-se de um ponto de partida que, na verdade, não é fatual, mas proposicional? Se esse é o caso, haveria de determinar que tipo de proposição, qual é essa *Bild* (imagem) do mundo que nada descreve especificamente, porém já se coloca como ditando os limites do mundo, logo os limites do que pode ser dito. Pode essa *Bild* particular ser tomada como "a" *Bild* do mundo?

Contudo, será que aquilo que se apresenta como um retrato de coisas não é mais a exposição de um retratar uma determinada forma de ver a realidade, isto é, a exposição de como se pretende retratar algo? Trata-se do que é isso dito como existente, do que é isso que aparece como sendo o caso, e insisto aqui no uso do verbo ser em sua função existencial, sem que a própria existência seja caracterizada sem que se explicite o conceito de existência. Anuncia-se, nesse retrato, o retratar-se das *Investigações filosóficas.*

39. Kant, I., *Metaphysik der Sitten* (Frankfurt, Suhrkamp, 1977). Cf. também *Filosofia política 5* (Porto Alegre, L&PM, 2000), onde há uma tradução do texto de Kant "O direito de agraciar e de punir".

40. Heidegger, M., *Sein und Zeit*, op.cit., p.27.

41. Cf. Leibniz, G.W., *Essais de théodicée* (Paris, Garnier/Flammarion, 1969).

## 2. A ESTRUTURA PROPOSICIONAL DA AÇÃO

1. Sob essa ótica, é interessante observar que o conceito wittgensteiniano de "jogos de linguagem" enquanto "formas de vida" mostra, precisamente, o quanto a dimensão teórica provém de uma dimensão prática, em nossa perspectiva, a de coisas feitas no mundo que vieram a enformar a nossa visão do mundo.

2. Cf. Arendt, H., *Eichmann em Jerusalém. Um relato sobre a banalidade do mal* (São Paulo, Diagrama & Texto, 1983).

3. Arendt, H., *O sistema totalitário* (Lisboa, Dom Quixote, 1978).

4. Cf., a propósito do conceito de normalidade/natureza humana, Strawson, P., *Freedom and Resentment* (Londres, Methuen, 1974).

5. Não podemos, portanto, compartilhar a posição de Wittgenstein no *Tratactus*, como se o pensar o que é estranho à lógica engendrasse *eo ipso* a ilogicidade do pensamento. Isso aparece particularmente no aforismo 3.03: "Não podemos pensar nada de ilógico, porque, senão, deveríamos pensar ilogicamente." *Tractatus lógico-philosophicus* (Frankfurt, Suhrkamp, 1980).

6. Lutero, M., *Le serf-arbitre* (Genebra, Labor et Fides, 1986).

7. Kant, I., *Die Religion innerhalb der Grenzen der blossen Vernunft* (Frankfurt, Suhrkamp, 1977, em esp. p.683-4).

8. Cf. Lévinas, E.: "Na situação de fim do mundo se coloca a relação primeira que nos vincula ao ser." *De l'existence à l'existant* (Paris, Vrin, 1993, p.26).

9. Cf. Hannah Arendt a propósito do "mal radical" em *O sistema totalitário*, op. cit.

10. Cf. Aristóteles. "O tempo", in *Física IV* (Paris, Belles Lettres, 1966). Cf. também McTaggart, J.M.E., *The Nature of Existence* (Cambridge, Cambridge University Press, 1921).

11. Cf. a concepção hegeliana da história a partir da idéia da liberdade em *Vorlesungen über der Philosophie der Geschichte* (Frankfurt, Suhrkamp, 1970). Cf. igualmente essa leitura numa perspectiva jurídica em Gans, E., *Naturrecht und Universalgeschichte* (Stuttgart, Klett-Cotta, 1981).

12. Há uma célebre formulação de Hegel em seus manuscritos conhecidos como *Real Philosophie I*: "Geist ist Zeit" [O espírito é tempo].

13. Cf. Tugendhat, E., *Probleme der Ethik* (Stuttgart, Reclam, 1984).

14. Cf. Kantorowicz, E., *The King's Two Bodies* (Princeton, Princeton University Press, 1981); Bloch, M., *Les rois thaumaturges* (Paris, Gallimard, 1983); Figgis, J.N., *El derecho divino de los reyes* (México, FCE, 1982); Torres, J.C., *Figuras do Estado moderno* (São Paulo, Brasiliense, 1989); Rosenfield, D., *Filosofia política e natureza humana* (Porto Alegre, L&PM Editores, 1990).

15. Cf. a esse respeito Sieyès, E., *Qu'est-ce que c'est le tiers-état* (Paris, Quadrige/PUF, 1982), e os discursos de Robespierre, em especial os relativos à condenação de Luís XVI.

16. Sobre o caráter restaurador do termo revolução, cf. Arendt, H., *Da revolução* (São Paulo, Ática, 1988).

17. Heidegger, M., *Kant et le problème de la métaphysique* (Paris, Gallimard, 1953).

18. Cf. Wittgenstein, L., *Investigações filosóficas*.

19. Ibid., vol.I, p.206.

20. "O que é para ser aceito, o dado — pode-se dizer — são as formas de vida." (Ibid., p.539.) Importa-me ressaltar aqui a prioridade concedida ao dado em sua significação de "formas de vida".

21. "Eu vou nomear o todo da linguagem e das atividades com as quais ela está entrelaçada, 'jogos de linguagem'." (Ibid., p.7)

22. O conceito hegeliano de *Sittlichkeit*, "eticidade" ou "vida ética", é particularmente frutífero para nossa análise ao assinalar de que modo a ação humana está, desde sempre, inscrita em formas de vida que postulam suas próprias regras e valores. O propósito de Hegel será o de determinar como se pode chegar a critérios de universalidade no ordenamento dessas regras e valores, função essa que ele atribuirá ao conceito de "idéia da liberdade". Cf. *Filosofia do direito*. Capítulo referente à "eticidade". (Citado em alemão na nota 27 do capítulo 1.)

23. Cf. Kant, I., *Doutrina do direito* (São Paulo, Ícone, 1993). Cf. também *Filosofia política 5* (Porto Alegre, L&PM, 2000).

24. McTaggart, J.M.E., *The Nature of Existence*, op.cit.

25. Cf. Garcia-Roza, L.A. *Freud e o inconsciente* (Rio de Janeiro, Jorge Zahar, 1997) e *O mal radical em Freud* (Rio de Janeiro, Jorge Zahar, 1990).

26. Durkheim, E., *Les formes élémentaires de la vie religieuse* (Paris, Quadrige/PUF, 1985).

27. Marx, K., *L'idéologie allemande. Oeuvres Philosophie* (Paris, Gallimard, 1982).

28. Cf. Marx, K., *Grundrissen der Kritik der politischen Ökonomie* (Berlim, Dietz, 1961).

29. Marx, K., *Das Kapital* (Berlim, Dietz, 1974).

30. Gilles Veinstein, *Le Monde*, 27.1.1999.

31. Idem.

32. "A gramática está disposta em nossa linguagem diante de nós. É algo que aprendemos como linguagem, uma forma de representação socialmente transmitida enquanto profundamente enraizada dentro de nós como nossa natureza *qua* seres sociais; com efeito, trata-se de um aspecto dominante de nossa natureza social." Hacker, P.M.S., *Insight and Illusion* (Oxford, Clarendon Press, 1974, p.166).

33. Pascal, B., *Pensées* (Paris, Garnier, 1964). Há tradução brasileira (São Paulo, Martins Fontes, 2000).

## 3. POLÍTICA E PENSAMENTO

1. Cf. Figgis, J.N., *Studies of Political Thought from Gerson to Grotius: 1414-1625* (Bristol, Thoemmes Press, 1998, em esp. p.49).

2. Cf. Sen, A., *Sobre ética e economia* (São Paulo, Companhia das Letras, 1999).

3. Figgis, J.N., *Studies of Political Thought from Gerson to Grotius*, op.cit., p.1.

4. Tarde, G., *La philosophie pénale* (Paris/Lyon, Storck/Masson, 1891).

5. "O dever é apenas uma espécie, somente uma espécie muito singular, do juízo de finalidade, conclusão do que eu chamaria de silogismo prático, a maior sendo uma vontade, um fim, não um simples juízo, e a menor a percepção de um meio próprio para alcançar esse fim." Ibid., p.24.

6. Cf. Rosenfield, D.L., "Ética e simulação", in *Cruzamentos*, op.cit., p.29-46.

7. Tarde, G., *La philosophie pénale*, op.cit., p.24.

8. Cf. a resposta de Descartes à objeção de Caterus às *Meditações metafísicas.* Cf. também Rosenfield, D.L., *Métaphysique et raison moderne* (Paris, Vrin, 1997. [Ed. bras.: *Descartes e as peripécias da razão.* São Paulo, Iluminuras, 1996]).

9. Cf. Hegel, G.W., *Phänomenologie des Geistes* (Frankfurt, Suhrkamp, 1979), em sua estruturação pelos processos da consciência de si.

10. Cf. Wittgenstein, L., *Investigações filosóficas.*

11. Cf. Hegel, G.W., *Filosofia do direito.* Cf. também Rosenfield, D.L., *Política e liberdade em Hegel* (São Paulo, Ática, 2ª ed., 1995)

12. Cf. Hegel, G.W., *Filosofia do direito,* op.cit., em esp. o capítulo sobre a "eticidade".

13. Wittgenstein, L., *Philosophische Bemerkungen* (Frankfurt, Suhrkamp, 1970, vol.II, p.328).

14. "...die Spielregeln bestimmen erst diese Figur: der Bauer *ist* die Summe der regeln, nach welchem er bewegt wird (auch das Feld ist eine Figur), so wie in der Sprache die Regeln der Sprache das Logische im Wort bestimmen." Idem.

15. Hegel, G.W., *Filosofia do direito,* cap. sobre a eticidade.

16. Wittgenstein, L., *Investigações filosóficas,* I, 337.

17. Durkheim, E., *Les formes élémentaires de la vie religieuse* (Paris, Quadrige/PUF, 1982, sobretudo a introdução e a conclusão).

18. Castoriadis, C., *L'Instituition imaginaire de la société* (Paris, Seuil, 1975) e *Les carrefours du labyrinthe* (Paris, Seuil, 1978).

19. Cf. Lévy-Strauss, C., *La pensée sauvage* (Paris, Plon, 1962).

20. Ibid., p.73.

21. Ibid., p.74.

22. Ibid., p.126.

23. Ibid., p.129.

24. Cf. Kant, I. *Kritik der reinen Vernunft* (Frankfurt, Suhrkamp, 1977, prefácio).

25. Austin, J., *How to Do Things with Words* (Oxford, Clarendon Press, 1969).

26. "The criterial rules embodied in the linguistic practice of a human community are tailored for normal conditions." Hacker, P.M.S., *Insight and Illusion* (Oxford, Clarendon Press, 1974, p.295).

27. Cf. Strawson, P., *Freedom and Ressentement* (Londres, Methuen, 1974), particularmente os dois primeiros artigos.

28. Cf. Kantorowicz, E., *The King's Two Bodies* (Princeton University Press, 1981) e Figgis, J.N., *El derecho divino de los reyes* (México, FCE, 1982).

29. Wittgenstein, L., *Investigações filosóficas,* I, 199.

30. Pascal, B., *Pensées* (Paris, Garnier, 1964).

31. Uma primeira versão dessa parte do texto foi publicada no caderno *Mais!, Folha de S. Paulo,* 09.04.2000.

32. Cf., para o conceito de imitação, Tarde, G., *La philosophie pénale* (Paris/Lyon, Storck/Masson, 1891).

33. Cf. Rosenfield, D., *Filosofia política e natureza humana* (Porto Alegre, L&PM Editores, 1990).

34. Cf. Hegel, G.W., *Filosofia do direito* §§ 341-60 e *Vorlesungen über des Philosophie der Geschichte.*

35. Tarde, G., *La philosophie pénale,* op.cit., p.203.

36. Paulo, Epístola aos Coríntios.

37. Tarde, G., *La philosophie pénale,* op.cit., p.205.

38. Marx, K. *Zur Kritik der Hegelschen Rechtsphilosophie* (Berlim, Dietz, 1977).

39. Tarde, G., *La philosophie pénale*, op.cit., p.205.

40. Ibid., p.206.

41. Aristóteles, *Política. The Complete Works of Aristotle. The Revised Oxford Translation.* (Princeton/Bollingen Series LXXXI, 1, 1995. Org. H. Barnes.)

42. Wittgenstein, L., *Investigações filosóficas*, vol.I, p.201-2.

43. Aristóteles, *Ética a Nicômaco. The Complete Works of Aristotle. The Revised Oxford Translation.* (Princeton/Bollingen Series LXXXI, 1, 1995. Org. H. Barnes.). Cf. também a edição comentada de Gauthier/Jolif (Louvain/ Paris, Presses Universitaires de Louvain/Éditions Béatrice-Nauwelaerts, 1959, livro V).

44. Aristóteles, *Ética a Nicômano* (Louvain/ Paris, Presses Universitaires de Louvain/Éditions Béatrice – Nauwelaerts, livro V).

45. Owen, G.E.L., *Logic, Science and Dialectic* (Londres, Duckworth,1986).

46. "Se 'igual' não se comporta tão adequadamente como 'homem' nesse mundo, isto não quer dizer que há um outro mundo no qual ele o faça: o uso de 'igual' é *irredutivelmente* diferente do de 'homem'." Ibid., p.178.

47. Para o conceito de criação histórica, cf. Castoriadis, C., *L'Instituition imaginaire de la société*, op.cit.

48. Cf. a dialética do senhor e do escravo em Hegel, *Fenomenologia do espírito.*

49. Cf. Bobbio, N., *O futuro da democracia* (São Paulo, Paz e Terra, 1986).

## À GUISA DE CONCLUSÃO

1. "'Substância': a palavra grega é o nome proveniente do verbo 'ser'. E 'ser' ou 'ente' seria um equivalente literal. Porém em conexão com as categorias 'substância' é a versão convencional e é usada na presente tradução em todos os lugares". Extraído de J.E. Moravcsik, *Aristotle. A Collection of Critical Essays* (Nova York, Doubleday, 1967, p.108. Notas e trad. J.L. Ackrill).

Este livro foi composto por Textos & Formas
em Agaramond e Stone Sans e impresso por
Cromosete Gráfica e Editora em agosto de 2003.